中国法律近代化初期日本因素的影响研究

胡文宇◎著

法律出版社 LAW PRESS·CHINA
北京

图书在版编目(CIP)数据

中国法律近代化初期日本因素的影响研究 / 胡文宇著. -- 北京 : 法律出版社, 2024

ISBN 978－7－5197－8739－4

Ⅰ. ①中… Ⅱ. ①胡… Ⅲ. ①法制史－研究－中国－近代 Ⅳ. ①D929.5

中国国家版本馆 CIP 数据核字(2024)第 023078 号

中国法律近代化初期日本因素的影响研究
ZHONGGUO FALÜ JINDAIHUA CHUQI RIBEN YINSU DE YINGXIANG YANJIU

胡文宇 著

责任编辑 杨悦芊
装帧设计 李 瞻

出版发行 法律出版社
编辑统筹 学术·对外出版分社
责任校对 王语童
责任印制 胡晓雅 宋万春
经　　销 新华书店

开本 A5
印张 8.625　**字数** 201 千
版本 2024 年 11 月第 1 版
印次 2024 年 11 月第 1 次印刷
印刷 唐山玺诚印务有限公司

地址:北京市丰台区莲花池西里 7 号(100073)
网址:www.lawpress.com.cn
投稿邮箱:info@lawpress.com.cn
举报盗版邮箱:jbwq@lawpress.com.cn

销售电话:010－83938349
客服电话:010－83938350
咨询电话:010－63939796

书号:ISBN 978－7－5197－8739－4
定价:59.00 元

凡购买本社图书,如有印装错误,我社负责退换。电话:010－83938349

序

胡文宇师妹的博士论文即将出版,请我作序,我倍感荣幸且愉快地答应了,这主要基于三个方面的原因。其一,这本博士论文的主题和内容,与我最近几年正在研究的课题近似。2017 年,我申请到了留学基金委公派访学项目,并在张中秋老师的力荐之下,于该年 10 月顺利地赴日本东京大学东洋文化研究所开始了为期一年的学术访问,指导老师为高见泽磨先生,研究课题即为"明清时期的中日法律文化交流",主要研究从德川江户幕府成立之后至清朝覆灭这一段时期的中日法律文化交流史,而文宇博士这一"中国法律近代化初期日本因素的影响研究"中的许多内容恰恰是我的课题后半部分必然要涉及的。我在访学期间,主要就江户时期的中日法律文化交流史作了研究,但后半段未及深入,归国时限即至,此后的研究断断续续,迄今未成。所以文宇博士这一论文,于完成我课题的后半部分而言,必定助益良多。也因为这一点,不待写此序之时,她的论文,我就早已经仔细读过,故而在某种程度上,"求其放心"于我存焉。其二,文宇博士论文初稿的预答辩,我有幸参与,所以对论文的写作动机、遇到的困难、可能取得的突破和不足之处等,亲耳听过其自述,如今再对照论文的最终稿,很能明了在这个过程中她克服了哪些困难,取得了哪些突破,她的思想历程经历了些什么,这一点,于我有"考镜源流"之感,颇有一种知识探索上的乐趣。其三,在文宇博士的读博生涯中，我和她还有老师，常常围绕其论文写作进行交流，且我从日本访学归来，带回不少资料，而她当时正在写博士论文，我向她聊起我所购图书，她很感兴趣并向我借其中的一部分以资参考，如今我看她论文定稿时，发现她果有参考，所有这一切，都让我感到非常亲切，有一种“诵其书，知其人”的味道。职是之故，虽然在学问上我未必有资格为文宇博士的书作序，但在心理上却自觉非常合适，故不揣窳劣，就文宇博士此书的特点与优劣作一点评论，并以此求教于方家。

文宇博士在硕士研究生阶段读外国法制史专业，其硕士论文就是关于日本近现代法的。文宇博士一直对与日本相关的制度与文化保持着浓厚的兴趣，而常言道兴趣是最好的老师，因此文宇博士对日语学习及与论文相关问题的思考从未放松过。这就意味着她的博士论文是建立在长期不间断的研究之上的，并非心血来潮或者纯为毕业凑数的勉强之作。以法律文化的视角来审视文宇博士的论文，我觉得有三个突出的特点或者优点。

首先，以日本因素来反观中国法律近代化最初的历程，视角独特，能在某种程度上深化对清末变法修律的认识。就像一本关于日本近代精神史的作品——李永晶先生所著《分身：新日本论》中所说的那样，日本，特别是近现代日本，无异于中国的另一个“分身”，重构近代日本精神史，也是发现中国的另一个“自我”的过程。他在书中写道：“阅读日本，就是寻找自我分身，探索自我命运的过程。”[①]的确，如果不考察日本法律近代化的过程，我们对中国法律近代化过程中的种种做法，也许会很难理解，比如派员出国考察政法，预备立宪，由皇室主导起草宪法，在官僚机构之下设立法律学堂以养成司

① 李永晶：《分身：新日本论》，北京联合出版公司2020年版，第12页。

法人才,聘请洋员来华协助起草各种新式法典法案,为立法之需进行民商事习惯调查等,这些均无传统经验可资遵循,那么是什么导致当时统治者或立法者如此作为?以上种种,皆参考了日本明治维新以后的做法,无一例外地带有强烈的"日本因素"。而日本的这些做法亦非自创,同样是幕末明初率先"开眼看世界"的日本先进人士步趋欧美的结果。日本明治维新初期主要借鉴的是"法国经验",中期之后德国对日本法制的影响越来越大,而在这期间,他们还没忘记从英美法制中汲取经验。他们的法律近代化初期的做法是博采众长、取精用宏,但又有点囫囵吞枣、照搬西法,所以从明治维新开始的 1868 年至 1890 年宪法开始实施这段时间,日本法律近代化并没有确定自己的主体性,始终呈现出某种"变形虫"的特色。直到 1890 年明治天皇《教育敕语》的发布,才宣告日本从全盘西化中抽身,而开始寻找有日本特色的近代化道路。此后的日本,采取的是一种"以我为主,择善而从"的态度,不排斥世界上任何先进的事物,但要切合日本的国情实际。又经过十余年的发展,特别是在甲午中日战争(1894 年~1895 年)和日俄战争(1904 年~1905 年)之后,日本加入了列强的俱乐部。晚清政府在经历了一系列失败后,为应付危局不得已开始"新政",却又有"拔剑四顾心茫然"的无力感,值此头绪纷乱之际,因维新迅致成功的日本,就自然而然进入晚清政府考察的视野。此前甲午中日海战之后维新人士学习日本的倡议又被激活,于是晚清政府也开始效仿日本,派五大臣出洋考察政治,且将日本也作为重点考察的对象。事实上,经过这次考察,日本被清廷视为最重要的效仿对象,如同五大臣之一皇室宗亲载泽在考察报告中指出的那样:"日本维新以来,一切政治取法欧洲,复斟酌于本国人情风俗之异同,以为措施之本……不耻效人,不轻舍己,故能合欧化汉学熔铸而成日本之特色。”[①]无论这个报告实际撰写人究竟是杨度还是梁启超，抑或另有他人，讲的道理都是至为深透的，而且从后来发生的历史事实来看，这个报告无疑得到了官方的高度重视，此后几乎所有的新政，特别是法律的改革，主要就是以日本为参照系。

载泽的报告中诚然揭示了日本成功的秘诀，不过我国受日本因素的影响，更多是在“器”的模仿，而非“道”的会通。日本因素的影响，始终是带有极强功利性且比较表层的，文宇博士在整本书中，均强调了日本因素对我国的影响，而且剖析了此影响的利弊。最为关键的是，她在不同的章节中，其实已经表达了我国何以只借鉴了日本“一半”的经验。比如我国何以对编订民刑诸法典如此在意，难道仅仅是收回领事裁判权之需？文宇博士的一句话，或许更接近问题的实质：“晚清政府主导的修律的本质是稳定统治秩序，通过建立近代化的法律制度实现国富民强。从这个角度出发，晚清政府力图通过成文法典的制定来改造法律制度，日本的成功经验就显得尤其重要。”（见本书第二章）“稳定统治秩序”，更好地解释了中日两国法律近代化初期的共同处境。日本明治维新后，之所以如此急迫地编定各项法典，乃至主持司法工作的参议江腾新平，甚至要求箕作麟祥等迅速翻译法国各种法典，然后照葫芦画瓢，稍加改动就订立自己的法典，原因也就是要先立一个规模，作为稳定统治秩序的“急就章”，以应付当时混乱的国内局面以及同样令日本头疼的领事裁判权问题，而无暇考虑所立之法是否适合自己的国情。由此观之，找出日本因素对中国法律近代化初期的种种影响，毫无疑问是理解中国法律近代化问题的另一门径。以此为视角切入中国法律近代化

① 载泽等：《出使各国考察政治大臣载泽等奏在日本考察大概情形暨赴英日期折》，载故宫博物院明清档案部编：《清末筹备立宪档案史料》（上册），中华书局1979年版，第6页。

的研究，是文字博士这篇论文最大的特色，也是最大的可取之处。

其次，全面梳理了中国法律近代化初期的各种日本因素，将其具体“影响”落到了实处。学术界关于日本对中国法律近代化影响研究成果颇多，从这个角度上来讲，本书所述事实并不能称新颖。美国学者任达、梅佐等，日本学者岛田正郎、木官泰彦、二见刚史等，中国学者萧公权、黄福庆、李贵连、张中秋等，皆有这方面的论著问世。所以泛泛而谈日本对中国法的影响，学术价值并不大。我本人在做明清中日法律文化交流史的过程中，对晚清这一段也颇为踌躇，因为我掌握的资料并不比上述学界前辈更多，而我想叙述的事实和主要观点，也并无推陈出新之处，在这种情形下，我能做的也许只剩下把主要的交流线索胪列一下，然后以“略其所详”交代过去。我固然可以如此作为，毕竟在叙述明清时期中日法律文化交流中的中国对日本法制影响时，学界的成果并不算特别多，依然留有进一步讨论的空间。但是文字博士所处理的，恰恰是晚清这段，那么困扰我的问题，势必也是她的问题。不过她还是很巧妙地避免了大量重复前辈学者研究成果的风险，这就是将日本因素作“具体化”处理。

所谓“具体化”，就是把这个影响从一个大致的线索深入到具体的人事和制度中，集中体现在第三、四、五章这三章之中。比如第三章讨论日本法学专家对中国法律近代化初期的影响。对中国近代法制史稍有涉猎者，几乎都知道日本法学专家曾经被中国政府聘为顾问来华教授过法律，其中冈田朝太郎、松冈义正、志田钾太郎、小河滋次郎分别协助或主导过《大清刑律草案》《大清民律草案》《大清商律草案》《大清监狱律草案》的撰写工作。大多数人所关注的重心在这些人起草法案的事功上，而对于他们的思想和学术主张如何具体影响现实的中国法制，讨论仍旧不够充分。文字博士恰恰就是在这上面下功夫,让我们明白清末诸多法律草案及具体条款背后的日本因素,事实证明这个思路非常合理。因为日本法律专家参与起草法案,必定会将自己的思想和学术主张渗透进草案中。我们常说后进国家往往会成为先进国家各种思想和制度的"试验场",清末修律,则给这些日本专家提供了一个表达其思想和学术主张的绝好机会,他们甚至在本国都无法施展自身的抱负,却在中国得偿所愿,至少来华日本法律专家的法律思想都无一例外地影响了近代中国的变法修律。文宇博士是从思想和具体修律主张这两个角度来谈影响的。就法律思想上,文宇博士重点论述了有贺长雄的"天皇主权"、冈田朝太郎的"罪刑法定"、松冈义正的"人格平等"、志田钾太郎的"民商分离"和小河滋次郎的"感化矫正"等思想,并认为这些思想后来的确成为了中国新法律草案的核心精神。就具体主张而言,则是按照不同的部门法,分析其框架结构和具体制度是如何体现日本法律专家的主张的。比如晚清新刑律草案中,关于作为和不作为犯罪的界定、犯罪未遂形态及其处罚、刑罚的内容与形式、执行的变通方式等,都体现了冈田朝太郎个人的刑法观念。根据史料记载,1906年春,在冈田朝太郎来华之前,修订法律馆已经起草了一份新刑律的草案,一般称之为"预备案",但该年秋天,冈田朝太郎甫一受聘修订法律馆,就废除了这个预备案,另纂新案,翌年秋天脱稿,是为第一案。后来又经过五次修订,草案才得以在资政院表决通过。由此可见,冈田朝太郎虽然无法最终掌控修律的过程,但是大清新刑律草案后续所有的修订工作,都建基于他所起草的第一案。他原来的很多主张固然为后来的新案所推翻,但是基本的结构框架和主要条文得以保留,由是观之,晚清新刑律是打上了强烈的冈田朝太郎印记的。文宇博士的论文因为做了相应的"具体化"工作,从而有助于我们加深对清末新法律条款的理解。而第四章对比明治宪法和《钦定宪法大纲》,以及日本民刑等部门法与中国部门法草案的异同,来说明日本因素对法律体系和制度的影响。第五章则从法学教育和法律学术研究上看日本因素的影响。在这两章中,文宇博士都运用“具体化”的模式进行梳理,从而增强了论文的厚重感,这是第二大可取之处。

最后,在比较中进行自识与反思。文宇博士的论文因为探讨中国法律近代化中的日本因素,中日比较这一思路自然而然贯彻始终,但她绝不是为比较而比较,也没有将中日各自的法律制度视为两张“皮”,而是始终寻求两者内在的关联性。如上所述,中日比较最终是为了说明中国问题的,这也是本书应有的价值。而文宇博士这篇论文再一个可取之处,就是在比较中能够以理性和冷静的笔触,对中国法律近代化予以自识与反思。自识表现在她能够发现中日两国法律近代化历程的差距,从而在对日本因素于中国法律近代化影响的叙述上,知其然更知其所以然。比如在论文的最后一章中,她提到两国法律近代化根植于不同的文化土壤,两国在近代化法律改革的目的和程度上存在差异,其所接受的欧美式法律思想和制度也有很大的不同,所以落实到具体的法律实践中,效果自然就不能同日而语。当然我们不能因此得出结论:日本法律近代化第一阶段是成功的,而中国就是失败的。如果以1868年为日本法律近代化初期开始时间,到1890年为近代化初期结束时间,则其间经过了22年。而若以1902年为中国法律近代化初期开始时间,到1912年清灭亡为止,其间只经历了10年,若从新式法案(《大清刑事民事诉讼法》草案)首次出台的1906年起算,则只经历了6年。以6年对22年,是很难对中国法律近代化初期的效果作一个恰如其分的评价,何况还存在上述文宇提到的若干差距。因此,中日两国法律近代化虽均以西方法为效仿对象,但是日本似乎效仿得比中国更成功，这还不只是因为中国是通过日本这个桥梁接触西方法而日本是直接接触西方法这么简单，实在是上述这些国情上的差距使然。通过这样的比较，我们能更加明白中国法律近代化面临的难处，这些难处是日本难以体会的。而反思则体现在我们通过日本继受西方法的法律近代化过程中，享受到了方便快捷之利时，是否也承受了日本法律近代化过程中未曾承受的代价？对此文宇博士是有深度思考的，她提到过一条，“（日本因素）其中对于中国传统法律理论和法律思想的全面否定就存在过于激进的问题”（见本书第六章）。这实在是一个富有洞察力的判断，如上文提到的冈田朝太郎一入修订法律馆就废除了该馆之前起草的新刑律草案，显然就过于激进，这也注定了他所修的新案会引发巨大争议，后来的历史事实证实了此点。

以上即是我所认为的文宇博士这篇论文的成功之处，当然，论文也存在相应的不足，我真诚地认为，如果在以下两个方面再进行挖掘或者修改，论文会更臻完善。

第一个不足是论文详于静态对比，忽略了动态的交流，从而在凸显日本因素影响的“内在性”或者“内部性”上有所不足。文宇博士在讨论日本因素对中国法律近代化的影响时，多以一种静态的文本比较展开。比如在讨论日本专家的影响时，对于日本专家的背景履历、来华前因后果以及来华后具体的工作情况，只有寥寥数语介绍，大量的内容集中在叙述他们的思想和主张，从他们所撰写的专著和相关文字，与近代新法案及其条款构建相应的联系。这样固然能够说明思想主张的影响，但是对于说明思想主张的形成，中国如何认识到这些专家的价值，乃至日本专家如何通过自身的行为产生对中国法律近代化的影响等，则是缺乏生动和力度的。实际上，中国法律近代化的日本因素最大的作用，就在于它是沟通西方法和中国法律近代化变革的一座桥梁,或者说是块跳板,它对于中国最核心的影响,是一种“工具性影响”或者“路径影响”(方法),如果不交代明治维新后日本如何走法律近代化道路,那么谈中国法律的近代化之路,就可能说不清楚。举一例证之,日本在1872年,于司法省明法寮内设法律学校,目的是养成近代性的司法官员。明法寮是1871年司法省为了研究法律,养成法官等设置的。在明法寮设立后当局即发现,如果没有专门的司法学校,则明法寮官员再能“明法”,其效果终究是有限的。只有培养出新的司法人才,将来创制的新法才有被贯彻落实的可能,否则法新而人旧,等于无法。1906年清政府修订法律馆开设京师法律学堂,也是遵循这一思路。冈田朝太郎、松冈义正等人来华时,最初的聘用合同里并未确认他们有起草法案之责,而是使其作为修订法律的顾问和法律学堂的教习,而这个和当年司法省聘用法国人继而又聘用德国人做顾问和教习,又是如出一辙。这种种原委,文宇博士的论文并未加以关注,而是大量比较中日法律文本和制度的异同,对于日本作为一种“方法”,认识不足。在我看来,这种“方法”恰恰是日本因素产生的影响中最为“内在”的东西。效果可以不同,方法却是相同的。比如习惯调查,同样是沿用了日本当时编订民法之前进行的惯习调查法,当然,许多调查问题也是直接使用了日本的调查问卷。我们如果对比中日习惯调查问卷,就和文宇博士的论文中比较中日各部门法一样,诚然也能看到日本因素,但对于更有生动的历史事实,则有“网漏鲜鱼”之憾。

第二个不足是归因太泛,枝蔓过多。前已述及,文宇博士善于从比较中进行自识与反思。自识与反思都需要归结历史原因,但是将目前中国司法实践中的种种问题归因到百余年前近代化初期的日本因素上面,是否合适?我觉得还得进一步论证。因为我国法律近代化初期诚然受日本因素影响最巨,但是随着近代化过程的展开，受欧美、苏俄的影响益著，此外传统法律文化又从未真正退出历史舞台，各种法律思潮交织，都对当今的法律文化和法律观念产生作用。文宇博士承认“近代化法律在中国生根发芽，与中国传统法律理念和法律思想结合，存在一些水土不服的地方”（本书第六章）。这“水土不服”到底是日本的因素，还是更为根本的西方的因素？如果是日本曲解了西方法律文化的精义，我们固然可以这样说。如果日本只是忠实地传播了西方法律文化的精义，那么就不能归咎于日本因素。何况近代化法律不等于经过日本介绍过来的西方法律。在中国修订法律的过程中，日本是最重要的参照系，但绝非唯一的参照系，修订法律馆翻译的诸多国家的法律法案，就可见一斑。所以论文将近代化的利弊归因于日本因素，显然有过于忽略其他因素之嫌，还需进一步剖析。至于枝蔓过多，同样是归因太泛所致。有的内容，我以为和日本因素没有必然的关系，可以作技术处理。

当然，这两个不足之处，不足以影响论文整体上的价值，因为我理解的整篇论文的精髓即在比较中反观自我，而这一点，文宇博士是做到了的。

行文至此，我又想起了一段插曲，同样跟我的访学经历有关。2017 年秋天，在张中秋老师、武夫波师弟的帮助下，我申请到了日中友好协会下设的后乐寮研修栋宿舍，毗邻文京区小石川后乐园。当时后乐寮的中方主任为浙江大学的夏瑛老师，极富人文情怀，在她任主任的数年之中，为丰富寮生的业余生活，促进寮生之间的交流，会定期邀请学者在寮地下室开展“后乐讲堂”系列讲座。那年冬天，她邀请到日本法政大学国际日本学研究所王敏教授，来讲堂做了一场“日本‘混成文化’的核心点——治水神禹王”的主题讲演，她开场就提到，日本文化的两千年，是与中国、印度和韩国三国文化互相参照的两千年。如此看来，中日互为参照的历史，可谓源远流长。中国的法律近代化,与日本存在重要的联系。在如今读文宇博士这篇论文,感慨系之!可以说,我们对于日本法律近现代化的历史掌握得越全面,对我国法律近现代化问题的理解也就会更深入,也就能进一步以史为鉴,展望未来。此书适时出版,不亦宜乎!

陈　煜

2021 年 11 月 20 日于北京安慧东里寓所

目　录

绪　论

一、研究意义

学习、研究中国法律文化，尤其是中国近代以来的法律文化的变化发展，日本是一个不能忽视的国家，近代以来日本法律文化对我们的影响是无论如何也绕不开的。一直以来，学界对中国近代以来的法律变化的关注更多倾向于实体制度和法律文本上的演变，而对于其后更深层次的文化和社会的变迁关心甚少。在攻读法律史硕士学位期间，笔者主要学习了外国法律史，其中更对日本的法律史颇感兴趣，但是在后来的学习过程中，笔者发现想要解决我们自己的问题就一定要从我们自身入手，所以在攻读博士学位期间，选择了学习中国法律史，特别是中国法文化的历史与传承。其中，最让笔者感兴趣的问题就是清朝末年，古老的中国所面对的几千年未有之变、法律传统之变。为何在晚清政府主导的变法修律中，我们传统的中华法典竟然被如此轻易地抛弃了？难道传统的中华法典被抛弃后，我们的中华法文化、中华法文明就随着法典的消逝而荡然无存了吗？这个问题一直萦绕在笔者心头，在此期间笔者通过研究日本的法律制度、中国法律文化的变迁，以及发掘本土资料等来寻找这个问题的答案，但是始终没有什么突破性的进展。

所以，笔者决定将问题进一步具体化，力图通过对每个具体问题的研究来找到问题最终的答案。笔者站在中国法律近代化的角度来考量在近代时期外国因素特别是日本因素对我们产生了哪些影响,但是即使是这样,依然有很多问题是值得我们继续追问的。于是经过仔细思考,笔者将在中国法律近代化的初期,日本因素对中国的影响分为几个方面来研究。针对这些问题,笔者开始收集相关资料,旨在考察中国法律近代化的开启及初期实践,我们为什么选择日本作为我们修订法律学习的目标,日本法律专家对中国法律近代化初期立法做出并产生了哪些努力和影响,日本对中国法律近代化初期法律体系、法律制度、法律教育与法律学术的影响,以及在我们学习日本法律的过程中,有哪些问题是我们需要检讨和注意的。如果可以在现有的成果的基础上再往前深入一步,那便是本书的意义所在。

二、研究现状

关于日本因素与其对中国法律近代化初期的影响在研究现状方面,有许多令人感到欣喜的成果,其中主要集中在对中国法律近代化这个问题上,有许多前辈的著作都是值得我们学习和了解的,但目前尚缺少对于中国法律近代化过程中日本对中国影响的专题综合类研究的专著。下面笔者试列举数例。

张晋藩先生在《中国近代社会与法制文明》《中国法律的传统与近代转型》《中国法律的传统与近代化的开端》中提出,站在历史进步的层面上,其中存在发展和倒退、新的与旧的问题。但是无论怎样,历史的进程还是推动了法律近代化的发展。推进法律的近代化,不仅是历史的需要,也是社会的需要,更是我们人类的需要。所以,关注中国法律近代化初期的问题,无论在何时对于中国来讲都是意义非常的。张晋藩先生的《中国法律的传统与近代化的开端》

通过研究中国法律的历史传统，带领读者重新认识了中华法系，将理论和实践相结合，研究中国法律近代化改革问题。[①]

张中秋教授的《中日法律文化交流比较研究——以唐与清末中日文化的输出与输入为视点》正是针对中日两国在这两段时期法律文化交流的研究。沈宗灵教授在《比较法研究》中曾经提出："运用比较的方法研究各国的法律，这样既可以加深对外国法律的认识，同时对本国的法律改革也有裨益。"[②]所以，研究中日法律文化交流的比较对于中日两国相互学习、相互了解有重要的学术价值和现实意义。本部著作在叙述手法和结构上简明清晰，并且采用了对中日两个国家的对比研究模式，即唐朝时期与晚清时期我国和日本就法律文化层面的输出和借鉴。通过对中日法律文化交流的原因、选择、借鉴与本土化、效果影响，以及经验教训等五个层面的考量梳理整个法律文化交流过程的原理和意义，并且对此进行总结和评价，因此结构十分严谨、主题清晰明确。在本书中，张中秋教授就曾经提到他与这个问题之间深刻的牵连，指出针对这个问题的研究还存在诸多不足之处，即"从理论层面对法律文化进行宏观性的概括是比较不妥的，所以，其中交流的特性没有很好地体现，没有引起人们的重视"[③]。由此可见，此部著作正是在中日法律文化的双向比较交流中进行比较和透视来寻找比较法律文化的学理意义。

陈煜教授的著作《清末新政中的修订法律馆——中国法律近代

① 参见张晋藩：《中国法律的传统与近代化的开端》，载《政法论坛》1996 年第 5 期，第 77 ~ 85 页。

② 沈宗灵：《比较法研究》，北京大学出版社 1998 年版，第 50 页。

③ 张中秋：《中日法律文化交流比较研究——以唐与清末中日文化的输出与输入为视点》，法律出版社 2009 年版，第 6 页。

化的一段往事》主要从修订法律馆的角度探讨了中国法律近代化的发生和演变问题,研究了修订法律馆这一机构的产生和发展问题,突出了修订法律馆在中国法律近代化中的意义。[①]

此外,还有李贵连教授的《二十世纪的中国法学》。李贵连教授的这部著作论述了 20 世纪时期的中国法学,从法律史学的层面来讲,涉及产生、发展、转变和发达等多个阶段,可以说是对中国法学在 20 世纪中的问题有深入的研究。[②] 何勤华教授的《中国法学史》则论述了进入近代社会后中国近代化法学的产生和发展的过程,并突出了对经验、教训和规律的总结。[③] 另有从法律的移植和法律的近代化的角度来研究这个问题的。例如,赵立新和毕连芳的《近代东亚的社会转型与法制变迁》,两位教授的这部著作从中国、日本和韩国的不同层次研究了各个国家的法律近代化改革,突出了中国法律近代化过程中与日本的密切联系。[④]

日本方面的研究主要有岛田正郎教授的《清末近代法典的编纂》。岛田正郎教授的这部著作指出晚清政府在编撰中国的近代化法典的过程中,国家的政体也在悄然发生变化,但是对法典的内容研究体量较少。而他提出其中值得关注的是,在形式上,中国以日本为桥梁开始近代化改革。虽然中国法律近代化初期的改革结果不尽如人意,但是在中国的历史发展中,尤其是中国法律史的发展

---

① 参见陈煜:《清末新政中的修订法律馆——中国法律近代化的一段往事》,中国政法大学出版社 2009 年版,“绪论”。

② 参见李贵连主编:《二十世纪的中国法学》,北京大学出版社 1998 年版,第 1 页。

③ 参见何勤华:《中国法学史》(第 3 卷),法律出版社 2006 年版。

④ 参见赵立新、毕连芳:《近代东亚的社会转型与法制变迁》,中国社会科学出版社 2006 年版,“序言”。

中依然具有划时代的意义。[1]

三、研究方法

本书试图以历史研究法、文献研究法、比较研究法等方法对这一问题加以论述。

第一,本书通过对中国法律近代化的过程中相关史料的搜集和整理,尽可能地追求历史事实本身,梳理出中国法律近代化过程中的相关事件。

第二,本书通过对相关历史文献材料的分析和解读,研究中国法律近代化过程中日本因素影响的问题。

第三,本书运用了比较研究的方法。本书以中国历史中的法律近代化为出发点研究在此过程中日本因素对中国的影响。通过日本法律近代化过程和中国法律近代化过程的对比,研究在中国法律近代化过程中日本因素影响的程度。在横向比较上,研究中国法律近代化问题,将中国的法律近代化和日本的法律近代化进行比较;在纵向比较上,研究中国法律近代化的发展历程。通过比较更好地说明中国法律近代化中日本因素影响的情况。

综上所述,本书在搜集、整理和阅读相关史料的同时,争取在对中国法律近代化中日本因素影响的研究上做到相对全面、具体地发现问题,同时对中国法律近代化初期日本因素的影响力度和作用进行再认识乃至检讨,以期对中国法律近代化转型的问题有所裨益。

四、研究创新与不足

通过对研究现状和方法的梳理与分析可见,对于中国法律近代

---

① [日]島田正郎:《清末における近代的法典の編纂》,創文社 1980 年版。

化的研究虽然已经颇为丰富,但是仍然存在一些可以继续推进和完善之处。第一,前述诸多研究成果在考察晚清政府的法律改革和近代化时对于日本因素的影响都有涉及,但是对此进行相对系统完整的总体研究相对少见。第二,以往对于日本在晚清中国变法修律中的影响主要集中在一般的思想制度体系上,而如何将这种思想制度体系的变革置于近代化的视野下,并通过分析与比较来展示日本因素在中国法律近代化上的影响还不够。第三,对于这种影响以及中国法律近代化自身的理论问题可以反思和再认识。因此,对中国法律近代化初期日本因素的影响还有进一步探讨的必要。

本书主要对前述研究的基本情况进行进一步探讨,同时结合中国目前的法律发展状况对中国法律近代化初期日本因素的影响进行反思和再认识。通过对中国法律近代化问题的相关资料的整理和搜集,笔者认为可以从以下几个方面进行创新。

第一,笔者通过对日文文献的阅读,以及对该问题的最新相关研究成果的学习来弥补以前研究的不足。例如,对于日本因素在中国法律近代化中产生的影响问题,虽然研究的角度各异,但是仍然存在不够全面,同时也不够宏观的现象。对该问题的研究往往多是从微观的层面来探讨日本因素在晚清政府主导的法律近代化改革中的影响,而缺少对于日本因素对中国法律近代化问题的全面的、宏观的研究。本书从人物到行动,从法律理念到各项制度及体系,从法律专家到法律教育研究等,对日本对于中国法律近代化初期的影响作了全方位、系统化的考察。由此,在具体方面体现为,日本对中国法律近代化初期模范对象国选择的影响,日本法律专家对中国法律近代化初期立法的影响,日本对中国法律近代化初期法律体系的影响,日本对中国法律近代化初期法律制度的影响,日本对中国法律近代化初期法律教育与法律学术的影响等,从而对中国法律近代化过程中日本因素的影响进行更加全面的、宏观的研究。

第二,通过对此前各位学者的研究成果的学习,笔者发现,此前同一类型的研究,一般都是比较笼统的考察影响,而本书则是把影响聚焦在近代化这一点上来,突出呈现中国法律从传统向近代的转型与跨越。同时,在对中国法律近代化问题的相关资料的整理、搜集和阅读文献的过程中,笔者还发现日本因素对于中国法律近代化过程的影响无疑是全面的,但是由此也产生了许多的问题。例如,引进法律制度和中国传统法律的相容性问题在这其中就尤为突出,但是相关研究成果却比较少。为此,本书以探讨中国法律近代化的开端及初期的原因、实践为背景,在研究日本在中国法律近代化过程中在以上几个方面对中国法律的影响的基础上,分析、探讨甚至检讨日本对中国法律近代化初期是否有过度影响的问题。

第三,通过对中国法律近代化初期日本因素影响在以上方面的补充,结合中国法律在当代的发展状况,对中国法律近代化初期日本因素影响进行反思和再认识。

本书对于中国法律近代化初期日本因素影响研究的探讨也存在不足。第一,在对于相关问题的资料的收集和整理上,存在资料不是最新,原始档案资料不足,以及时间、空间限制导致的可以研究的资料不是特别丰富的问题。第二,中国法律近代化初期日本因素的影响研究是一个宏观又具体的问题,但是受笔者自身对该问题的认识的限制可能对该问题认识不够全面,抑或对该问题的认识仍然处在一个逐渐深入的过程,运用对比和分析的方法分析问题突出主题的能力还有待加强,在具体的细节层面上还有待进一步的更新和完善。

第一章 中国法律近代化及其原因、初期探索

1840年鸦片战争开始后,古老中国的门户在西方列强的坚船利炮下被迫打开,中国由此走向了国家近代化的道路。在中国近代化的起步阶段,首先是经济上的近代化,洋务派领导的洋务运动迈出了中国近代化的第一步,在这场运动的带领下,中国的近代化脚步逐步开启,由经济到科技乃至人才逐步发展。1895年甲午中日战争之后,中国近代化向前迈进了一大步。在这一阶段中,中国近代化由经济近代化向政治近代化发展,甚至将经济近代化和政治近代化相结合。基于民族经济的发展,民族资产阶级开始出现,上层维新派领导的维新变法运动和下层革命派领导的辛亥革命运动,都是中国政治近代化道路上迈出的重要一步。此外,西方的思想、文化大量地传入中国,"西学东渐"运动蓬勃发展,其中以新文化运动和五四运动为典型代表。中国法律的近代化也是在这一时期开始的。

第一节 中国法律近代化的含义及其初期阶段

一、近代化、法律近代化的含义

现代化的社会或者说是社会现代化的过程,是我们当下正在经历的,也是我们要逐步实现的目标。而近代化则可以称为现代化的

早期或者是初期。那么，什么才是真正的现代化，从“传统”到“现代”这个变化的过程又是如何进行的？

在此，我们首先要了解的是“传统”。“传统”之“传”在于，唐代学者陆德明曾经在《经典释文》中写道：“传者，相传继续也。”[①]传即延续、继承，前人传给后人，代代相继之意。关于“统”，孟子提出，“君子创业垂统，为可继也”[②]。意即创立基业并制定典章、礼制使后代的子孙可以承袭，这种承袭下来的才可以称为正统。“传统”两个字的叠加使用是从汉朝开始的，曾有史书记录，日本在中国的东南方建立几百个国家，自从汉武帝灭卫氏朝鲜后，有三十多个国家和汉通驿，世世传统。[③] 古代中国的传统是指历朝历代流传下来的各种规范、准则的总和。例如，血统、法统、道统等。

传统的英文为“tradition”，法国神学家以基督教的教义为基础，提出“传统主义”即“traditionalism”。现代解释学学者伽达默尔认为，传统有流动的性质，它贯穿于过去、现在和未来的整个过程中。所以，传统从来不是现成的东西，而是在不断的发展和变化中，传统只能不断创新。以语言、文字为载体传递下来的传统体现了人类的思维方式、风俗习惯等各个方面的问题，所以，传统可以归结为人类所创造出来的经过岁月的流转而承袭下来的诸多文化要素所构成的有机整体。例如，生产方式、生活方式、行为方式和思维方式等。

在现代化的理论中，传统是和现代的工业社会相对的农业社会，和现代的知识社会相对的工业社会所产生的生产和生活方式、行为方式和思维方式的总和。[④] 农业社会中的传统是农耕的生产方

---

① (清)郭庆藩撰：《新编诸子集成——庄子集释》(上)，中华书局 1961 年版，第 130 页。

② 《孟子》，中国纺织出版社 2015 年版，第 39 页。

③ 参见(宋)范晔：《后汉书》，浙江古籍出版社 2000 年版，第 822 页。

④ 参见于连涛：《中国监狱的现代化研究》，中国政法大学出版社 2017 年版，第 2 页。

式、村落的生活方式、慢节奏的行为方式和相对比较闭塞的思维方式；而现代知识型社会中的传统则表现为工业化的生产方式、城市化的生活方式、快节奏的行为方式和相对开放的思维方式。

（一）衡量现代化的标准

"现代化"一词用英文表示为"modernization"，它的意思可以进一步引申为"to make modern"，用中文翻译后，逐步发展为现代化的意义。① 由此可见现代化是一个过程，存在于一个动态的过程之中。在学界中，关于现代化的理论自始至终都没有一个统一的定义，但是我们可以找到几个量化的标准来研究现代化。

第一，经济上的现代化。经济上的现代化工业化，集中体现为传统型国家在经济上实现工业化的过程。工业化一旦产生就会具有连贯性，这种赋予连续性的创新就必然对传统的已经存在的经济形式产生冲击，工业化逐渐成为社会发展的主流，城市化随之产生。在经济层面上的表现就是由农业向工业的转变。而经济上的现代化一个重要的标志就是工业化和经济的持续增长。

第二，历史进程上的现代化。我们所理解的现代化是颠覆性的，是由自然科学的变化开始向人类社会科学变化推进的转变过程。开始于自然科学领域的变化逐步应用于社会生活中的各个领域，新的科技进步推动经济、政治乃至整个社会意识的变化。西方结构功能学派认为，受到科学和技术革命因素的影响，社会也随之发生变化。② 当然整个过程涉及的方面是十分宽广的，例如，政治、经济、社会、思想、文化等各个方面的改革。大致可概括为：工业发

① 参见中国社会科学院语言研究所词典编辑室编：《现代汉语词典》（汉英双语），外语教学与研究出版社 2002 年版，第 2080 页。

② 参见于连涛：《中国监狱的现代化研究》，中国政法大学出版社 2017 年版，第 7 页。

展、市场优化和城市进步；社会的治理层面的法治的不断发展；贫富差距上的均衡化；社会向福利社会层面发展，整体社会中的各个阶层出现相互流动的情况；社会教育普及化；科学研究科学化；信息壁垒被打破，实现信息传播化。

第三，在人类文明进步的层面上，现代化则集中地体现为一种“改变”“创新”。它是对新出现的一系列与传统文明不同的现象的再定义。德国著名的社会历史学者马克斯·韦伯和他的学生社会学者塔尔科特·帕森斯都认为，现代化从人类文明的进步或者称为演进的角度来讲是一种心态、价值观念和生活方式的变化的过程。现代化的过程就是将人类所能够控制的社会环境和自然环境进行不断扩大的过程。简言之，就是将人类所处的各种环境的总和进行合理化的过程。

这种合理化对于先进行现代化的国家来说就是一种相对而言比较平缓的、自然而然的过渡状态，但是对于后进行现代化的国家而言就是有计划、有目的、短期而且高效进行的状态了。而对于这些国家来讲，实现现代化的手段就是吸收、学习、借鉴、移植和在先进行现代化国家的基础上进行再创新。

第四，在社会制度发展的角度上，现代化就是在近代以来的资本主义发展起来以后所建立的格局体系下，由科学技术、经济能力发达的国家引领，科技和经济水平落后的国家逐步赶上和超越的过程。所以，从这个意义上来讲，这也是一场后进行现代化国家急速、赶超的一个过程。

综上所述，从历史的角度来讲，这是一个纵向的问题；而在社会学的研究上则是一个横向的、有断面的问题，是一个复杂而且多层次的问题。所以，经济层面、政治层面的发展，以及文化内核上的进步等精神层面上的问题都是现代化问题的组成部分。美国学者阿历克斯·英格尔斯对现代化进行了量化的分析,并且提出了具体的标准,主要也是集中在人均国民生产总值(GNP)、农业和非农业所占国民生产总值的比例、人口受教育的程度和比例、医疗服务、城市人口比例、人口的平均寿命以及人口的自然增长率等方面。不同的学者对现代化问题有不同的认识,从不同的角度为我们了解现代化问题提供了参考,但是现代化这个过程本身就是复杂而且多变的,很难用一个标准来衡量,其最终的表现形式是一种文明的进步。

(二)关于现代化的理论

西方的现代化的理论成果比较丰富,比较有影响力的学派主要有以下几个:"结构学派、过程学派、行为学派、实证学派、综合学派以及未来学派。"①

结构功能主义被结构学派认为是关于现代化的理论的特色。持有这一观点的学者们以法国社会学家埃米尔·杜尔凯姆提出的"社会二元分类法"为出发点,并且坚信社会进步理论,认为现代化是由传统社会到现代社会的转变,结构分化、功能专门化和社会整合是两者之间的根本差别所在。这部分学者认为,在这一转变过程中,至关重要的是由于变化而呈现出来的结果而不是过程。他们想要从其中涉及的不同层次和不同角度区别并研究这种社会类型。这一学派的代表性人物有美国社会学者塔尔科特·帕森斯、比利时的列维·斯特劳斯,以及穆尔等研究人员。例如,美国学者的《社会行动论》以及《现代社会体系》应用了法国社会学家埃米尔·杜尔凯姆提出的"社会二元分类法",即传统和现代社会。他将结构进步和功能转向作为社会过程不断发展的两个必然要求。结构上的进步

① 黄锦奎:《黄锦奎选集——经济学卷·下:系统推进理论与投资经济学》(第3卷),广东人民出版社2009年版,第24页。

和功能上的转向成为衡量社会是否进步的标准，而作为社会基本要素的政治、经济、社会、知识和文化等的发展水平成为区别现代和传统的分水岭。在这个过程中涉及一系列的社会要素的分化和整合。这一理论在研究现代化理论的早期十分受欢迎，所以对后来现代化理论的形成和发展有巨大的影响。

与结构学派相比，过程学派则十分关注社会现代化的过程本身。这是过程学派与结构学派在基本观点上的最大区别。这一学派着重对社会发展变化过程本身的研究。这一学派的代表学者认为，由农业化到工业化的转变过程是社会实现现代化的必经之路，但是在不同的发展阶段有不同的特点。例如，美国著名经济史学家罗斯托认为，根据经济的指标，将社会发展分成“传统社会阶段，为起飞创造前提的阶段，起飞阶段，成熟阶段，高额的大众消费阶段”。在此之后他于 1975 年又增加了一个阶段，即“追求生活质量阶段”。此外，美国当代政治学家塞缪尔·亨廷顿也对现代化发表了自己的看法。他提出，现代化过程有九大特点：现代化过程是革命的过程，这是直接依据现代社会和传统社会的比较而推出来的；现代化是复杂的过程，不能简单地将现代化过程归纳为某一种因素或某一个范围；现代化是系统的过程，一个因素的变化将联系和影响其他各种因素的变化；现代化是全球的过程，起源于 15、16 世纪的欧洲，现在已成为全世界的现象；现代化是长期的过程，现代化所涉及的整个变化需要时间才能解决；现代化是有阶段的过程，这一过程都能区别出不同的水平和阶段；现代化是一个同质化过程，传统社会以许多不同的类型存在，现代社会却基本相似；现代化是不可逆的过程，虽然在现代化过程的某些方面可能出现暂时的挫折和偶然的倒退，但在整体上现代化基本是个长期的趋势；现代化是进步的过程，现代化的冲击很大，变化很深刻，代价和痛苦也很大，但从长远的观点看，现代化增加了全人类在文化和物质方面的幸福。[①] 我们不难发现他们对于现代化理论的认识主要集中在过程性本身。

区别于结构学派和过程学派的行为学派将现代化的理论问题的研究发现转向了人类自身。其关注的重点开始集中在人的心理和人的行为上来。持有这一观点的学者主要有美国社会学家艾利克斯·英格尔斯和麦可勒兰德等。例如，美国社会学家艾利克斯·英格尔斯认为，人类本身具体到个体的人才是这个过程中的最基本的因素，在重视其中的经济、政治、文化等方面的问题的同时，更加值得注意的是在现代化过程中的人的现代化。他在其代表作《人的现代化——心理·思想·态度·行为》中提出，如果人的思想、心理、态度以及在此引导下的人的行动没有现代化，那么国家的现代化也是很难实现的。[②] 另一位代表学者塔尔科特·帕森斯也在他的《社会行动论》中，认为社会的价值观具有整体意义，并将社会中的具体个人设定成具体的角色。这一学派的共同特点就是突出了人类乃至个体的人本身在现代化过程中的重要作用。

实证学派认为现代化存在于一个统一、完整的历史进程之中，同时综合了世界各国学者们对现代化理论的研究成果。其中就包括了美国当代政治学家塞缪尔·亨廷顿的关于政治现代化的研究成果。例如，在他的著作《变化社会中的政治秩序》中，他运用了大量的实证分析了政治和社会发展之间的关系。

综合学派的兴起则是因为现代化已经从一部分国家发展、扩

---

① [美]塞缪尔·亨廷顿等：《现代化——理论与历史经验的再探讨》，张景明译，上海译文出版社1993年版，第286~305页。

② 参见[美]英格尔斯：《人的现代化——心理·思想·态度·行为》，殷陆君编译，四川人民出版社1985年版，第4页。

散、辐射到了全世界各个国家和地区，现代化理论业已成为各个国家和地区的学者们都无法忽视和回避的问题。面对如此深刻、复杂的世界性变革，各个学科的学者们都试图从自身的学科角度去解释和研究现代化理论。其中的代表人物有美国学者C. E. 布莱克和以色列学者艾森斯塔特等。例如，C. E. 布莱克在他的著作《现代化的动力——一个比较史的研究》中，通过对社会中诸多变量的分析，运用比较研究的方法，对这些社会因素进行分析，并且提出世界各个国家的现代化的七种基本模式。而艾森斯塔特则倾向于在各个国家内部的文化体系中寻找产生现代化的各种因素。

还有一种是未来学派。这里主要指的是发展中国家的现代化和发达国家的未来发展问题。为此，这些学者提出了后现代化、后现代化社会、后工业社会等理论和思想。例如，美国当代社会学者丹尼尔·贝尔提出了社会的发展阶段的理论，将其分为前工业阶段的社会、工业阶段的社会和后工业阶段的社会。阿尔文·托夫勒作为当今世界著名的社会学家，在其著作《第三次浪潮》中也关注到了现代化的问题，并且提出了他的三次浪潮的理论。他所认为的浪潮是涵盖了政治、经济、家庭、社会以及其他层面的各种变化。

综上所述，关于现代化的理论问题，西方社会还有很多研究成果，但是在这些众多的理论中，我们不难发现发展现代化的因素是无论如何都不能离开政治、经济等社会组成的基本因素的。

二、中国法律近代化的含义及其初期阶段

在中国近代民族救亡图强的过程中，中国的现代化理论逐渐形成并且发展起来。这一时期出现了多次的大规模的论战。主题包括关于中西方文化的问题、中国现代化的问题、中国文化出路的问题。这些围绕民族救亡而进行的论战对中国的现代化理论的出现

产生了直接的影响。在近代的中国,对西方近现代文明的激烈反应或者可以说是对如何在现实社会层面上实现中国现代化的讨论,在总体上看,基本是经过了几次抗争的。其中比较早期的抗争主要以曾国藩、李鸿章、左宗棠以及后来的张之洞为代表的洋务派所发起的洋务运动为代表。鸦片战争的失败,使得洋务派的领袖们逐渐认识到西方人在军事与经济层面上的成就,认识到有必要借鉴西方近代化国家的军事,使中国的国力得到发展。同时,洋务派还认为西方近代化国家值得中国学习的在于国家的“硬实力”,而在国家的“软实力”方面,还要保持中国的传统。所以,洋务运动想要达到的目的就是在不改变中国原有制度、思想和文化的同时,实现国家经济、军事和科技的进步。由此,中国开始逐步走上了现代化的道路。

为了实现社会的发展,中国学者也逐步开始研究现代化的理论,其中代表人物就是现代化学者何传启。他认为,知识、科技的推陈出新是现代化的实质,而知识的广泛传播和应用于人类的生活中才能真正地实现现代化。这其中就涵盖了由于知识创新和技术创新所引起的,由社会物质层面到社会精神层面的全面变化。其中以知识为主导的经济发展、思想和制度的调整是决定社会变化的根本原因,而社会结构和人们生活方式的改变则是现代化的结果。通过各个国家现代化的不同情况,我们不难发现各个国家的现代化之路是不同的。有的国家现代化之路是依靠自主创新,有的国家是自主创新和向其他国家学习相结合,而有的国家则是依靠其他国家知识的不断扩散和不断的学习。路径的不同也导致了各个国家在思想上的差异,也就产生了不同的制度,最终工业化的完成程度也不同的问题。

作为早期现代化的近代化则处于现代化的初期阶段。近代化就是人类从传统向现代的变迁。近代化的问题对于某一个具体的国家来讲是十分复杂而多样的,其内涵更是非常广泛、复杂的,既涉及物质层面上的问题,同时也触及社会意识上的问题。所谓“近代化”,即现代化的早期,是整个社会进行资本主义化的一个过程,是建立起资本主义完整的体系的过程。同世界其他先一步完成近代化的国家和地区相比较而言,我国的近代化晚了二百年至三百年的时间。虽然中国出现资本主义萌芽很早,但由于各种各样的原因,我国的资本主义萌芽的发展极其缓慢。于是,当西方先进的资本主义国家开始不断地攫取世界的财富时,中国还处于传统社会的末期;当世界资本主义蓬勃发展时,中国显然还没有跟上世界的脚步,融入近代化的浪潮中。

在资本的扩展性的驱使下,西方先进的国家开始大规模地、逐步地、有计划地向全世界扩张。古老而传统的东方自然被纳入了这些国家的扩张版图之内,因此近代以来,我们遭受了深重的民族危机。面对如此迫切的救国任务,近代中国人选择了最快速、最直接的方法来实现国家的近代化,从而达到救国的目的。

在这种被动的、外力的驱动下,1840 年鸦片战争后的中国逐渐开始了广泛而深刻的社会改革。第一,中国社会的工业化。工业化是传统社会区别于近代化社会的一个重要指标。19 世纪 60 年代开始,中国逐渐出现了近代化的军事工业,例如,江南制造局、金陵机器局、福州船政局等。这就是中国工业近代化的开始,自此中国的工业化程度逐步提高,从军事工业逐步发展到民用工业,从重工业发展到轻工业,从基础工业发展到贸易、金融工业等,逐步实现了近代化的工业体系。第二,中国民族资本主义经济的不断发展。因为洋务运动的不断深入发展,在中国的东南沿海出现了最初的中国民族资本主义经济的萌芽。其中的典型例子就是 1873 年商人陈启源创办的继昌隆缫丝厂。虽然我们的民族资产阶级存在先天的不足和缺陷,但是仍然在夹缝和困难中不断成长,这些都为日后中国的改良运动和革命运动打下了基础。第三,中国政治上的近代化。例如,咨议局、资政院的相继建立。第四,中国的传统文化受到了近代化文化的严重冲击。近代以来,先进的中国人开始逐渐地意识到中国传统文化在近代社会中的不足,于是开始了从理论到实践上的知识体系的更新。在自然科学方面,中国人开始研究西方的枪炮、轮船制造技术以及声、光、化、电之学,而后逐步开始学习理论上的学科,如现代数学、物理等。在社会科学方面,世界地理、世界历史、近代政治学、经济学、哲学等学科也逐步地进入了中国人的视野并被纳入知识体系。从这里我们不难发现,中国的近代化是一场全面而且深刻的社会变革。在这场广泛而深刻的社会变革中,近代化法律体系的建立就是其中的重要一环。

法律的近代化体现为从传统法律到近现代化法律的一种开始、过渡、变迁的形态。中国法律近代化时期是从晚清政府修律、改革开始的,我们将这个阶段称为中国法律近代化的初期,具体是指中国法律近代化的最开始的部分,时间上可以从鸦片战争后中国主动接触或者被动接受西方法律到晚清政府变法修律的结束这段时间。

第二节 中国近代化及法律近代化改革的原因

在鸦片战争以后的几十年中,中国相继和其他西方国家进行了多次战争,结果多以失败告终。晚清政府被迫签订了多个不平等条约,这使得本来就已经走向衰落的传统社会更加雪上加霜,晚清政府的统治也逐渐走向深渊，经济问题的日益凸显、政治上的内忧外患以及层出不穷的社会问题是中国近代化改革，同时也是中国法律近代化改革的原因所在。

一、根本原因——晚清时期传统经济问题日益凸显

中国自从汉代以来就是以农立国的国家，有重农抑商的经济传统。鸦片战争以前，全国人口中农民占 80% 以上。国家的经济收入，也是以田赋收入为大宗，占 17% 以上。社会上士农工商四大阶层，士是不事生产的人，工商部门也是农业的附庸，整个社会的重心都在农业上。因此，可以说中国就是农业社会。清代初年，自清军入关后，就有清政府圈定的管家庄园即庄田，用于赏赐给王公或者旗丁，随其收租或者自耕。至于屯田和学田以及其他的免税田是官田。庄田以在盛京(奉天)和北平附近较多，各省旗兵驻防地也有一些；官田则是各省都有，庄田和官田合占 16%。其余的全部是民众私有的民田。私田中为地主所有的，多数交给佃农耕作收租或者雇佣农耕作。当农民耕作的土地可以维持一家的温饱，社会就是安定的，也就是所谓的太平盛世。相对而言，在战乱时代，壮者铤而走险，而老弱填于沟壑，农村则会不安定，对于这种情形，不到全国工业化是不能彻底消除的。

此外，还有小规模的手工业的出现，在农耕社会，手工业本是副业，但是在这一时期有了一定的发展。同时，消费式的商业出现，在清代初年，只有广州的洋商人和扬州的监商是大商家，他们主要是向社会供应消费品，其主要目的也不是追求利润，而是满足人们的生产生活需要。然而中国的这种自给自足的经济结构却因为和西方的通商而逐渐解体，在原有的经济结构解体后，西方式的产业革命也开始悄然发生，而这种产业革命的目的是抵御外辱，而非改良

生产。中国的产业革命就是在这种自强运动中逐渐发展起来的,其中的代表便是矿业的发展,在矿业的发展中煤矿和铁矿最为重要,中国所开采的煤矿占重要矿产额的90%以上。同时,在交通和金融行业也有一定的发展。

但是,从总体上来说,清代末期的产业革命还是十分落后的,长期以来的贸易逆差,对于中国的经济是致命的打击。中国只有全面工业化,急起直追,方能走上富强之路。

二、现实原因——晚清时期政治上的内忧外患

晚清时期的政治形态发生了前所未有的变化。戊戌政变后的清政府守旧派势力取得了暂时的优势地位,但维新派的影响依然存在。维新派首领康有为、梁启超虽然逃亡海外,但是依旧发展反对守旧派势力的活动。维新派以守旧派要立爱新觉罗·溥儁为大阿哥来反对光绪皇帝为契机,倡议保卫光绪皇帝,守旧派以此陷入不利地位。同时,义和团提出的“扶清灭洋”也被守旧派利用来巩固政变的结果。义和团运动和八国联军侵华在各个方面对晚清的政局产生了深刻的影响。一是它们对清政府的统治造成了沉重的打击,是晚清时期政治危机产生的重要原因。二是晚清政府为了缓解政治危机,不得不进行改革。但无奈历史的趋势已经不可逆转,立宪派和革命派在这种危机中殊途同归,共同推翻清朝的统治,最终结束了中国几千年来的封建君主专制。自甲午割地赔款以后,外国帝国主义开始疯狂瓜分中国。例如,德国占胶州湾,俄国强占了旅顺口和大连湾,英国租借了威海卫,日本得到了不将福建省让与其他国家的保证,法国租借了广州湾。大片国土的沦丧终于唤醒了中国人的民族意识。特别是传统小农经济和新兴资本主义经济形式的冲突导致中国各地的农民与传教士的冲突逐渐激烈,各地教案多有

发生,义和团运动正是其中之一。在清朝末期的贫困、迷信以及仇外的环境中,北方农民发起了大规模的义和团运动,想要消灭中国现存的一切外国人、外国事物。这样一来,义和团运动的立场在总目标上就与晚清政府不谋而合。守旧派仇恨外国人但是又十分忌惮外国势力,正好可以利用义和团的声势来达成他们的政治目标,同时可以打击维新派巩固自身地位。从光绪二十六年(1900 年)六月到八月,清政府对义和团先是围剿、再是安抚,之后义和团大规模地进入北京和天津。清朝王室成员还争相公开标榜自己的义和团身份,庄亲王载勋、刚毅曾经被任命为义和团统领,义和团到庄亲王府挂号、报到,听候转牌调遣。借由此势,义和团运动迅速发展,招致了帝国主义列强的联合武装干涉。此时,慈禧太后决定孤注一掷,同时向在华各国宣战。但是这种政治赌博并没有成功。光绪二十六年(1900 年)八月十四日,北京失守,慈禧太后和光绪皇帝出逃。义和团运动促成了晚清政治的总危机,深刻影响了晚清的政治格局和走向,民众对清政府的政治认同更是出现危机。自 1840 年鸦片战争后,虽然清政府在与西方国家的战争中多是以失败收场,但是清政府从来没有甘于失败,而是不断地通过兴办洋务、维新变法来救亡图存。但在义和团运动和八国联军入侵后,清政府与西方国家逐渐达成了一致。由此,清政府彻底沦为西方国家统治中国的工具。在庚子之变以后,清政府在向西方国家彻底投降的道路上走出的第一步就是慈禧太后在西逃的路上发布谕旨剿灭义和团。

清政府在此后与西方国家签署的《辛丑条约》中,“承诺在义和团活动过的山东、山西、河南、浙江、直隶、辽宁、奉天、黑龙江、陕西、湖南等省的 46 个城镇,停止文武科考 5 年作为惩罚,并惩办在义和团运动中和帝国主义作对的官吏”[①]。此外，慈禧太后为了讨好西方国家还命令“庄亲王载勋、都察院左都御使英年、刑部尚书赵舒翘等人自尽，并且将山西巡抚毓贤处死，端郡王载漪，以及辅国公载澜远远流放到新疆地区，并且对其进行永远的监禁；还曾经公开的允诺，要永远地对中国人组织的或者是加入的反对帝国主义性质的各种组织进行禁止，如果有违背命令者全部斩首；此外，晚清政府还允诺，地方政府的管辖区内要是存在相似的事件，如果没有立刻着手处理，就要接受革职的处分，并且再不叙用”[②]。与此同时，清政府还向西方国家大量地出卖了中国的国家主权。在《辛丑条约》中，“晚清政府同意拆毁大沽炮台，外国可以在北京的使馆区驻兵，从北京到沿海驻扎军队。驻扎在京城内的各个外国军队组成了一个公使团，其能力有时可以操控晚清政府”[③]。从此，晚清政府的性质彻底地发生了改变，它成了西方国家在中国的“代言人”。

《辛丑条约》以后，西方国家通过清政府不断地搜刮中国人民的财富。按其要求，“晚清政府要向各个国家赔偿白银四点五亿两，以及每年高达四厘年息，赔款的本和息，一共有九点八二亿多两。以及各个地方行省的赔款达两千万两，总计十亿多两。按当时全国人口计算，每人要负担二两五钱，是清政府岁入八千多万两的十二倍”[④]。众所周知，这次赔款是自鸦片战争以来数额最大的一次。西

① 李延明、吴敏、王宜秋：《近代中国社会形态的演变》，安徽大学出版社 2010 年版，第 121 页。

② 李延明、吴敏、王宜秋：《近代中国社会形态的演变》，安徽大学出版社 2010 年版，第 121 页。

③ 李延明、吴敏、王宜秋：《近代中国社会形态的演变》，安徽大学出版社 2010 年版，第 122 页。

④ 刘引泉主编：《中国民主革命时期通史：1840—1919》（上卷），东方出版社 1990 年版，第 212 页。

方国家还通过清政府控制了中国的部分常关税，在中国享有的内河航运权、矿山开采权、投资设厂权、铁路修筑权等各项权利都逐渐扩大。这样的晚清政府早已经将民心丧失殆尽。面对这样的情况，孙中山先生曾经说，“通过这次的惨痛的教训以后，中国人的心已经和以前不尽相同。以前第一次失败后，全国上下的舆论都认为，我是乱臣贼子的大逆不道的行为导致的，对此咒骂的声音不绝于耳；我的身体所到的地方，大家都视我是毒蛇和猛兽一般，所以，没有人敢和我交流。但是在庚子大败后，一般人对我的骂声就少了很多，还有一些有识之士开始为我感叹，我的革命尚未成功。这一前一后的对比，十分强烈。我看见这种情况，心中感觉到无比的感慨，知道中国人已经开始觉醒了。再加上八国联军攻入北京城后，慈禧太后和光绪皇帝仓皇出逃，清政府屈辱议和以及巨额赔款后，再无威信可言，而国家的经济和人民的生活也逐渐地难以为继。加之国家的局势日渐衰微。国家的有志之士，救国的心思已经逐步活络起来，革命风潮自此开始萌发起来”①。从此以后，反对晚清王朝统治的斗争和起义日益繁盛，晚清政府已经成为人民的公敌。

此外，晚清时期地方实力派不断发展壮大，也加剧了清朝末期的统治危机。湘军、淮军等地方性军事势力在太平天国运动后逐渐崛起，地方势力与中央政权分庭抗礼的形势逐渐形成。例如，在义和团运动中，东南地区的长官就与外国联军约定互不干涉，这无疑是对晚清政府对外宣战法令的漠视。晚清政府曾经颁布宣战诏书：“这是环境和情势所逼迫，所以，一定要战，各个地方的督抚，不要在

① 广东省社会科学院历史研究室、中国社会科学院近代史研究所中华民国史研究室、中山大学历史系孙中山研究室合编：《孙中山全集》（第6卷），中华书局1981年版，第234～235页。

考虑了，要迅速筹集兵马粮饷，保卫国家领土。如有疏失，惟各该督抚是问。将此电谕各督抚、将军知之。”①两广总督李鸿章直言：“岘帅冬电，无论北事如何，总当与香帅一力担承。仍照所议办理，断不更易。合参傅相，艳电甘五矫诏，粤断不奉，香帅艳电。惟有谨遵保守疆土，联络一气之旨，并无可恃义民。惟有严拿重办，三帅宗旨均属一律。顷，读卅电旨，此次义和团兵民，以至王公府第处处皆是。剿之，则即刻祸起肘腋。各督抚，若知内变如此之急，必有奔问不遑者，速筹兵饷，力保疆土等谕。”②此外，两江总督刘坤一、湖广总督张之洞还派人与西方国家达成协议，形成默契，此后多地加入东南互保，这就导致清政府发布上谕而各地督抚无人响应的现象。由此可见，清政府的威信力基本荡然无存。此次东南互保虽然在效果上保住了清政府的江山，维护了清政府的统治，但是却极大地亵渎了清政府的统治权威，实际上是使中央和地方的关系进一步分离，清政府统治全国的公信力进一步丧失，这也为后来革命党人推翻清政府提供了可以借鉴的样板。可见1911年辛亥革命的爆发不是偶然事件，也不是单纯的历史巧合，人民认同和政府统治权力的逐步丧失使晚清政府面临双重危机。在立宪、共和运动风起云涌的情况下，晚清政府也无法再维持原来的统治形式了，传统中国的统治者不得不寻找新的出路。

三、晚清时期社会问题层出不穷

从社会的角度来讲，清代末年的社会环境是十分复杂的。在中

---

① 王安节主编：《李鸿章全集：电稿（光绪二十一年二月十四日～光绪二十六年十一月初三日）》（第11册），时代文艺出版社1998年版，第6461页。

② 王安节主编：《李鸿章全集：电稿（光绪二十一年二月十四日～光绪二十六年十一月初三日）》（第11册），时代文艺出版社1998年版，第6461页。

国农村，自古以来实行的就是大家族制度。但是，自从家庭手工业被舶来的商品代替后，大家族中的成员就不得不出来谋生，开始逐渐自立门户，所以大家族就逐渐变得四分五裂。即使还存在四世同堂的家庭，也是在勉强维持，各个家庭分子中也没有办法完全融合，以至于婚姻制度、丧葬礼节也受到了不同程度的影响。这种情况也由沿海城市渐次向内陆发展。从此，大家族制度中的优势，例如，重亲戚之谊、厚人伦之爱、患难相济、疾病相扶也逐渐地消逝。在这种情况下，中国的阶级也产生了变化，原来农业社会君主制度下的士农工商四大阶级也悄然变化着，而君主所依仗的士阶级"一人之下，万人之上"也不复存在了。然而在从前不被重视的工商阶级，却在与外国通商的过程中，阶级地位得到了显著的提升，这也是中国四大阶级的阶级地位变化的重要原因，但同时在四大阶级外又产生了新兴的买办阶级。在与外国人通商的过程中，来来往往的买卖一定要有翻译，于是出现了一类洋商买办类的人物。而这种洋商买办式的人，有曾经接受过西方教育的正人君子，但是也有许多仅仅是懂得外语、品行卑劣的人，所以，导致大家认为买办阶级是中外商人或者政府之间的"寄生虫"。

此外，由于清朝末期的洋务运动改革并不彻底，温和的维新变法也没有如愿实现，迫于情势而进行的立宪行为又毫无诚意可言，因此，许多有志之士开始组织团体，发动革命，以求彻底而全面的改革。中法战争后，孙中山先生有志于革命，到光绪二十年(1894 年)，组织兴中会，光绪二十一年(1895 年)，发动广州起义。还有就是湖南人唐才常等人组织自立会，在光绪二十六年(1900 年)进行了起义，但是最终失败被杀。光绪二十九年(1903 年)，留日学生黄兴、宋教仁等人与五百多名同志在长沙成立华兴会，由黄兴担任会长。同时联系了哥老会首领马福益，另创立了同仇会，组织革命军，想要在光绪三十年(1904年)十月十日在长沙起义,但由于前期准备中消息被泄露给了政府,所以起义被政府镇压而失败,同仇会只能解散。另外,于光绪三十年(1904年)还有浙江人徐锡麟、秋瑾、陈伯平、马宗汉等人组织光复会,他们于光绪三十三年(1907年)在安庆发动起义以刺杀巡抚恩铭为起事,但是以失败告终。由此可见,在清朝的统治末期,社会极其不稳定,以致革命力量频繁出现。

在《辛丑条约》签订后,清政府开始维新变法,并且派出大批学生赴日本留学,自费去日本留学的人更多,约数千人,其中有很多都是革命者。这些人加入兴中会或者自觉推动反清工作,例如,光绪二十八年(1902年)三月,章炳麟等人在日本举行反对清政府的活动。同年十月,上海中国教育会助南洋公学退学的学生成立爱国学社,章炳麟、蔡元培等人都有参加。光绪二十九年(1903年),马君武等进行爱国演讲。同年,邹容的《革命军》出版。同年五月,上海《苏报》登出了章炳麟的《客帝篇》和邹容的《革命军》。到了光绪三十一年(1905年),同盟会成立以后又创立了《民报》来宣传革命。

在义和团运动后,维新派和立宪派相比显然有些落伍。不过其中的代表也提出了许多新的主张,如张之洞系统总结"中学为体,西学为用"。他在《劝学篇·辐轩语序》中曾经提到,"因循守旧的人不知道变通,追求创新的人不知道根本。不知道变通的人没有办法御敌,不知道根本的人就缺乏为国为民的心。照这样发展的话,就会导致不知道变通的人厌恶不知道根本的人,而不知道根本的人不理解不知道变通的人,两类人的矛盾会愈加强烈,人们的思想混乱,进而产生歪理邪说在天下横行的恶果"①。所以,他赞同废科举,设立

① 沈云龙主编,王树枏编:《张文襄公全集·劝学篇》,文海出版社1970年版,第14433~14434页。

学堂，派遣留学生。

综上所述，无论是在经济、政治还是社会环境上，清朝的统治都已经濒于崩溃，晚清政府不得不寻找新的出路，而后八国联军发动的侵华战争则成为慈禧太后和光绪皇帝决定进行改革的直接原因。所以，中国近代化改革、法律近代化改革已经势在必行。

第三节　从近代化改革到法律近代化的实践及其日本因素

一、近代化改革的逐步开展

1900 年 8 月 14 日，八国联军的军队开始进攻晚清政府的统治中心，不久之后，北京城就被八国联军所破，慈禧太后带领着光绪皇帝悄悄地离开了北京城，并且迅速地抵达西安。

之后，慈禧太后下罪己之诏，以稳定人心，安抚民众。时至年末，北京城和各个行省的官吏上书，表达了这些官吏关于国家的行政管理问题、军事问题、教育问题，以及财政问题等的革新方案。第二年年初，即 1901 年 1 月 29 日，经慈禧太后指示，光绪皇帝发布上谕。

慈禧太后和光绪皇帝在这道上谕中对中国根深蒂固的弊病概括如下："我中国之弱，在于习气太深，文法太密。庸俗之吏多，豪杰之士少。文法者庸人借为藏身之固，而胥吏倚为牟利之符。公事以文牍相往来，而毫无实际。人才以资格相限制，而日见消磨。误国家者在一私字，困天下者在一例字。"[①]这篇引经据典的上谕中，全面

---

① 《大清德宗实录》卷四七六，中华书局 1987 年版，第 9 页。

地阐释了晚清政府改革的合理性和必要性,但是对戊戌变法仍然持否定的态度,并且把作为最高统治者的责任推得干干净净。其中就提出“法令不更,锢习不破,欲求振作,当议更张”①,国家各级官员要“各举所知,各抒所见”②。由此,晚清政府开始进行改革,发布新政。晚清政府改革也称为清末“新政”,是晚清政府为了自救而采取的重大举措。这次新政涉及政治、经济、文化、军事等社会生活的各个方面,从光绪二十七年(1901 年)到宣统三年(1911 年)的十年间,晚清政府先后颁布了一系列方针政策,中国的近代化改革也就由此拉开帷幕。

第一,在经济方面,晚清政府为了发展资本主义工商业采取了多项措施。光绪二十九年(1903 年)九月设立了商部,商部以载振为尚书,并且采取了多项措施来发展资本主义工商业,时至三年后即 1906 年,工部成为商部的一部分,合并称为农工商部。光绪二十九年(1903 年)十一月,刚刚建立的商部颁布了《奖励公司章程》,在《奖励公司章程》中提出,“向来官场出资经商者颇不乏人,惟狃于积习,往往耻言贸易,或改换姓名,或寄托他人经理,以致官商终多隔阂。现在朝廷重视商政,亟宜破除成见,使官商不分畛域,合力讲求,庶可广开风气。如有世家巨族出资凑集公司,辩有成效者,亦准按照以上章程给奖;其或已有官阶,职分较高者,另由臣部随时酌量情形,奏明请旨给奖,以示优异”③。由此可见,晚清政府十分重视发展工商行业,同时在法律文本中确立了鼓励工商行业从业人员的规定和具体方法。例如:“集股五十万元至五千万元的工商业者,拟准

① 《大清德宗实录》卷四七六,中华书局 1987 年版,第 273 ~ 275 页。

② 《大清德宗实录》卷四七六,中华书局 1987 年版,第 273 ~ 275 页。

③ 汪敬虞编,中国科学院经济研究所编辑:《中国近代工业史资料:1895—1914 年》(第 2 辑),科学出版社 1957 年版,第 641 页。

作为臣部五等议员，加七品顶戴至拟准作为臣部头等顾问等顾问官，加头品顶戴，并且在样式上有所创新，准其子孙世袭臣部四等顾问官，至三代为止；集股五千万元以上者，拟准作为臣部头等顾问官，加头品顶戴，并请仿宝星式样，特赐双龙金牌，准其子孙世袭臣部四等顾问官，至三代为止；集股四千万元以上者，拟准作为臣部头等顾问官，加头品顶戴，并请特赐匾额，准其子孙世袭臣部头等议员，至三代为止；集股三千万元以上者，拟准作为臣部头等顾问官，加头品顶戴，并请特赐匾额，准其子孙世袭臣部二等议员，至三代为止；等直到集股五十万元以上者，拟准作为臣部五等议员，加七品顶戴。"①还规定"自四等顾问官以上，应当由臣部专门折奏请给奖励；自头等议员以下，应由臣部分别给奖，每届年终奏一次"②。

此外，光绪三十二年(1906 年)十月，清政府颁布《奖给商勋章程》。第二年，清政府又颁布《爵赏章程及奖牌章程》，这些法律的颁布对这一时期资本主义工商业的发展起到了促进作用。

第二，晚清政府采取了多项措施在文化方面学习西方。光绪二十七年(1901 年)八月，清政府开始对科举制度进行改革，光绪二十八年(1902 年)开始，乡试、会试，都考察策论，不准再考察八股文，同时废除武举。光绪三十年(1904 年)，清政府想要通过减少录取人数的方法来实现新教育制度对旧教育制度的代替。但是，光绪三十一年(1905 年)九月，袁世凯、赵尔巽、张之洞、端方等人联名奏请光绪皇帝，废除科举制度。他们上奏说，"只要科举制度一天没有停止，有心从事仕途的人就依然存有希望，他们的心思就不会放在实际生

---

① 汪敬虞编、中国科学院经济研究所编辑：《中国近代工业史资料：1895—1914 年》(第 2 辑)，科学出版社 1957 年版，第 641 页。

② 汪敬虞编、中国科学院经济研究所编辑：《中国近代工业史资料：1895—1914 年》(第 2 辑)，科学出版社 1957 年版，第 641 页。

活中。民间社会看见这种情况,私立的学堂本来就比较少,其办学的能力又不及政府支持的公学,所以,学堂就没有成为主流的希望"①。所以,如果不废弃传统的科举制度,近代化的学校就没法兴办起来,人们的心就不能坚定,人民的智慧就无法打开,国家的革新就会无法展开。如果要改变这种情况就要推广近代化的学校,而推广近代化的学校就要先废除传统的科举制度,所以,应该立刻着手改革,废除传统的科举制度。② 之后,光绪皇帝下诏,马上停止科举考试,进而推广近代化学校的建立,自光绪三十二年(1906 年),停止所有的乡试、会试,以及各个行省每年一次的科举考试。③ 至此,已经实行一千三百多年之久的科举制度完全废除。

此外,清政府还设立了许多新式学堂并且向外国派遣留学生。光绪二十七年(1901 年)八月,晚清政府发上谕:"人才为政事之本,作育人才,端在修明学术。历代以来学校之隆,皆以躬行道艺为重,故其时体用兼备,人才众多。近日士子,或空疏无用,或浮薄不实,如欲革除此弊,自非敬教劝学,无由感发兴起。除京师已设大学堂,应行切实整顿外,著各省所有书院,于省城均改设大学堂,各府及直隶州均改设中学堂,各州县均改设小学堂,并多设蒙养学堂。其教法当以四书五经纲常大义为主,以历代史鉴及中外政治艺学为辅,务使心术纯正,文行交修,博通时务,讲求实学,庶几植基立本,成德达材,用副朕图治作人之至意。著各该督抚学政,切实通饬,认真兴办。所有礼延师长,妥定教规,及学生毕业,应如何选举鼓励,一切详细章程,著政务处咨行各省悉心酌议,会同礼部覆核具奏,将此通

① 《光绪朝东华录》卷一八〇。

② 参见《光绪朝东华录》卷一八〇。

③ 参见《光绪朝东华录》卷一八〇。

谕知之。”[①]时至1909年，也就是晚清政府统治的最后几年，全国的学校，不区分种类，在数量上已经达到五万七千所，在校人数高达一百六十余万人次。到民国元年(1912年)的时候，则已经发展到八万七千多所学堂，其学生人数也见成倍数的增长。[②] 可见，晚清时期设立新式学堂的成效非常显著。在留学生的派遣方面，张之洞在《劝学篇》中提出：“出洋一年胜于读西书五年，此赵营平百闻不如一见之说也。人外国学堂一年胜于中国学堂三年，此孟子置之庄岳之说也。”[③]通过晚清政府的大力提倡，形成了一个留学高潮。例如，“光绪二十七年(1901年)留日学生仅为二百七十四人，以后光绪二十八年到光绪三十四年(1902~1908年)分别达到六百零八人、一千三百人、两千四百人、八千人、一万两千人、一万人、三千人。其中，光绪三十二年(1906年)为留日学生人数的巅峰”[④]。

第三，在军事方面，清政府决定停止武生童考试和武科乡、会试，痛下决心改编军队，将战斗力较强的军队改为常备军。其他的都是续备军。此外，还增设了巡警这一职位，全部学习、操练新式的兵器，严格进行训练，并且经常组织考核。为进一步统一军制，“光绪二十九年(1903年)，清政府在中央设立练兵处，督练全国新军，庆亲王奕劻负责操练兵马，袁世凯担任训练士兵的官员，铁良襄同办理。此外，在各个行省分别设立督练公所，主要是负责各个行省的训练士兵的事务，同时，各个行省的督抚还要负责督办此事。光绪三十年(1904年)，新的军事制度被正式确立，具体分为常备军、续备军，以及后备军三个等级，并规定了招募应征的条件，官制等相关制

① 《光绪朝东华录》卷一八〇。

② 参见舒新城编：《中国近代教育史资料》(上)，人民教育出版社1962年版，第367页。

③ 张之洞：《游学》，《劝学篇·外篇》，光绪戊戌(1898年)三月西湖书院刊本，第6页。

④ 李喜所：《近代中国的留学生》，人民出版社1987年版，第127页。

度。光绪三十二年(1906年),兵部和练兵处合并成陆军部。计划编练新军三十六镇,后因武昌起义爆发,只编练成十四镇,士兵十六万八千五百四十四人"[①]。

清末"新政"由清政府提出,其改革的内容涉及经济、文化、军事等社会生活的各个方面。"新政"在经济上,鼓励发展资本主义工商业,这是对传统农业经济的一种巨大冲击;在文化上,清政府由光绪皇帝发上谕废除科举制度并且废除了武举制度,逐步地向近代化的教育方式转换;在军事上,清政府也废除了绿营和防勇,采取了学习西方的军事措施。可以说,晚清政府的"新政"是一场具有资产阶级色彩的改革运动。这也是中国近代化改革的组成部分,为进一步改革奠定了基础。

二、传统与近代在理念上的更新

在上文中,我们对近代化的相关问题有了一定的了解。"中国的近代化,亦称中国早期现代化或现代化。"[②]对此不同的学者提出过不同的理解。但是无论是"近代化"还是"现代化"的概念所揭示的内涵都是差不多的,那么现代化又是什么呢?"我们把现代化视作各社会在科学技术革命的冲击下,业已经历或正在进行的转变过程。业已实现现代化的社会,其经验表明,最好把现代化看作涉及社会各个层面的一种过程。某些社会因素径直被改变,另外一些因素则可能发生意义更为深远的变化,因为新的,甚至表面上看来毫不相干的因素引入,会改变历史因素在其中运作的环境。现代化无

---

① 廖代茂、杨会国编著:《中华百年祭(1840~1945图文档案)——军事》,重庆出版社2006年版,第45~46页。

② 孙占元:《中国近代化问题研究述评》,载《史学理论研究》2000年第4期,第124页。

疑是人类历史上最剧烈、最深远并且显然是无可避免的一场社会变革。是福是祸暂且不论，这些变革终究会波及与业已拥有现代化各种模式的国家有所接触的一切民族。既存社会模式无例外地遭到破坏，现代化总是成为一种目标，尽管搞现代化的决心在程度上大小不一。现代化的效应或者其某些方面的效应已遍及世界，当然，这并不意味着所有国家都已经现代化了。或许世界上的某些地区永远也到达不了这一不可逆转的临界点，而不少国家肯定在长时期内也还无法做到这一步，因为资源不可能充裕到足以支撑一切社会都实现高度的现代化。在现代化进程中的许多社会，甚至某种程度上所有的这些社会，都将要遇到传统势力的反抗。然而，任何一个民族无论如何也不会再退回到与现代化相遇之前的状态了"①。这是罗兹曼关于该问题的认识，这对我们进一步认识这个复杂的问题有重要作用。中国的近代化也可以称为中国的现代化，在中国早期或者是初期的现代化过程中，我们经历了十分复杂、艰难的过程。其中，法律的近代化就是一个重要的表现。

在中国法律近代化的过程中，法律观念的更新早于法律制度的更新。法律理念的更新，主要体现在中国传统法律文化和西方法律文化的输入的冲突和磨合上。对于中国传统法律文化的主要特点我们可以概括为："礼法互补，综合为治；天理、国法、人情三者协调一致；重公权、轻私权与无讼的价值取向；法自君出，权力支配法律；严格的身份等级与不同的法律调整；家庭本位的社会结构，家法是国法的补充；重刑轻民，律学是法学的集中代表。"②此外，儒家的伦

① ［美］吉尔伯特·罗兹曼主编：《中国的现代化》（第2版），国家社会科学基金"比较现代化"课题组译，江苏人民出版社2010年版，第3～4页。

② 张晋藩：《中国法律的传统与近代化的开端》，载《政法论坛》1996年第5期，第77～79页。

理对中国传统法律文化的影响十分深刻。例如,在《唐律疏议》中关于"十恶"的规定就是儒家思想与中国传统法律相结合的有力证明,"一曰谋反。二曰谋大逆。三曰谋叛。四曰恶逆。五曰不道。六曰大不敬。七曰不孝。八曰不睦。九曰不义。十曰内乱"①。而西方法律文化则与中国传统法律文化有很大不同,西方法律文化主要体现在权利本位的观念和法治传统这两个主要的特点上。由此可见,中西两种法律文化是完全不同的。曾经有学者提出:"儒家伦理使传统中国的法律成为一种道德化的法律,法律成为道德的工具,道德成了法律的灵魂。这就导致了传统社会的中国失去了自己的文化特色,所以,在近现代化的转变之路上就出现了根本性的制约。"②所以中国法律近代化理念的更新是十分困难、漫长和复杂的过程。

从西方法律文化影响的渠道上来讲主要是"传教士的传播;对西方近代化的思想进行翻译和整理,以及对法学作品和法律典籍的翻译;邀请西方近代化国家的法学专家来教授近代化的法律规范,并且参加一部分的法律制定工作;派出官员出国考察学习等"③。首先,林则徐作为"近代中国开眼看世界的第一人",积极地提倡了解和引进西方的先进文化,他亲自主持并组织翻译班子,翻译外国书刊,编译了《华事夷言》《四洲志》《国际法》等书籍。因此,他也成为中国国际法学的开山者。④ 其友人魏源也在其的托付下,开始编纂《海国图志》,来为中国介绍当时的西方世界。梁廷枏也是早期探索

---

① 钱大群撰:《唐律疏义新注》,南京师范大学出版社2007年版,第21~42页。

② 张中秋:《对中西法律文化的认识》,载《民主与科学》2004年第2期,第30~31页。

③ 张晋藩:《中国法律的传统与近代化的开端》,载《政法论坛》1996年第5期,第80页。

④ 参见刘恒焕:《中国国际法学的开山者——林则徐》,载《中山大学学报(社会科学版)》1991年第1期,第87页。

西方文化的先驱之一,他的代表作《海国四说》也是介绍西方国家的重要著作之一。此外,还有徐继畬的《瀛寰志略》,这本书中不仅叙述了西方国家的历史、地理等基本知识,还对西方近代化国家的政治制度、法律制度等进行了相关的介绍。其次,从西方法律文化的引入角度来讲,太平天国的领导人之一洪仁玕是早期的代表人物,他认为应该实行西方近代化国家的资本主义政治和法律等相关制度,[①]还提出"国家以法制为先"和以法律的方式来保护经济发展等先进的法律思想。最后,19 世纪 70 年代开始,中国出现了早期的资产阶级改良派,其代表人物有王韬等。改良派的主要思想表现为:对西方法律全面学习的变法思想;对传统的经济立法思想进行了批驳,提出重视商人、体恤商人、保护商人的独立发展经济的思想;在政治上也提出了革新意见,提出开设议院,建立君主立宪制的法律思想;同时提出改革,在维护主权的同时,提出为了抵抗侵略、参用中外的政治法律制度进行改革的思想。例如,王韬提出,变法要以"泰西为纲",要"以欧洲诸大国为富强之纲领,制作之枢纽"[②]。还提出要以学习西方的政治法律制度为变法的根本。

通过以上的论证我们不难发现,在 1840 年鸦片战争以后的半个多世纪里,西方近代的法律文化逐渐开始影响古老的中国。

三、五大臣出洋考察

随着民族危机的加深,学习、引进西方先进法律文化的社会思潮的不断发展等的推动,到 20 世纪初期,中国开始讨论实践改革的

① 参见邱远猷:《洪仁玕与中国法律近代化》,载《中州学刊》1993 年第 6 期,第 112 页。

② 王韬:《韬园文录外编》。转引自陈元晖主编,璩鑫圭、童富勇编:《中国近代教育史资料汇编——教育思想》,上海教育出版社 2007 年版,第 55 ~ 56 页。

问题。基于以上几种原因的潜移默化的影响,实践改革可以说是万事俱备,只欠东风,而光绪三十年(1904 年)发生的日俄战争为此提供了契机。于是,清政府决定于光绪三十一年(1905 年)颁布派遣载泽、戴鸿慈、徐世昌、端方四位大臣出洋考察政治的谕旨,不久之后加派了绍英,这就是历史上著名的"五大臣出洋考察"。

提出派遣大臣出洋考察最早可以追溯到梁启超和李盛铎等人的改革观点。在日俄战争期间也有人提出过此类观点,但是并没有引起清政府的重视,日俄战争结束后,清政府的大臣再次提出推行改革的必要性,所以清政府派遣大臣出洋考察就已经是顺理成章的事情了。其中有很多大臣上奏,例如,《时报》曾经报道,"通过北洋所的奏报,政府决定选派部分大臣出洋去外国考察,按照计划分别派往六个国家,每个国家分别派遣两名大臣,其中一人为主大臣,负责详细考察派遣国家的政治情况,另一大臣为辅助,主要负责其他的门类的考察,作为普通的游历性质的考察"[①]。晚清政府开始想要从宗室亲族、枢臣、户部堂官、督抚中各选一人来担任出洋考政的大臣。[②] 晚清政府在宗室亲族里打算派遣载振,在枢臣里打算派遣荣庆,在户部堂官里打算派遣户部尚书张百熙,在督抚里打算派遣湖南巡抚端方。由于担任刑部尚书、军机大臣、政务大臣的荣庆不想出洋,而改派军机大臣、外务部尚书瞿鸿禨,然而他也以出洋考察山高路远为理由推辞了,所以最终改派徐世昌出洋考察。"徐此前并没有知晓这一消息,忽然听说清政府决定让其出使日本,所以,不得

---

① 《京师政界近信》,载《时报》一九零五年八月二十一日。在此之前,《时报》亦曾有零星报道,如六月二十四日以《记钦派大员游历各国事》为题报道:"此次钦派大员出国游历,本系直督袁宫保所请。"

② 参见《徐军机钦使出洋之故》,载《时报》一九零五年七月初六。

不前往”①。最终,晚清政府派出的出洋考察大臣由贝子载泽、戴鸿慈、徐世昌、端方以及之后加派的邵英五人组成。

在确定好了出洋考察的五位大臣后,晚清政府于光绪三十一年(1905 年)六月十四日正式颁布了关于派遣出洋考察大臣的上谕:“方今时局艰难,百端待理,朝廷屡下明诏,力图变法,锐意振兴,数年以来,规模虽具,而实效未彰,总由承办人员向无讲求,未能洞达原委,似此因循敷衍,何由起衰弱而救颠危兹特简,载泽、戴鸿慈、徐世昌、端方等随带人员,分赴东西洋各国,考求一切政治,以期择善而从,嗣后再行选派,分班前往。其各随事派询,悉心体察,用备甄采,毋负委任。所有各员经费如何拨给,著外务部、户部议奏。”②

在圣旨颁布后,由贝子载泽上奏,增加商部右丞绍英一起出洋考察。在这道圣旨中,我们可以发现清政府派遣载泽、戴鸿慈、徐世昌、端方等人带领随行人员分别去西洋和东洋的各个国家,但是对具体考察哪几个国家以及哪几位大臣去哪些国家等具体考察中的问题,却没有言明。对于五大臣出洋考察这件事社会舆论给予了很大的关注,朝野内外也多有争议。最终,清政府经过仔细考量对五大臣出洋考察的国别进行了确定。

在确定了出洋考察的国家后,出洋考察团分为两组。一组是由贝子载泽、尚其亨、李盛铎组成的考察团。以贝子载泽为中心的考察组考察了日本。在日本期间,为了了解日本的政治制度,考察组专门邀请了日本的政治名家来演讲,同时日本对此也给予了高度的重视。就像日本学者福田忠之所说,“这一次清政府派到日本的考

① 《出洋大臣初议》,载《大公报》一九零五年六月二十日。

② 中国第一历史档案馆编:《光绪宣统两朝上谕档》,广西师范大学出版社 2005 年版,第 90 页。

察团，期间的活动，外务省、内务省，以及各个地方的负责人要给予协调和帮助”①。光绪三十二年（1906 年）正月二十日，以贝子载泽为中心的考察组开始离开日本起身去美国，继而再由美国转去欧洲，并且派遣刘彭年、钱询、唐宝愕作为参赞，以及杨道霖、敢翼翠、钱承赫、夏曾佑、文澜、杨守仁等作为随员在日本继续考察。数日后，光绪三十二年（1906 年）二月初六，以贝子载泽为中心的考察组到达美国，但是美国并不作为此次五大臣出洋考察的正式国家，所以，考察时间仅仅为十四天左右。美国对晚清的此次考察也十分重视并且给予了热情的款待，正如美国国务卿所说，“近时中美两国互生异议者，坐彼我不详悉两国实情耳”②。光绪三十二年（1906 年）二月二十日，以贝子载泽为中心的考察组离开美国去英国，于同年二月二十八日在英国港口利物浦登陆。考察组为考察英国的国家政治制度采用了特别聘请专家演说以及实地参观考察两种形式，还前后分两次对英国进行了考察，共用了四十三天左右的时间。同年三月二十五日，以贝子载泽为中心的考察组到了法国。法国政府对此也表示十分欢迎，并且派遣了相关人员照料考察组游览法国各地。以贝子载泽为中心的考察组还对比利时进行了考察，但是因为考察费用的严重缺少，仅仅用了短短的十三天时间就结束了对比利时的考察，其考察的项目相对其他国家而言也是较少的，但是以贝子载泽为中心的考察组对比利时著名的路政却进行了相对细致的考察。③ 以贝子载泽为中心的考察组从光绪三十一年（1905 年）十

① ［日］福田忠之：《清末五大臣出洋政治考察与明治日本》，载浙江工商大学日本文化研究所《日本思想文化研究》编委会编：《日本思想文化研究》，日本国际文化工房 2007 年版，第 18 页。

② 《出洋大臣到美情形》，载《满洲日报》一九零六年二月二十三日。

③ 参见《泽公到比注意路政》，载《南方报》一九零六年闰四月十三日。

二月二十二日至光绪三十二年(1906 年)闰四月十八日,由日本神户到法国的考察经过时间共计一百四十五天。其中,对日本的考察是相对细致和周详的,相关内容都记载在《日本考察大概情形暨赴英日期折》中。同时考察组在奏折中还强调了日本富国强兵的原因在于教育的普及:"日本维新以来,一切政治取法欧洲,复斟酌于本国人情风俗之异同,以为措施之本。而章程、法律时有更改,头绪纷繁,非目睹情形,不易得其要领……日本立国之方,公议共之臣民,政柄操之君上,民无不通之隐,君有独尊之权。其民俗有聪强勤朴之风,其治体有划一整齐之象,其富强之效,虽得力于改良法律,精练海陆军,奖励农工商各业,而其根本则尤在教育普及。自维新初,即行强迫教育之制,国中男女皆入学校,人人知纳税充兵之义务,人人有尚武爱国之精神,法律以学而精,教育以学而备,道德以学而进,军旅以学而强,货产以学而富,工业以学而巧,不耻效人,不轻舍己,故能合欧化汉学熔铸而成日本之特色。"①从奏折的这段话中,我们不难发现日本富国强兵的原因是按照西方近代化国家的政治和法律制度进行改革,并且将这些先进的政治和法律制度进行本土化或者是日本化。而其中,一切政治取法欧洲,是清政府最为担心的问题。考察组通过对专家演说的了解和学习,知道了君主的权力可以通过采用日本的二元制君主立宪制得到最大限度的保留,这也就意味着,日本为既想不抛弃传统政治统治模式而又想要富国强兵的清政府提供了一个可以参考的实际标准。所以,我们不难从这道奏折中读出考察组对日本的羡慕之情,并且还将这叫作"欧化"与"汉

① 载泽等:《出使各国考察政治大臣载泽等奏在日本考察大概情形暨赴英日期折》,载故宫博物院明清档案部编:《清末筹备立宪档案史料》(上册),中华书局 1979 年版,第 6 页。载泽:《考察政治日记》,第 587 ~ 588 页。《泽尚李三大臣奏在东考察大略情形折》,载《时报》一九零六年三月十一日。

学”结合的典范,但是清政府对于最终效仿哪国的政治模式并没有确定。然而,以效仿日本为晚清政府的最优的学习对象的意思已经跃然纸上,贝子载泽回国以后,就对此积极倡导。在日本期间,以贝子载泽为中心的考察组除了考察日本的政治模式外,还注意到了对中国留学生学校的考察,主要包括同文学校、大同学校以及华族女学校等高校,对此以贝子载泽为中心的考察组还专门请教了日本的专业人士。此外,以贝子载泽为中心的考察组还对军营、炮兵工厂、旅游胜地等地方进行了实地游览,同时重点参观了日本的议院和相关组织。在考察英国、法国、比利时的时候,以贝子载泽为中心的考察组还专门学习了英国立宪制度的相关知识,并且其所上表的奏书中重点提出了英国议会制度的特殊之处以及它的优越性,同时对此进行了实地的考察。此外,以贝子载泽为中心的考察组还对地方自治制度、社会公共事业、工矿企业、邮政、铁路、电报等进行了实地参观和考察,并且对教育事业给予相应的重视。

五大臣出洋考察团的另一组是由端方和戴鸿慈等人组成的考察组。端方、戴鸿慈考察组首先去美国进行了考察。端方、戴鸿慈考察组在美国一共考察了三十五天,主要针对美国的政治制度和社会制度进行了考察。在离开美国之后,端方、戴鸿慈考察组去了德国。在德国的考察时间为四十八天,相对较长,考察的项目也以德国的政治制度和社会制度为主。在欧洲考察的过程中,端方、戴鸿慈考察组还考察了丹麦、瑞典和挪威,但考察的时间相对比较短,一共十四天。由于丹麦、瑞典和挪威原来并不在考察国别之内,所以为了不影响计划之中的考察国家,考察组分两路去了俄国、奥匈帝国调查,故而,对俄国、奥匈帝国的考察时间就相对较短。在此之后,端方、戴鸿慈考察组还考察了荷兰和意大利。端方、戴鸿慈考察组从光绪三十一年(1905 年)十一月二十五日开始考察行程,直到光绪三十二年(1906年)闰四月二十九日结束考察,端方、戴鸿慈考察组的考察时间一共一百七十八天。

综合两个考察组的考察结果来看,以贝子载泽为中心的考察组要比端方、戴鸿慈考察组考察得详细。但是两组对西洋各国和东洋各国的情况也就是大致的了解,并没有深入细致的研究。美国的国家体制和中国的政治体制完全不同,美国所实行的政策中国也难以效仿。端方在他上奏清政府的奏折中就提到了这一点,美国的情况是,"依靠国民的权利,这一点在本质上与中国的政治制度完全不能匹配",所以,其所实行的方法都是无法模仿的。[①] 而俄国在与日本的战争中失败以后也开始逐步进行改革,对于中国来讲有一定的启示意义。德国在西洋国家中,应该可以算得上是一个重要的效仿对象了,其原因就在于日本进行明治维新的蓝本就是德国,端方在他上奏清政府的奏折中对此也发表了看法:"日本维新以来,事事取资于德,行之三十载,遂至勃兴。中国近多散羡日本之强,而不知溯始穷原,正当以德为借镜。"[②]

此外,两个考察组都着重对学校进行了考察。此次对于国外高校的考察方面,在数量和内容上都是以前没有做到的。晚清政府也由此意识到了国富兵强的根本是教育事业的蓬勃发展。在五大臣出洋考察后向清政府上奏的《考察学务择要上陈折》中,就专门针对国家教育事业的发展提出了意见。

考察组对工业、企业和社会公共事业也进行了相应的实地考察,并且提出了一系列有利于民族经济发展的建议。考察组考察工作极其细致,同时考察组的成员通过各项考察活动也认识到了中国

① 参见端方:《在美考查情形折》,载《端忠敏公奏稿》,文海出版社1973年版,第664页。

② 端方:《在美考查情形折》,载《端忠敏公奏稿》,文海出版社1973年版,第670页。

和世界的巨大差距。考察组在和留洋学生的交流过程中,也认识到人才在社会发展过程中的重要作用。戴鸿慈在《出使九国日记》中就曾经有言:“考察团正是因为有从前派出的留学生的鼎力相助,才能顺利地进行考察活动,达到出访各个国家的目的。”[①]端方、戴鸿慈考察组在考察完成后,就曾经上奏清政府表示其中一些优秀的留洋学生可以担任中国的外交官员。[②] 此外,考察组还组织进行了中外艺术交流活动以及对华侨进行了慰问。

五大臣出洋考察回国后,贝子载泽曾经上奏清政府《吁请立宪折》和《奏请宣布立宪密折》。在这两个奏折中所表达的中心就是提出清政府改革的必要性,同时在奏折中贝子载泽还提出了清政府改革的学习对象——日本。在五大臣出洋考察前,其中有很多人都没有去过国外,所以他们的知识体系和视野都相对比较狭窄,对东西方先进国家的政治体制和社会经济也不了解,此次的出洋考察使他们深刻地意识到了此时清政府面临的问题,同时也了解到了清政府进行改革是势在必行的历史趋势,而以日本为蓝本进行修律变法也是考察团通过对世界先进国家的综合考察后作出的结论。五大臣出洋考察回国后,整理出版的图书主要涉及“日本的宪法制度和宪法的历史,日本的议会制度,日本的行政法律制度,日本的地方法律制度,日本的统计制度、预算制度、税务制度、中央银行制度、国债制度、关税制度、货币制度等财政制度,日本的教育制度,日本的军事制度等。此外,还有涉及一部分英国的宪法制度的政治制度,法国的税务、货币、国债、司法等制度,比利时的司法制度,以及英国、日

---

① 戴鸿慈:《出使九国日记》,清末民初文献丛刊,第349页。

② 参见《五月中外大事表》,载《时报》1906年7月21日;《中国大事月表·丙午五月》,载《新民丛报》第83号。

本、法国、比利时的警察制度”[1]。通过这些书籍的出版、问世，以及其中介绍日本的国家政治制度和相关制度的书籍的数量和内容，我们不难发现在晚清政府变法修律中，仿效日本的趋势已经十分的明显了。

光绪三十二年(1906年)六月二十三日，出洋考察大臣端方在《时报》上提出：“接续详言立宪利国利民，可造国祚之灵长，无损君上之权柄及立宪预备必以厘定官制为入手。”[2]这为以后上奏清政府《请定国是以安大计折》提供了基础。光绪三十二年(1906年)七月七日，出洋大臣上奏清政府《请定国是以安大计折》，这本奏折是端方、戴鸿慈考察组经过考察后上奏清政府的最重要的奏折。在这本奏折中，端方提出了清政府改革的方法和路径，认为中国应当效仿日本改革的步骤，以15年或20年为立宪预备期，才能逐步实现改革，进而完成改革。[3] 同时他认为清政府的改革宜早不宜迟，效仿对象国应当以日本为优。正如他在《请定国是以安大计折》中提到的，“得一前车之鉴，事半功倍，效验昭然”[4]。在此之后端方又向清政府上奏了《请改定官制以为立宪预备折》，在这本奏折中，端方则又对清政府仿学日本改革步骤的观点进一步阐明。

综上所述，无论是以贝子载泽为中心的考察组还是端方、戴鸿慈考察组都认识到了当时的中国与世界的差距，同时也了解到了清政府变法修律的必要性和紧迫性，在仿效对象国的选择上都不约而

---

① 《政治官报》,1907年10月目录。

② 《京师近信》,载《时报》1906年6月29日。

③ 参见端方、梁启超:《请改定官制以为立宪预备折》,载《端忠敏公奏稿》,文海出版社1973年版,第720～721页。

④ 端方、梁启超:《请改定官制以为立宪预备折》,载《端忠敏公奏稿》,文海出版社1973年版,第720～721页。

同地选择了日本。

四、法律近代化的正式开启——变法修律

梁启超先生曾经在他的著作《五十年中国进化概论》中提到了近代中国的思想的进化，把洋务运动和五四运动分列为器物上的不足和制度上的不足两个时期。正如梁启超先生所言，晚清政府因为从意识上感觉到了中国的落后，才开始着手开展变法修律，变法诏书一出即引起了群臣的奏疏。其中刘坤一和张之洞的"江楚会奏变法三折"的影响力是最大的。在这三本奏折中，主要提出学习西方的法律制度的是第三本奏折，其中提出制定矿律、路律、商律和交涉刑律。在八国联军侵华后，晚清政府就此开始着手法律的改革，学习世界近代化的法律。此外，治外法权的丧失尤其是领事裁判权的丢失也成为晚清政府修律的另一个重要原因，以收回领事裁判权为手段的晚清政府修律也实现了中国法律近代化的目的。经过了理念更新和五大臣出洋考察后，清政府开始着手变法修律。

光绪二十七年(1901 年)二月二十三日，两江总督刘坤一、湖广总督张之洞和袁世凯还联名保奏精通中西律例的人："查刑部左侍郎沈家本久在秋曹，刑名精熟。出使美国大臣四品卿衔伍廷芳，练习洋务，西律专家。拟请简调该二员，饬令在京开设修律馆，即派该二员为总纂。其分纂、参订各员，亦即责成该二员选举分任。伍廷芳并可遴选派遣西国律师二三人，携以同来，拔茅连茹，汲引必当。近来日本法律学分门别类，考究亦精，而民法一门，最为西人所叹服。该国系同文之邦，其法律博士，多有能读我之会典律例者，且风土人情，与我相近，取资较易。亦可由出使日本大臣，访求该国法律博士，取其专精民法、刑法者各一人，一并延订来华，协同编译。如此规模既立，则事有指归，人有禀承，办理自易。迨开馆之后，即就

目前所亟宜改订者，择要译修，随时呈请宸鉴施行，逐渐更张，期于至善。”①在这道奏折中更是提到了清朝末期修律的关键性机构——修订法律馆，还确定了修订法律馆由沈家本和伍廷芳两个人主事，认为他们的教育背景是中外结合，可以更好地方便变法修律。

于是，光绪二十八年（1902 年）二月初二，关于法律的改革才正式地列出时间表，但是直至光绪二十八年（1902 年）四月初六慈禧才发命令：“现在通商交涉，事益繁多，着派沈家本、伍廷芳将一切现行律例，按照交涉情形，参酌各国法律，悉心考订，妥为拟议，务期中外通行，有俾治理，俟修订呈览，候旨颁行，钦此。”②至此，清朝末期的修律开始由理想变为现实。

修订法律馆成为清朝末期修订法律的重要机构。修订法律馆的主要工作就是对《大清律例》进行修改，同时还编辑整理了《大清现行刑律》。此外，为了适应时代的要求，修订法律馆还起草、颁布了许多新的近代化法典、单行法律和单行条文，这些法律的颁布都促成了中国法律的近代化转型。

修订法律馆首先着手对《大清律例》进行了修改，还编订整理了《大清现行刑律》，《大清现行刑律》是一部与传统的《大清律例》不同的新的刑事法律。它的不同主要表现在：“为适应新官制需求，删除了总目，即取消吏、户、礼、兵、刑、工六目，但依然和旧律一样，分为名例、职制、公式、户役、田宅、婚姻、仓库、课程、钱债、市廛、祭祀、仪制、宫卫、军政、关津、厩牧、邮驿、盗贼、人命、斗殴、骂詈、诉讼、受赃、诈伪、犯奸、杂犯、捕亡、断狱、营造、河防共三十门，三百九十八

---

① 天津图书馆、天津社科院历史研究所编：《袁世凯奏议》卷十四，天津古籍出版社 1987 年版。

② 朱寿朋编：《光绪朝东华录》（第 5 册），第 4864 页。

条。”[①]在《大清现行刑律》的法律条文中开始对民事和刑事进行区分。同时，还将中国传统的刑罚体系更改为近代化的刑罚体系，主要包括罚金、徒刑、遣刑、流刑、死刑。[②]将“良贱相殴、良贱相奸”等罪名从法律文本中删除，说明在《大清现行刑律》中开始重视身份的平等问题，同时还将满族人的特权撤销了。应时代和社会的发展，还增加了新的罪名，例如“毁坏铁路或电讯、私铸银元、妨害国交等”[③]。但是，《大清现行刑律》仍然对维持传统帝制秩序的律文进行了保留，例如，“在法律文本的第一部分加入律目、服制图、服制，还保留了中国传统法律中的‘十恶’和‘八议’等”[④]。

所以，我们不难发现《大清现行刑律》是为了顺应时代发展和社会的需要对《大清律例》进行局部修改的一部法律，在根本原则问题上与《大清律例》并无不同，根本谈不上是近代化的刑法典。

在制定颁布新法方面，主要有：(1)《大清刑事民事诉讼法草案》，于光绪三十二年(1906 年)被制定出来，这部法律草案虽然没有正式公布实施，但是它的历史意义重大，它不仅是一部近代性的法典，还是一部打破了中华法系传统的诸法合体的体例的法典。(2)《法院编制法》，光绪三十三年(1907 年)完成，宣统元年(1909 年)颁行。(3)《钦定大清刑律》，宣统二年(1910 年)颁布，这部法律在修订法律馆修订的众多法律中是受争议最多的一部，其原因就在于它采用现代化法律的编写体例和立法原则，对传统法律虽然有所保留，但是已经可以称为一部近代化的法典了。例如，这部法典采用了“变通责任年龄，采共犯主义，除对元首及直系尊亲属犯罪外，

① 陈煜：《清末新政中的修订法律馆》，中国政法大学 2007 年博士学位论文，第 203 页。

② 参见陈煜：《清末新政中的修订法律馆》，中国政法大学 2007 年博士学位论文，第 204 页。

③ 陈煜：《清末新政中的修订法律馆》，中国政法大学 2007 年博士学位论文，第 204 页。

④ 陈煜：《清末新政中的修订法律馆》，中国政法大学 2007 年博士学位论文，第 204 页。

废除阶级，一律平等，扩张刑之上下限，犹豫执行，增加了假释，时效等方面的规定"①。(4)《大清监狱律草案》，宣统二年(1910 年)完成，这部法律虽然不适应当时的社会和时代要求，但属于未来监狱法律制度的规定的蓝本，对中国监狱法律制度近代化有重要意义。(5)《大清民律草案》，宣统三年(1911 年)完成，它是中国历史上第一部民法典草案，是中国法律近代化进程中的重要一步。(6)《大清商律草案》，于宣统年间完成。(7)宣统二年(1910 年)，《大清刑事诉讼律草案》作为中国首部刑事诉讼法律草案被制定出来，但是没有通过审议，也没有颁行实施。(8)《大清民事诉讼律草案》，宣统二年(1910 年)完成，它是我国第一部专门的民事诉讼法草案，但也未及审议、颁行和实施。

除此之外，晚清政府的修订法律馆还起草了几部新法，例如《违警律》《国籍条例》《破产律》等。修订法律馆还参加了一些新章的拟定、法律条文和章程的制定，以及各个部门的法律事务往来等。

通过修订法律馆对法律的整理和编撰，中国法律近代化的部门法体系的主要部分已经基本建立。但是这些法律大部分还停留在草案的阶段，即使是已经颁布实施的法律，在现实层面的施行也是阻力重重。其原因就在于这些近代化的法律，既不合于时代，也不合于现实的发展趋势。这不过是过渡时代的必经之路。就像梁启超先生曾经在他的著作《过渡时代论》中提到的："语其大者，则人民既愤独夫民贼愚民专制之政，而未能组织新政体以代之，是政治上之过渡时代也；士子既鄙考据词章庸恶陋劣之学，而未能开辟新学界以代之，是学问上之过渡时代也；社会既厌三纲压抑虚文缛节之俗，而未能研究新道德以代之，是理想风俗上过渡时代也。语其小

① 陈煜：《清末新政中的修订法律馆》，中国政法大学 2007 年博士学位论文，第 206 页。

者，则例案已烧矣，而无新法典；科举议变矣，而无新教育；元凶处刑矣，而无新人才；北京残破矣，而无新都城。数月以来，凡百举措，无论属于自动力者，属于他动力者，殆无一而非过渡时代也。"①

修订法律馆是清朝末期"新政"中的重要一步，其修订和编撰了多部法律，虽然限于时代背景和社会环境，这些法律并没有得到很好的颁布和实施，但这并不影响其在中国法律近代化进程中所起的重要作用。

五、法律近代化初期的日本因素

在前文中，我们已经对现代化、近代化的理论有了基本的认识，对法律的近代化以及中国法律近代化的问题有了基本的论证。提到中国法律的近代化问题，日本因素的影响是一个我们无法回避的问题，也是一个值得我们继续研究的有价值、有意义的学术问题。那么，在中国法律近代化的过程中，日本到底对中国有怎样的影响，这种影响究竟体现在哪些方面，中国受到了日本因素多大的影响，这种影响在中国法律近代化乃至中国法律现代化的道路中到底起到了怎样的作用，以及日本因素影响的中国法律近代化之路在未来究竟应该如何向前继续发展，这些问题都是本书要探究的。

我们首先要理解的就是这些日本因素都有哪些，本书所要研究的日本因素主要是指在这段时期，具体上是指甲午海战影响中国人观念到五大臣考察提出模仿日本和随后变法修律中以日本为模范，影响和推动中国法律近代化的思想（观念、理论、学术）、制度、人物、机构、教育、研究和交流等方面。

本章从现代化、近代化的理论入手，对现代化、近代化的初期进

① 梁启超：《过渡时代论》，载《清议报》第82期。

行界定,进而明确了中国法律近代化的初期这一问题。在这一时期中国发生了很大的变化,这种变化足以用翻天覆地来形容。在此期间晚清政府的统治遇到了前所未有的危机,这也是中国两千多年传统社会从未遇见过的历史考验,同时也是近代化改革乃至法律近代化改革的原因。为此,晚清政府开始改革进程,并且制定、实施了一系列迈向近代化的政策。法律近代化就是其中的一项具体体现,通过观念和理论的近代化与五大臣出洋考察的实践,晚清政府决定进行改革修律。由此,开启了中国法律的近代化。

第二章　日本对中国法律近代化初期模范对象国选择的影响

自鸦片战争后,近代中国人民开始意识到国家的落后和与近代国家的差距,于是先进的中国人开始睁开双眼看世界。通过理念的更新,到制度的改变,中国开始了近代化的旅程,而其中重要的一步就是法律的近代化。中国在法律近代化的过程中,选择了日本作为学习对象,但是做出这个选择,也经历了一个复杂和艰难的过程。

第一节　日本的近代化之路和甲午战争前后的中日关系

一、日本的近代化之路

(一)日本的近代化之明治维新

在19世纪中期,日本与中国一样,这两个古老的东方国家都面临着来自世界先进国家的威胁。中国所面临的问题,我们在上文已经探讨过了,在这里我们主要来研究日本。“在日本,‘以夷制夷’的政策获得了成功,日本人提出并实施了一系列建立‘现代’国家的政策，所以，日本成为了一个可以和西方近代化国家相媲美的强盛的国家。于是，与日趋贫困、内战不已的中国不同，日本走向了帝国和发展工业之路”①。而明治维新则是近代以来中日不同的核心所在，正是通过明治维新，日本开始走向了近代化的道路。因此，可以说，明治维新对于日本的重要性有如工业革命之于英国，大革命之于法国。

日本近代化的崛起要从明治维新开始说起。明治维新，是明治时代初期的日本进行的一系列新政措施。明治维新主要是指以长州藩、萨摩藩、肥前藩、土佐藩等四藩为中心，针对江户幕府进行的倒幕运动，进而要求明治政府由天皇亲政的体制转换的一场政治运动，以及伴随着这场改革而实施的一系列政策。它的范围涉及从中央到地方，从对内到对外，从制度到规范，从政治到经济，从思想文化到社会生活等日本的各个方面。

明治维新开始于明治元年(1868 年)九月八日。但是，其实际上应该是从庆应三年(1867 年)的大政奉还、王政复古以后的改革开始的。结束时期则为完成废藩置县(明治四年，1871 年)、西南战争的结束(明治十年，1877 年)、内阁制度的设立(明治十八年，1885 年)以及君主立宪制的确立(明治二十二年，1889 年)等各种说法。这个期间的日本政府也称明治政府、新政府者维新政府等。这一时期的改革理念以庆应四年(1868 年)三月十四日公布的“五条御誓文”(“广兴会议，万机决于公论；上下一心，盛行经纶；官武一途，以至于庶民，须各遂其志，使人心不倦；破旧来之陋习，当基于天地之公道；求知识于世界，大振皇基。欲为皇国未曾有之变革，朕以躬率众，誓

① ［英］威廉·G. 比斯利：《明治维新》，张光、汤金旭译，江苏人民出版社 2017 年版，第 201 页。

于天地神明，兹大定国是，立万民保全之道。汝众亦当基于此旨，协心努力”[①])为指导，并以天皇亲政（废除旧来的幕府、摄政关白等）为基础，为了赶超欧美强国而进行的改革，形成合议体制、官民一体的国家、破除旧习与达到进入世界强国行列的目标。此外，在思想上还提出了自由民权运动，同时提出了一些口号，例如，“富国强兵”“殖产兴业”。

在形式上，明治维新也是律令制国家制度的复活。随着日本幕藩体制的崩溃，新政府认为加紧建立中央集权的国家是十分必要的，同时还要将律令制度作为规范的名称进行复活。在王政复古的命令中，确定了天皇亲政，撤销幕府、摄政、关白执政的权力；在天皇的领导下，施行了由总裁、议定、参与等三个职务组成的官员体制。由栖川宫亲王担任总裁，议定由皇族、公卿和萨摩、长州、土佐、越前等地的藩主担任，参与则由公家和担任议定职务的藩主的家臣来担任。但是，因为明治天皇当时还年轻，所以又设立了辅佐人员的职务。

因此，庆应四年（1868 年）闰四月二十一日，根据已经公布的政体书，建立了以太政官为中心的太政官制。明治四年（1871 年）七月废藩置县后，采用了正院、左院、右院的三院制模式。在具体的行政机构设置上，通过律令建立了太政官和神祇官，在太政官下设置各省，将工部省从民部省中分离出来，将刑部省改组为司法部，并且将机构职能进行了适当的增减。明治中央官制的改革以明治十八年（1885 年）的内阁制度设立为标志而建立了起来。

在中央层面，通过改革废藩置县和太政官制，中央集权体制得以整顿，仿学西方国家将天皇作为国家的元首。在地方行政层面，

① ［日］阿部照哉、佐藤幸治、宫田丰编：《宪法资料集》，有信堂 1966 年版，第 349 页。

原则上维持了日本原来的藩体制，同时为了推进以富国强兵为目的的近代国家建设，还实行了一些强化中央集权的政策。

从1871年12月23日到1873年9月13日，一方面，明治政府为了研究不平等条约和西方国家的各种制度，派遣岩仓具视为正使，大久保利通、木户孝承、伊藤博文等为副使的岩仓使节团对欧美各国进行考察。岩仓使节团对西方国家制度的研究和吸收取得了成功，对之后的维新运动产生了很大的影响。另一方面，在日本国内的西乡隆盛、井上馨、大限重信、板垣退助、江藤新平、大木乔任等人也在不断地推进改革。他们提倡要积极地引入西方文明的先进制度，在这一过程中，雇用外国专家来日本，在教育、官制、军制整备等各种领域中进行技术指导以帮助日本的近代国家建设的呼声逐渐升高。①

此外，在学制、地租、征兵令、阳历等方面都进行了改革，整顿司法制度，发布断发令等。但是，由于这些改革的进行过于急切，矛盾也不在少数，导致士族和农民产生不满。等到岩仓使节团的大久保利通回到日本后又开始进行了新一轮的改革，逐步形成了明治维新的主干政策，并且在军队、身份制度、经济产业、思想、宗教、法律、文化、教育和外交政策等方面都进行了近代化改革。这些政策的实施都使得日本逐渐地走向了近代化。以思想文化领域为例，从幕府末期开始活跃的佐久间象山等人提出了将“以伦理为核心的实学”转变为“以物理为核心的实学”。② 由此开启了日本思想文明开化的道路。具体来说，福泽谕吉、森有礼、西周、西村茂树、加藤弘之等人组成“明六社”并创办了《明六杂志》；福泽谕吉的《学问的推荐》、中村正直

---

① ［日］泉三郎：《岩倉使節団という冒険》，文藝春秋2004年版，第220页参照。

② ［日］源了円：《近世初期実学思想の研究》，創文社1980年版，第634页参照。

的《西国立志篇》《自由之理》也出版发行,启蒙活动由此活跃了起来。

从明治维新的结果上来看,通过这一系列的改革政策的实施,日本由弱国变为强国。明治维新中的各项改革措施的实施尽管产生了一些新的矛盾,但明治维新大致取得了成功,在短时间内对国家的制度进行了改革,并达到了富国强兵的改革目标。日本通过明治维新成为了强国,开启了日本近代化之路。

(二)日本法律的近代化

通过明治维新,日本正式走上了近代化的道路,而近代化的一个重要标准就是法律的近代化。通过明治维新日本建立了立法府,关于立法府的建立还是存在许多波折的,从明治元年(1868 年)开始木户孝明等人就提倡设立议会,但是建立议会制度,官制改革、民众的态度和国民教育程度等条件还没有成熟,所以以大久保利通为中心,提出维持以萨长藩阀为管制中心的"有司专制"改革。随着时间的推移,自由民权运动的发展,以及其他制度改革的完备,明治十四年(1881 年),政府颁布了"开设国会诏",同时伊藤博文等人提出以议会制度作为前提制定宪法,并且设立枢密院来审议宪法。明治二十二年(1889 年)宪法公布,次年(1890 年)帝国议会成立,由此日本成为第一个在亚洲设立君主立宪制的国家。具体到司法方面,明治元年(1868 年),根据政体书,在太政官下设置了刑法官。明治二年(1869 年),太政官制成立,还设立了刑部省。明治四年(1871 年),刑部省和弹正台合并,成为司法省,这就成为了建立法治国家的基础。明治八年(1875 年),新设了大审院取代司法省裁判所,司法省负责行使司法行政权,而司法权则由大审院负责。

此外,为了实现法治,第一代法务大臣江藤新平开始推进司法制度在具体层面上的改革。很快,在明治五年(1872 年)就创设了证书人、代书人和代言人制度。明治初期的日本为了在外交上实现平等,开始准备编纂近代意义上的民法、刑法和商法等基础法典。同时日本为了实现国家的近代化,开始以对法学的研究为目的积极派遣海外留学生。同时还专门聘请了法国法学家古斯塔夫·埃米尔·博伊萨纳(Gustave Émile Boissonade de Fontarabie),他是法国法学家、教育学家,曾担任日本太政官法制局、元老院、外务省顾问,国际法顾问,法律调查委员会委员,他为日本国内法的制定作出了巨大的贡献,因此被称为"日本近代法之父"。[①] 其以法国法和德国法为基础,同时考虑日本特有的习惯和国情,制定日本法律。日本《刑法典》制定于明治十三年(1880 年),于两年后施行。日本《民法》制定于明治二十九年(1896 年),于明治三十一年(1898 年)正式实施。通过制定施行近代化的法律,日本成为亚洲第一个制定实施近代法的国家,同时也实现了废除不平等条约的目的。[②]

通过对法律等制度的改革,日本在法律层面上的近代化道路就此开始。提到日本法律的近代化,我们就不得不提到日本的法治。众所周知,法治是限制国家权力的支配力量,用法律来约束权力的实施。这里的法律是指由国会制定的各个法律文本和不成文的法律等广义上的法律。日本的法律体系以习惯法为基础,为了实现推进近代化的目标,参照德国法制定了《明治宪法》。在此之后,日本的法律体系以大陆法系为基础,确定了在《明治宪法》的指导下实行的法治主义原则。

在《明治宪法》中,"法治"的内容主要表现在以下几个方面:宪法以保障人的权利为目的;宪法具有最高法规的性质,在法律、政令、省令、条例、规则等各种法律规范中,宪法位于最高的位置,与此

---

① 参见[日]大久保泰甫:《日本近代法之父》,岩波书店 1977 年版,第 17 页。

② 参见[日]三ヵ月章:《司法评论Ⅲ》,有斐阁 2005 年版,第 11 ~ 22 页。

相反的所有法规都是无效的。重视司法权,法院起了重要的作用。重视程序保障的作用,这是日本移植英美法的表现之一。

《明治宪法》施行的最初,通过《五条御誓文》和《政体书》对日本法律近代化的基本构想进行了具体规划。《明治宪法》于明治二十二年(1889 年)二月十一日公布,明治二十三年(1890 年)十一月二十九日施行,这部《明治宪法》由 7 章 76 条组成,是一部以立宪主义为基础的日本宪法。

在这部《明治宪法》中,日本对议会制、大臣责任制、立法权、民众的自由权利等诸多近代化的国家制度进行了规定。例如,"其中的议会制度就提出建立议会,贵族院由皇族、华族、敕任议员组成,众议院则是由采用公选的议员构成。日本的帝国议会享有法律的通过权、预算通过权等权力。除了众议院持有预算的先议权之外,贵族院和众议院两院是平等的,同时还享有一定的上奏权和建议权。在大臣责任制方面,规定天皇在行使行政权力的时候要有国务大臣的辅弼的体制或者称为大臣助言制。在内阁官制的规定中具体地对内阁以及内阁总理大臣有关问题进行了规定,同时规定了内阁总理大臣的主导地位。内阁总理大臣享有各部总督权和为了指示大政方向而享有的机务奏宣权和推荐国务大臣的权力,因此,内阁总理大臣实质上的权限很大"①。"自此在日本的司法权经由皇室转到了法院,但是有关行政诉讼的问题普通司法法院不负责处理,在这一点上,日本的处理方式和欧洲大陆型国家的司法制度保持了高度的一致性"②。在立法权的规定上,立法权归属天皇,议会不是

---

① [日]冈田朝太郎口述,熊元翰编:《法学通论》,上海人民出版社 2013 年版,第43~53页。

② [日]冈田朝太郎口述,熊元翰编:《法学通论》,上海人民出版社 2013 年版,第 53~56页。

立法机关,而是立法通过机关。天皇享有立法权,但是法律的制定和通过还要得到议会的许可。同时代的君主立宪国家的宪法规定多数是以立法权为君主和议会共同享有的,日本这样的规定可以说是特殊的立法例。因此,事实上,议会才是唯一的立法机关。但是,作为例外,《明治宪法》为天皇保留了紧急敕令和独立命令的权力,并保留了有关立法的权限。另外,修改宪法的提案权只归属天皇,议会不再享有。此外,《明治宪法》还规定了贵族院和众议院享有同等的权限,并且还在宪法中设立了枢密院作为议会之外的机关来制衡内阁的权力,同时设立了元老、重臣会议、御前会议等职务和机关。在民众的自由权利方面,《明治宪法》规定了民众的自由权利是受到法律保障的,但是民众的这些权利是以天皇给予臣民的"恩惠的权利"而被保障的,在《明治宪法》中,这些权利被规定为永久不可侵犯的"基本人权"。另外,《明治宪法》还规定了一些法律保留的条文。这一点虽然现在看来还有不足,但是对于当时的社会环境来讲已经是巨大的进步了。从这个角度来看,"人权以宪法基本原则的形式予以明文规定"这一点在当时是相当具有进步意义的。

综上所述,日本由国家层面的近代化到法律层面的近代化,是一个艰难且复杂的过程。明治维新以后,日本开始向近代化国家发展,通过政治、经济、社会、法律等各个方面的发展、进步,日本基本已经走向了近代化。同时,日本作为亚洲第一个开始近代化改革的国家,为日后其他国家的近代化改革提供了蓝本。

二、甲午战争前后的中日关系

在历史上,中国曾经作为亚洲的政治、经济、社会等各个方面的中心,在隋唐时期和清朝末期的几年可以说是分别面对了两个完全不同的世界,而中国和日本的国际关系的变化也集中地体现在这两个时期内。如果以甲午战争为分水岭,甲午战争前中国是日本的"老师",而鸦片战争后,清政府则逐渐意识到要向世界学习,甲午战争后,最终选中的这个学习对象是日本。

(一)甲午战争前中日交流简述

提到中日关系的历史可谓源远流长,在这其中,中日交流的一个高潮时期就是唐朝。唐朝是古代中华文明的巅峰,中国的先进技术、政治制度、文化以及佛教经典等都吸引着周边的国家。在此时期,日本以学习中国为目的多次向中国派遣遣唐使。[①] 推古天皇二十六年(618 年)时,日本就有向中国派遣遣唐使的想法,但是由于日本内部圣德太子、苏我马子、推古天皇等人相继去世,派遣使者到唐朝的计划就暂时搁置了。日本第一次派遣遣唐使的时间是舒明天皇二年(630 年),使者是犬上御田庄。舒明天皇十二年(640 年),圣德太子派高向玄理、南渊请安到中国学习、游历。两人于舒明天皇十四年(642 年)回到日本,并且带回了唐朝先进的社会统治制度和思想文化,并且设立了国博士(高向玄理和旻)来具体在日本实现唐朝的律令制度。这样不仅可以将日本政权从苏我氏的手中夺回,还可以使日本适应东亚国家体制的形式。

孝德天皇二年或者可以称为大化二年(646 年)一月日本颁布新诏书,开始进行政治改革,这就是日本历史上有名的大化改新。大化改新诏书的主要内容是废除大和政权对土地和人民的统治体制(氏姓制度),建立以天皇为中心的律令国家。这场政治改革以日本皇族向苏我氏夺回统治权的乙巳之变为契机开始,同时也被认为是以豪族为中心的政治制度转移到了以天皇为中心的政治制度的开

---

① [日]石井正敏:《東アジアの変動と日本外交》,勉誠出版 2011 年版,第 38 ~ 39 页参照。

始。大化改新在具体改革策略上主要涉及以下几个方面:第一,将天皇的直属民、直辖地,以及豪族的私地和私民都归公有,即实行公地公民制。第二,第一次作出了对首都的规定,并且确定了首都的四至。另外将全国的县和郡进行了重新规划、整顿,同时建立律令制国家。在国家郡县制度建设方面,规定了防范旧时的豪族势力扩张的相关政策。第三,制作户口和记事簿,将公地借给公民使用,即实行班田收授法。第四,对公民的税和劳役制度进行改革,仿行唐朝的租庸调制等相关制度。还针对日本当时的国情,对墓葬制度、冠位制度、礼法等相关制度进行了改革,同时还建立了一些新的制度,如废除了以往世袭制的职务和品级,废除了特定氏族世袭特定职务的制度(物部氏掌管军事、中臣氏掌管祭祀等),建立八省百官制。大化改新以遣唐使带来的信息为基础,对唐朝的先进官僚体制和儒教文化进行了积极的吸收。但是,对古老的氏族制度的改造不是一朝一夕可以实现的,推进政治制度的改革,还是要经过一个相当长的时期不断地学习唐朝的先进制度和文化,并将其逐步引进到日本。

白雉四年(653 年)到天智天皇八年(669 年),日本又相继派遣了六次遣唐使,这次日本派遣遣唐使主要是围绕朝鲜半岛局势,特别是齐明天皇五年(659 年),日本第四次派遣遣唐使。在这段时间里,唐朝、日本之间的关系主要是以争夺朝鲜半岛开始的。唐朝想通过打败百济,进而前后夹击高句丽,夺回高句丽侵占的东北领土,而日本则一直想要登上大陆。于是 663 年 8 月 27 日至 28 日,唐朝联合新罗和日本联合百济在白江口开战。这次战役以唐军获得了全面胜利而告终。唐朝通过白江口海战的胜利,在各个方面都达到了亚洲第一大国的水准,从此唐朝在东亚各国的地位也实现了进一步提升。而反观日本,由于这次战役的失败,日本的盟军百济灭国,而日本虽然没有被剥夺日本本土上的领地,但却失去了其在朝鲜半岛的领地、权益。白江口海战的战败引起了日本内部的危机感,日本政府认为必须从根本上改变外交政策、国防体制、政治体制等统治系统的基础。由此,日本开始继续发展与唐朝的友好关系,改革和完善国家体制。于是,在天智天皇时代,日本发布了近江令法令群;天武天皇时代出台了最初的律令法,即飞鸟净御原令。同时,也改变了国号,由原来的倭国改称日本,并且迅速推进律令国家的建设。665 年,唐朝廷又派朝散大夫沂州司马上柱国刘德高作为使节来到日本,三个月后刘德高回国。[①] 为了送别唐使,日本方派遣了守大石等作为外交人员送别唐朝使节,但是实际上起的是遣唐使的作用。667 年,唐朝镇守百济的将领刘仁愿奉命将日本的部分俘虏送到了筑紫都督府。[②] 669 年,天智天皇为了谋求与唐朝的关系正常化,将河内鲸等作为正式的遣唐使派遣到了唐朝。[③] 670 年,因为唐朝要讨伐日本的传闻流传开来,所以遣唐使的目的之一是确认传闻并考察唐朝的国内形势。[④] 在此期间,日本还建立了新的户籍(庚午年籍),671 年施行了《近江令》,此为日本历史上第一部律令法典。天智天皇驾崩后,天智天皇的同母弟弟大海人皇子(后来的天武天皇)和天智天皇的庶长子大友皇子变得不和,出现了壬申之乱。大海人皇子取得了皇位继承权争夺战的胜利,从大津宫迁都到飞鸟净御原宫后即位。天武天皇进一步推进改革,建立更强大的中央集权体制。虽然在天武时期和持统时期中有一段时间的中断,但从长期来看,遣唐使还是持续来访唐朝,由此日本的外交以与唐朝的友好

① 参见[日]舍人亲王:《日本书记》,吉川弘文馆 1986 年版,第 290 页。
② 参见[日]舍人亲王:《日本书记》,吉川弘文馆 1986 年版,第 290 页。
③ 参见刘昫等撰:《旧唐书》,中华书局 1975 年版,第 2791 ~ 2792 页。
④ 参见[韩]金富轼:《三国史记》,韩国精神文化研究院 1980 年版,第 17 页。

关系为基调,在此期间日本多次派遣了遣唐使,来学习唐朝的先进文化。701 年,日本颁布大宝律令后,基本完成了模仿唐朝建立中央集权制的国家的计划。702 年以后,文武天皇又重新开始派遣遣唐使,并派遣谷田真人恢复与唐朝的邦交。

后来日本停止派遣遣唐使以后,国风文化逐渐发展,但贵族的生活、文化仍然由进口的唐朝物品支撑,公文书也用汉文继续制作。另外,王羲之的书和白居易的诗,也对日本国风文化作品的书画和文学作品产生了很大的影响。

日本通过多次向唐朝派遣遣唐使来学习唐朝的先进制度、法律和文化,并通过大化改新实现了日本从奴隶社会向封建社会的过渡。日本通过向唐朝学习,在此后的数百年间,将唐朝的律令制度与本土制度相结合,不断地推进自身国家的建设。可见,在这一时期唐朝对日本的影响是巨大的。

(二)留学生、甲午战争与中日关系

进入近代以来,晚清时期的中国国家综合国力日渐衰落,经过多次救国运动,如洋务运动,就曾派遣留学生出国。但是早期的救国运动中,留学生基本都被派遣到了欧美各国。

自同治十一年(1872 年)开始,在曾国藩、李鸿章等晚清重臣的建议下,政府决定共分为四个批次派出幼儿作为留学生,一次有三十个人左右,一共一百二十个人左右。这个留学计划最开始的倡导者是容闳,在他的推动下,政府同意为每名学生支付每年四百两白银的费用(加上其他人等的费用,每年合计六万两白银),款项由江海关下按期拨给。其中有一个部分是关于第三次留美学生的记载"1874 年 9 月 19 日,从上海港口乘船出发,船上有一位名叫祁兆熙的官员,他领着身边一群十一二岁的孩子向送别人群挥手致意。第

三批被派往美国的留美幼童出发了”[①]。可见，晚清政府早期派出的留学生主要是派往美国的。但是自光绪二十一年(1895 年)《马关条约》签订后，晚清政府派往日本的留学生就突然增加，那么它的原因是什么呢？这是因为光绪二十年(1894 年)中日之间发生了改变近代中日关系的一场大战——甲午中日战争。

据可考察的史料记载，到目前为止中日历史上一共发生了六次大规模的战争，即 663 年 8 月 27 日至 28 日的白江口海战、1274 年至 1281 年的元日之战、1592 年 4 月至 1593 年 7 月的第一次万历朝鲜战争、1597 年 2 月至 1598 年 12 月的第二次万历朝鲜战争、1894 年 7 月 25 日至 1895 年 4 月 17 日的甲午中日战争、1931 年 9 月 18 日至 1945 年 8 月 15 日的抗日战争。其中中日之间的第五次战争——甲午中日战争无论是对于中国还是对于日本的作用都是十分重要的。

甲午战争是 1894 年 7 月 25 日到 1895 年 4 月 17 日在中国晚清政府和日本之间进行的战争。甲午中日战争历时一年左右，引起这场战争的直接原因在于李氏朝鲜地位的确认和围绕朝鲜半岛权益的纷争，主要战场包括朝鲜半岛、辽东半岛和黄海，其结果以清王朝的惨败，中国和日本之间签订了《马关条约》为结束。

甲午中日战争中中国的惨败，不仅使清朝威信扫地，还导致中国在东亚局势中的地位发生了巨大的变化，也给此次引发中日两国交战的朝鲜带来了巨大的影响。近代化的日本第一次体验到了进行大规模的对外战争给日本带来的巨大好处，通过这次战争日本在经济发展上实现了飞跃，国家的地位也得到了大幅度的提高。另外，在甲午中日战争后，日本政府开始积极发展国家财政，同时还积极增加公共事业的投资。此外，日本政府还积极颁布、出台并建立

---

① 金满楼：《晚清原来是这样：1840—1912》，现代出版社 2017 年版，第 53 页。

了产业政策、金融制度和税制体系来发展日本的经济。通过对外战争而攫取到巨大利益的日本开始积极扩充军备,为未来的日俄战争做准备。

从现实具体层面来看,日本开始积极推进富国强兵的政策。在财政和公共投资中采取了积极投资的政策,虽然有些政策过于激进导致有些不利经济长期稳定发展的问题产生,但是从总体上来讲,这些政策的颁布和实施成为了“二战”后日本经济高速发展的主要原因。譬如,因为甲午中日战争,日本开始认识到海运的重要性,根据 1896 年 3 月 24 日颁布的《航海奖励法》和《造船奖励法》,进一步制定了培养船员的政策,来促进海运的发展。另外,日本政府决定创立此前因为财政问题而被搁置的日本京都大学。在金融经济的发展方面,自 1897 年 10 月 1 日起,日本开始以以英镑领取的晚清政府赔偿金为基础,实施日本的货币法,日本开始实现从银本位制转换到金本位制的货币转换制度,同时日本还开始在英国的金融街城市贮藏晚清政府支付给日本的赔偿金。由此,日本将享受以“世界的银行家”“世界的票据交换所”为中心的国际金融结算系统;通过这个货币政策的实施,日本向近现代化的国家结构又进了一步,同时日本也为不久后的日俄战争筹措了不少战争经费。所以,甲午中日战争后的日本,在政府的积极努力和推动下,在国民的大力支持下,经济实力、政治实力以及综合国力都有了极大的提升。

与日本相比,一直被西方强国认为是大国(但不是伴随军事力量的强国)的清朝输给了日本,这是动摇东亚国际秩序的大事件。由于甲午中日战争,西方国家乃至整个世界对清朝的认识从之前“沉睡的狮子”这一大国的国性开始改变。作为战败国的晚清政府,为了筹措战争费用和支付给日本的赔偿金,不得不从欧洲强国那里获取巨额的贷款,当然这是以我国的关税收入作为担保的,同时中国的国家领土也进一步沦丧。甲午中日战争的败北意味着洋务运动的彻底失败,对外国际关系也越发严峻。变法派提倡效仿日本明治维新的变法自强运动,康有为等人以明治维新为模型进行了基于立宪君主制的改革的上奏。光绪二十四年(1898 年),一方面,光绪帝与维新派相结合,进行了戊戌变法,但是却以失败而告终。另一方面,1890 年前后,孙中山等人倡导共和制革命,在日本和美国等地积极开展革命活动。甲午中日战争后,去日本的留学生在 1904 年超过 2 万人,在当时的留学生(章炳麟、邹容、陈天华等)之间,革命思想深入人心。此后,在义和团运动和八国联军侵华战争的共同作用下,晚清政府逐步走向灭亡之路。在对外国际关系中,晚清政府的国际地位进一步丧失,在各国势力共同的干预下,朝鲜独立。据记载,在《马关条约》中,日本除了要求清政府放弃对李氏朝鲜的宗主国的权力,还要求清政府割让台湾岛及其附属岛屿、澎湖列岛、辽东半岛给日本,同时向日本支付巨额的赔偿金。但是,最终由于其他国家的干涉,日本放弃了辽东半岛。据日本的相关历史资料记载,正是因为收到了晚清政府赔偿给日本的这笔赔偿金,日本才真正地迈出了工业化的第一步,成为亚洲第一个近代化国家,其国际地位得到了显著的提高。

综上所述,通过唐朝与日本之间的白江口海战前后的中日关系和晚清与日本之间的甲午战争前后的中日关系的对比,不难得出这样一个结论:落后就要挨打。对于昔日风光不再的晚清政府来说,这也是一次重新认识中国在亚洲乃至整个世界的国际地位的一次机会。正是因为先进的中国人意识到国家存在的巨大问题以及中国和世界的差距,才将改革的步伐逐步加快,才逐步走向了中国近现代化之路,而中国法律的近代化也即将到来。

第二节　中国法律近代化初期模范对象国的选择

从前文的论述中我们不难发现，晚清政府“大厦将倾”的事态已经形成之时，晚清政府的统治者以及以其为首的统治集团，才开始积极地为这个将倾的晚清政府寻找出路，于是开始了五大臣出洋考察。我们从考察的结果来看，中国开始近现代化之路初期的模范对象国选择了日本，而放弃了英国、美国、德国、法国等世界其他近现代化程度更高的国家，本章就是要探讨晚清政府为什么放弃英国、美国这样老牌的近现代化程度更深入的国家而选择日本，在这一选择的背后一定有着深刻的历史原因以及现实的情况。

一、英美法系国家、大陆法系国家与中国法律近代化初期模范对象国的选择

纵观中国法律近代化的道路乃至中国近代化的道路选择，英国无疑是最先对古老的中国产生影响的国家。众所周知，鸦片战争中中国败北，中国和英国之间签订了中国近代史上第一个不平等条约——《南京条约》，由此开始了西方先进国家屡次通过战争的方式战胜晚清政府，再与晚清政府签订一系列不平等条约，进而逐步攫取在华的权益的历程。所以，晚清政府进行变法修律，学习的对象国的首选应该是英国，但是通过五大臣出洋考察，晚清政府最终放弃了全面学习英美法系和建立在理性主义基础上的大陆法系的想法，其原因包括很多方面。

(一)英美法系及其重要特征

英美法系即判例法、普通法系或者是英吉利法系，它是以英国

普通法律为基础发展而来的法律规范的总称，在本质属性上，就是英国法。英美法系首先产生于英国，再进一步扩展到英国的殖民地、附属国的国家和地区，后来逐步成为主要的世界性的法系之一。英美法系注重法典和法典之间的连续性，法典的主要形式是判例法，是由判例形式组成的概念体系，而非成文法典。在英美法系中，法律给予了法官至高无上的司法权力。法律规则灵活运用的权力归属法官，并且在法律规则的设立和变更方面，与大陆法系中法律规则由立法机关或议会进行审议再制定成文法的观念是不同的。此外，法律规定在英美法系中是跟随着社会生活中的案件不断更新和变化的，新的社会生活导致新的案件层出不穷，也就导致了法律规则的变化。但是，英美法系也有制定的成文法典，只是并非主流，其在数量上要远远少于判例法。在英美法系中，判例法和制定法是一种相互补充和相互制约的关系。这也就决定了英美法系中法官的自由裁量权虽然大，但是也要受到成文法典的制约。

英美法系中的部门法的概念是没有严密的系统性和缜密的逻辑结构的。也就是说，英美法系中关于法律的分类问题是相对弱化的，法律的应用方面比较注重实用性。这些特点主要体现在以下几个方面。第一，注重诉讼形式和令状制度。英美法系从法系开始形成到发展过程中，始终重视诉讼形式和令状制度。英美法系中，诉讼形式和令状制度是相辅相成，缺一不可的。诉讼形式和令状制度是英美法系中的核心规则，也是英美法系区别于大陆法系的特色法律制度。例如，英国《大宪章》第 39 条规定："不经贵族依据法律审判，自由民不受拘留、监禁、没收财产褫夺公权、放逐、伤害、搜查、逮捕。"[①]《大宪章》虽然只是一种契约性文件，其实施有赖于缔约者的

① 陈泽宪主编：《刑事法前沿》（第 4 卷），中国人民公安大学出版社 2008 年版，第 333 页。

誓言和切实履行,它的主要作用在于对英国国王的权力进行限制,同时保证英国公民的基本权利可以实现,关于令状部分的规定有限,但是却为令状的再发展打下了基础。在此之后,颁布的几部涉及治安问题、刑事证据、警察和刑事司法的法令等对于搜查、扣押、逮捕、羁押等强制处分措施的令状的申请、审查、救济等作出了一些新规定。这些法律的颁布实施有效地改善了当时英国犯罪猖獗的现实情况,同时对逮捕令的适用情况进行了限缩,对警察的逮捕权进行了扩大等。[①] 第二,从形成英美法系的原因上来讲,自都铎王朝时期起,政府开始加强中央集权,英国国王通过在英国的国土范围内的各个地区,推进惯例法的实施,进而实现对法律的集中规定,从而逐步开始形成判例法。在这个过程中,法律的实用性成为英美法系的核心而被不断加强,但是这就导致了英美法系中的法律思维和法律内在逻辑被削弱了,而这也成为英美法系重视法律实践性而非法律价值性的特点。第三,英美法系在法院的建置上分为衡平法院和普通法院,没有设立行政法院。设立初期的衡平法院和普通法院的权力是由国王和国会制约的,随着具体情况的变化,演变为两者相互补充与制约。第四,英美法系中,议会或者国家机关对司法的控制力在逐步放松,推进法律的发展与变革的主力转变为法官、律师等司法工作人员。

在法律思想方面,产生于17世纪资产阶级革命后的英美法系法律思想基础是随着自由民主的政治思想的发展而逐渐诞生的,这些思想构成了英美法系的思想基础。其中,自由民主的政治思想的基础就来自英国哲学家约翰·洛克的民主政治思想,由他的自然法理

---

① 参见张艳丽、彭海青、丛青茹:《诉讼程序与制度前沿专论》,中国法制出版社2012年版,第301页。

论逐步发展成为英美法系民主政治思想的理论基础。例如,"拥有自由的权利,平等的权利,以及独立的权利是每个人与生俱来的,如果没有权利人自己的同意,任何人都不可以剥夺;但是为了得到安静、平稳和富足的生活,可以通过与他人协议的方式建立一个组织,来实现防御共同组织以外的人来侵犯的行为,那么,以协议的形式建立组织就必然使得权利人放弃一定的权利"①。约翰·洛克的自然法理论认为,社会发展在自然的情况下,人是生而平等的,这就意味着由出生开始到死亡结束,自由、平等、财产的权利等都是上天赋予的,他人无法剥夺。这就成为了英美法系中"天赋人权"的思想源泉。约翰·洛克的民主政治思想认为,保障公民的自由、平等和财产的基本权利是国家和君主的义务,而且国家和君主要以逐步扩大公民的自由、平等和财产的权利为宗旨。国家与公民之间订立的契约,实际上是公民将一部分权利转让出去,而不是放弃天赋的人权。在约翰·洛克之后,法国思想家孟德斯鸠和卢梭在洛克的思想上对民主政治思想进行了强化。孟德斯鸠在洛克的思想上进行了发展。孟德斯鸠认为,避免过度中央集权的方法是将国家的权力分为立法的权力、司法的权力以及行政的权力,这些权力都分别归属于不同部门。在此之后,18 世纪的法国启蒙思想家卢梭对孟德斯鸠的思想进行了进一步的发展,认为公民权利的归属只能是公民自己,公民与其权利不可分割,这就是著名的人民主权思想。主权在民思想的提出,使得自由民主的政治思想成为英美法系的基础。

在制度基础上,英国资产阶级革命的发展推动了英国的社会制度和法律制度的改革,科技的发展也成为英美法系逐渐形成体系的

① [英]洛克:《政府论:论政府的真正起源、范围和目的》(下篇),叶启芳、瞿菊农译,商务印书馆 1964 年版,第 59 页。

基础。现代议会制度也是英美法系的制度基础,它实现了削弱英国国王的权力的目的,从而扩大了民主权利,体现了英国资产阶级的阶段性的胜利。同时,也正是因为现代议会制度的出现,并颁布了《权利法案》,通过成文法典的形式将议会制确立为资产阶级的定制。例如,在《权利法案》中规定,“作为国王如果没有经过议会的许可,是无法行使废除法律的权力的,同时,也不能进行征收税款的行为,以及不能养常备军队,甚至连招募军队也是不被允许的;臣民有权向国王请愿;议员选举不受国王干涉;议会应经常召开;议员在议会内有言论自由,不受任何传讯或干预,天主教徒不能担任国王;国王不能与天主教徒结婚等”①。此后,英国的资产阶级革命进一步发展,君主立宪制被确立,这一制度的确立进一步削弱了英国国王的权力,仅仅在象征性意义上保留了英国皇室的权力,皇室国家统治的权力被逐步地剥夺,导致君主专制的制度核心被破坏。此外,现代政党制度和内阁制也逐步确立起来,这些制度的确立,突出了近代化的法律思想在逐步发展,国家的君主是人民的代理人,不是人民的统治者,这也彰显了法律在制度设计中的作用,从而实现法律思想与社会制度的统一,进一步推动了英美法系的发展。随着英国国力的强盛,英国通过殖民扩张将英美法系推广到了全世界,使得英美法系成为近代化法系的代表之一。

(二)大陆法系及其重要特征

大陆法系主要的发源地在欧洲大陆中的各个国家,其核心的法律原则是罗马法。在罗马法基础上采用成文法典的形式所制定的各国法律的总称即为大陆法系。大陆法系产生于欧洲大陆,逐步扩

① [美]约翰·马克·法拉格等:《合众存异——美国人的历史》,王晨等译,上海社会科学院出版社2018年版,第181页。

大到日耳曼族的各个国家和拉丁族的各个国家。在历史上,罗马法的主要内容是以民法为中心。大陆法系的两个代表是法国和德国,除此之外还涵盖了曾经是法国、西班牙、荷兰、葡萄牙等四个国家的殖民地的国家、地区,还包括日本、泰国、土耳其等各个国家,以1804年的《法国民法典》和1896年的《德国民法典》为代表,共同构成了大陆法系的两个分支。通过法典而不是判例的形式,这是大陆法系与英美法系的一大区别。此外,大陆法系对公民权利的认可形式与英美法系也有所不同。大陆法系的成文法典中保留了大量的封建性质的因素,主要包括成文法典中保护贵族阶级,以及对于家庭制度中的封建性质没有全部清除。这种家族关系中的封建性质主要体现为:"在家庭关系上,夫妻法律地位不是完全平等,如妻虽具有行为能力和诉讼能力,但从法典对亲属法的整个规定来看,只要婚姻成立妻原有的财产即归夫占有、使用和管理。妻不经夫的许可不能处置自己原有的财产,而夫处置妻原有的财产可不必经妻的同意。有关夫妻共同生活的重大事情,夫有决定权。妻只可订立与对夫所负义务不矛盾的契约。在亲子关系上,父对子女有惩罚的权利,婚生子女在未满21岁前结婚必须得到父亲的同意。在继承关系上,继承法以概括的权利承受和家庭成员继承为基础,并赋予私法自治的遗嘱自由以广阔的空间"①。此外,成文法典的价值在大陆法系中得到了充分的体现,突出了法律条文的内在逻辑性。这与英美法系中的法官拥有比较大的自由裁量权是截然不同的,大陆法系案件的判决结果主要依据法典中规定的法律原则和法律规则,以及法律的程序性和法律独立性。

---

① 张彩凤、郭苓、于泓编著:《外国法制史》,中国人民公安大学出版社2012年版,第299页。

作为大陆法系的一个分支,法国法具有大陆法系的基本特点。例如,恩格斯曾经如此评价过法国的情况,“欧洲大陆的中世纪时期,封建制度的核心是法国,它的君主制具有很长的历史,并且具有等级性,可以追溯到文艺复兴时期,到了法国的大革命时期,具有悠久历史的封建制度就被摧毁了,同时,法国就开始实行资本主义制度。法国的这种资本主义是十分纯粹的,从这一点上来讲是欧洲其他的国家所无法比拟的”①。法国的封建统治和资产阶级统治的特点,直接影响了法国法律制度的特性,所以作为大陆法系的一个分支对世界近代化法律的发展产生了十分深刻的影响。这些影响主要表现在,作为其代表的法国法,在资产阶级革命后逐步成为大陆法系的代表;自然法学说是法国法的法律指导思想,在结构上表现为成文法典的形式,有明确的法律原则和完备的法律体系;罗马法被法国法继承和发展下来,区分公法和私法,并且开始探索社会经济立法领域;在法院组织上,法国法分为普通法院和行政法院两个系统,实行普通的司法权和行政裁判权相分离原则。

通过上述法典的特点我们可以看出,以德国和法国为代表的大陆法系,实际上就是对法律价值的实质化,通过严格的法律规范、法律制度,来更好地适应社会制度,具有较强的适应性。

(三)中国法律近代化初期放弃全面借鉴英美法系和大陆法系的原因

中国法律近代化初期,晚清政府主导的修律改革放弃全面借鉴英美法系和大陆法系的原因就在于,法律的变革不是晚清政府改革要解决的核心问题,晚清政府改革要解决的核心问题在于挽救岌岌可危的清朝统治。所以,在沈家本的推动下,修律改革的初期选择

① 《马克思恩格斯选集》(第1卷),人民出版社1972年版,第601～602页。

了近代化法律体系,力图通过法律文本的规定来限制皇帝的权力,保障人民的权利,但是这一想法却受到了朝野内外很多人的反对,于是以沈家本为首的中国近代法学专家放弃了全面借鉴英美法系和大陆法系。究其根本,未经过“改造”的西方近代化的法律思想与中国传统社会的法律思想格格不入,其法律思想内核与中国传统社会的中央集权的统治思想南辕北辙。而且,晚清政府统治时期的中国仍处于传统社会的末期,即将要向近现代社会转型,在社会制度层面上,与西方近代化法律对社会制度的要求无法匹配;在法律思想层面上,西方近代化的法律思想内核和中国传统的法律思想存在冲突。这诸多的原因就导致中国法律近代化的初期,晚清政府主导的变法修律放弃全面借鉴英美法系,而把焦点转到大陆法系上,并且通过实地考察和论证,抛弃了全面学习以德国法和法国法为主流分支的大陆法系,最终将学习、借鉴的焦点锁定到了同是亚洲国家的日本。

二、日本与中国法律近代化初期模范对象国的选择

由前文论述我们可以发现,中国和日本同是亚洲国家,在地理位置上的距离比较近,优势突出,经过漫长的历史时期,社会等各个方面交流颇多;时至近代,中国和日本都受到西方国家在政治、经济、文化各个方面的打压,为了结束这种状态,中国和日本两个国家都开始放眼世界,通过改革,开启近代化之路,但是在这个摸索的过程中,日本通过明治维新率先取得阶段性胜利,于是我们也将寻找改革蓝本的目光由全世界锁定到了日本。也正是因为这诸多的相似性,中国法律近代化的初期的蓝本国家,才确定为日本。

（一）中日法律近代化初期的思想基础都是吸收近代化的法律思想

法律制度近代化改革的基础是法律思想的近代化改革。由于中国和日本两国具有相似的政治、经济、社会和文化背景，所以，两国在选择改革蓝本国家的时候就存在许多相似之处。在法律制度改革方面，日本明治维新时期通过反复的试错，最终主要学习了大陆法系的德国，而中国学习日本的法律体系，其内核也是在学习德国的法律。所以，西方中心主义成为中国和日本法律近代化的思想基础。在以西方为中心的思想体系中认为，近代化乃至现代化的发展都要以西方国家的模式进行才是人类社会最理想的进步途径，其实质和中心就是人文主义思想。[①] 而人文主义思想则是通过西方世界的思想运动才逐步被确定下来的思想，其主题是人的自由和人的权利的解放。例如，以具有极强的适用性质的西方法治理论为基础而建立的制度在现实社会的具体运行中，“经过漫长的岁月，经过文化的碰撞、价值体系的融合、宗教思想的熏染，不断发展、磨合形成的自洽体系”[②]。与西方世界不同的是，日本地处亚洲东部，在传统社会中，长期受到中国的影响，尤其是儒家文化的影响。而传统的中国则更加注重儒家文化，注重“礼”文化，例如，“为政先礼，礼为政本”。“礼”既是道德规范，也是法律规范。所以，基于传统社会文化、伦理思想的影响，导致在近代化初期，中国和日本两个国家在学习西方天赋人权、自由、平等的思想处于被动的情况下，“睁开双眼看世界”的方式只能是通过被迫的武力打压。

---

① 参见程亚文、王义桅：《天命：一个新领导型国家的诞生》，群言出版社 2016 年版，第 70 页。

② 王建芹：《认识论、传统文化与法治理论》，载马怀德主编：《中国行政法的崛起：朱维究教授六秩华诞贺寿文集》，北京大学出版社 2005 年版，第 110 页。

而19世纪中后期的日本与中国的遭遇是相似的,都是在西方近代化国家的武力打压下被迫开放了自己的国门,但是这也开启了日本学习西方近代化国家的道路。日本式的借鉴和学习是以全面放弃亚洲传统文化为起点的,当时的日本脱离亚洲而全面学习西方近代化国家。日本的这种学习模式与中国“中学为体,西学为用”的学习模式不同,日本着眼于对西方近代化法律思想的学习。日本对西方近代化思想的学习是全面的学习,是“体和面”相结合的学习,是完整的学习。日本通过对西方近代化实用的法律思想的学习,深受西方中心主义思想的影响。但是,同样受到这一思想影响的中国与日本不同,其受影响的程度远远小于日本。实际上,自鸦片战争开始,西方近代化的法律思想就开始在中国传播,到甲午中日战争中国失败后,晚清政府才开始真正地认识西方近代化的法律思想。由于传统法律思想仍然占据主导,所以其在政治和思想层面也仍然处于无法撼动的地位。但是最终在内外环境的巨大压力中,晚清政府逐步开始接受、学习乃至借鉴西方近代化的法律思想,进而开始中国法律的近代化。这就导致了中国法律近代化初期学习的应急性和被动性,为晚清政府法律改革的效果与日本相比大打折扣埋下了伏笔。

(二)中日法律近代化的原因都是西方强国入侵、改革以图国强

近代以来,改变内忧外患的情况是中国和日本两国进行法律改革的原因。西方近代化的国家对于中国和日本的入侵,主权的部分沦丧迫使两个国家开始进行政治改革。例如,嘉永六年(1853年),西方国家强行登陆日本浦贺港,此后殖民军队在日本登陆,这就是著名的黑船事件。后来日本被迫签订了《友好通商条约》,在日美《友好通商条约》中规定,“(1)日美双方互在对方的首都、开港地派驻外交代表、领事,并承认其国内旅行权。(2)将箱馆、横滨、长崎、新潟、神户辟为开放港,将江户、大阪辟为商埠;承认外国人在这些

地区的居住、租赁房屋权。(3)允许自由贸易。(4)实施协定关税;外国商品输往内地应按规定缴税。(5)两国货币通用、同种等量交换。(6)美国人在日本享有领事裁判权。(7)在日美国人拥有信教自由以及在适宜地点建造教堂的权利。(8)禁止鸦片输入。(9)制定外国人游览规章。条约还附有贸易章程七则。条约全面巩固了美国过去在日本获得的权利,并进一步扩及通商领域"①。通过日美《友好通商条约》,美国实质上实现了对日本的殖民,该条约签订后,日本即失去了独立的国家主权。不久以后,日本爆发了倒幕运动。明治天皇开始统治后,着手开展明治维新。明治政府通过关于司法主权问题的谈判,被要求进行近代化的法律改革。因此,明治维新开启了日本法律近代化的道路。与日本的遭遇相似的中国,在1840年,被当时具有"日不落帝国"之称的英国打开了国门。晚清时期的中国渐渐沦为半殖民地半封建社会,国家主权遭到破坏。其中,司法主权的丧失对晚清政府产生了重大影响。由此,晚清政府的统治者也开始思考通过改革实现国富民强的目标,于是中国的法律近代化之路也由此开始。这一部分在前文已经有了详细的论述,在此不再多着笔墨。

(三)实现中日法律近代化的途径都是移植西方近代化的法律

从实现中日法律近代化的途径来看,都是通过修律改革开始的。明治维新初期的日本,先对英美法系进行了了解,由于英美法系,特别是英国的君主立宪制模式中对于国王权力的限制过于严格,与日本的传统存在非常大的冲突,进而日本开始将目光投向大陆法系,通过对法国法和德国法的研究,引进大陆法系既可以对日本的天皇制度进行最大化的保留又可以实现日本法律

---

① 钱其琛主编:《世界外交大辞典》(下),世界知识出版社2005年版,第1743页。

的近代化。其实质就是,以法律移植的方式改造传统法律体系和法律制度。例如,“1893 年,日本成立民法典调查会,根据《德国民法典》草案,兼采《法国民法典》的原理重新制定新民法。三年后,在原来法律的基础上,增加颁布了总则部分、物权部分以及债权部分;又两年后,在 1896 年颁布的法律的基础上增加了亲属部分、继承部分。这些法律的实施时间统一规定为 1898 年的 7 月开始,一共涉及五大编,三十六章节,共一千一百四十六条法律条文”[①]。与日本相似的是,学习西方的近代化法律也是中国开始法律近代化的实现方式。通过五大臣出洋考察,中国对英美法系的态度也是觉得纯粹的英美法律制度并不完全适合中国,德国法和日本法尤其是日本法由此成为晚清政府的主要学习对象,以“汇通中外”为法律近代化指导思想,开展对法律近代化改革。可见,中国和日本两个国家相似的历史原因推动了两国法律近代化选择了相似的方式。例如,在涉及国家的政治体制方面就有明显的相似性。日本 1889 年颁布的《明治宪法》是日本近代天皇制度确立的标志,日本《明治宪法》属于近代化类型的宪法,主要涉及近代化的君主立宪制结构和政体,以法典的形式保障天皇的统治权,确定了天皇在日本的最高权威。同时,《明治宪法》也在一定程度上对君主的权力进行了限制,保护了公民的基本权利和自由。所以,无论是从近代化宪法的法律思想来看,还是从近代化宪法的法律文本来讲,近代化宪法的民主性和科学性都在《明治宪法》中有所体现。基于日本明治维新的巨大成功,之后晚清政府开始着手改革,借鉴日本《明治宪法》,制定《钦定宪法大纲》。《钦定宪法大纲》以日本的

① 华东政法学院《简明法制史词典》编写组:《简明法制史词典》,河南人民出版社 1988 年版,第 467 页。

《明治宪法》为蓝本的同时学习德国相关可以借鉴的部分。所以,制定和颁布《钦定宪法大纲》是晚清政府迫于社会环境压力的无奈之举,不是自发地想要进行改革。这就导致了在中国法律近代化初期,确定和实施君主立宪制度,都会有脱离现实的或者缺乏实践性的问题。但是,这并不影响《钦定宪法大纲》成为中国法律近代化初期的标志性法律文本。《钦定宪法大纲》在内容上,对皇帝的权力进行了限制,扩大了公民的基本权利和自由,对中国法律近代化的发展具有标志性意义。

(四)中日两国法律近代化过程中都存在传统因素的阻力

中国和日本两国都有相当长的历史传统,所以,这就导致了中日两国在法律近代化的过程中必然受到来自传统因素的阻力,或者说是新旧两种力量的抗衡贯彻了法律的近代化整个过程。例如,日本在《明治宪法》中规定天皇的权力是至高无上的同时保留了户主继承和父权占统领地位的制度。而晚清政府的《钦定宪法大纲》则更是注重对皇帝权力的保护,甚至为此还保留了很多应该抛弃的传统礼教制度。传统社会政治制度中的中央集权制度,在《明治宪法》和《钦定宪法大纲》中都有关于君主至高无上法律地位的规定,这充分说明,在法律近代化的初期,传统社会的统治根基没有被动摇,在法律近代化的改革路上,传统因素的阻力一直都在。

三、中国法律近代化初期最终选择日本为模范对象国

中国法律近代化初期最终选择日本为模范对象国,放弃了全面借鉴英美法系和大陆法系的代表法国和德国,主要基于以下原因的考量。

首先,从成文法典的思想基础方面来讲,一方面,日本近代化的成文法典的思想基础是近代化的启蒙主义。启蒙主义思想

以主张理性思考为中心。17世纪后半期在英国兴起,18世纪在欧洲成为主流。该启蒙思想在法国具有最大的政治影响力,影响了法国革命。在欧洲,启蒙思想成为主流的17世纪后半期到18世纪的时代被称为启蒙时代。而晚清政府主导的中国法律近代化改革的具体执行者是改良派,对近代化的启蒙思想有一定的认同。另一方面,日本近代化成文法典还有民族主义的思想。这一现象的出现有其背后深刻的历史原因,在法律文本的制定上体现为鲜明的民族性,这对于处在相似境地的晚清政府时期的中国来讲,借鉴价值可见一斑。

其次,从日本成文法典的特点方面来讲,晚清政府的法律近代化改革选择日本为模范国,最主要的原因是日本近代化法典的实用价值。这突出表现在,对于传统社会国家政体的保留上,即以法律文本的形式保留皇帝的权力,维护中央集权。同时,日本明治维新早于中国的法律近代化改革并且取得了成功,这就在效果上为晚清政府提供了保障,尤其体现在维护晚清政府的统治上。此外,在法律文本中规定保障公民基本权利和自由方面,并没有妨碍皇帝权力的实现。所以,日本这种既有近代化法律特点,又保留传统社会制度的法典,借鉴意义明显。例如,日本近代化的法典对父权或夫权进行了保留,这一点正符合中国以父权为核心的礼教思想,具有高度的借鉴价值。

最后,从对中国法律近代化的法律制度的影响方面来讲,晚清政府主导的修律的本质是稳定统治秩序,通过建立近代化的法律制度实现国富民强。从这个角度出发,晚清政府力图通过成文法典的制定来改造法律制度,日本的成功经验就显得尤其重要。例如,日本宪法——《明治宪法》规定了日本的君主立宪政体,但思想基础为君主主权,即天皇具有至高的权力,保留了封建主义,保存了中央集权，并对家庭夫权制度、继承制度加以保留，以及保留了一定的封建思想。同时这部宪法还限制了公民权利。《明治宪法》第 1 条规定，"日本是由天皇统治，并且日本天皇是万世一系的"；第 3 条规定，"日本天皇是神圣的，同时又是不可以被侵犯的"；第 4 条规定，"天皇是国家的元首，总揽统治权"；第 5 条规定，"天皇在得到议会的允许的情况下，可以进行立法的活动，使用立法的权力"。[①] 同时，中国法律近代化初期受到传统社会制度的影响，近代化的法律改革还无法与传统制度相抗衡，因此，学习日本成为晚清政府的第一选择。

中国法律近代化的初期，为了实现国富兵强，收回国家的司法主权，晚清政府派大臣出洋考察，对近代化法系中的主流——英美法系和大陆法系，分别进行了考察。通过考察、了解到英美法系的法律传统不适合中国，大陆法系尤其是通过明治维新实现国家富强、民族独立的日本的近代化法律模式，更加适合中国，于是晚清政府决定将日本作为中国法律近代化初期的模范国家。

中国法律近代化的初期，先进的中国人开始放眼世界，寻找答案，最终我们将学习的目光落在了我们的邻居——日本身上。与中国一衣带水了几千年的日本，在历史上与中国有着密切的交往和联系。英国用坚船利炮开打大清国门的同时日本也面临着同样的问题，但是与我们不同的是，日本人通过明治维新很快地找到了近代化之路，由此走上了强国和富国之路，而我们还在继续为国家寻找出路。通过开眼看世界，了解英美、拜访德法，最终我们将目光锁定在了这个与我们有着千丝万缕的联系的国家——日本身上。由此，日本成为中国法律近代化初期的最主要模范国。

---

① 参见何勤华主编：《法律文明史——大陆法系》（第 9 卷），商务印书馆 2015 年版，第 1076 ~ 1077 页。

第三章　日本法学专家对中国法律近代化初期的影响

中国法律近代化开始于晚清时期,这一时期有许多推动中国法律近代化的活动,其中最为重要的活动就是晚清时期的修律活动。正是因为晚清政府的修律活动,才颁布了一系列具有近代化意义的法典,使得中国接触到了西方先进的法律理念。在具体的操作层面上,通过五大臣出洋考察,晚清政府决定学习日本,以日本法律近代化为学习目标,开始修订律法。为此,晚清政府从日本聘请了多位法学家,来参加晚清政府主导的立法和修律工作。这些日本法学家不仅将西方先进的法律理念带到了中国,同时也将自己的学术理论实践于中国的立法活动中,他们通过参与晚清修律的法典编撰活动,教授相关的法律理论,参与培养中国法律方面的人才,对中国法律近代化产生了深刻而悠久的影响。

第一节　日本法学专家的法学理论在中国的推进

学习日本法律已经成为当时整个晚清政府的共同选择着手聘请日本法学家就是一项迫在眉睫的重要工作。通过沈家本的推荐,晚清政府决定聘请梅谦次郎①先生为晚清政府修律的顾问，但是最终因为梅谦次郎先生已经在早前答应了韩国的邀请，去支持韩国法典的编纂工作，无法再来中国。所以，通过梅谦次郎先生的推荐，中国代表董康先生才转而聘请了当时在日本也颇具声望的刑法学专家——冈田朝太郎来华担任晚清修律的法律顾问。此外，还聘请了日本民法学专家松冈义正、商法学专家志田钾太郎、监狱法律专家小河滋次郎来华参与法律改革，以及虽然在这一时期没有来到中国，但是其宪法学理论对中国法律近代化改革产生重要影响的有贺长雄先生。四位来华日本学者在中国的基本情况见表3－1。

表3－1　四位来华日本学者在中国的基本情况

姓名	月俸	职务	在日本的官职	期限
冈田朝太郎	银850元	法典编纂及法学教习	东京法科大学教授及法学博士	满三年
松冈义正	银800元	法典编纂及法学教习	东京控诉院判事	满三年
志田钾太郎	银950元	法典编纂及法学教习	东京高商教授兼职东京法科大学教授	满三年
小河滋次郎	银800元	法典编纂及法学教习	司法省监狱事务官	满一年半

注：[日]南里知樹：《中国政府雇用の日本人》，付属資料1，第8～10页参照。

一、有贺长雄的宪法学理论在中国的影响

（一）关于有贺长雄

有贺长雄（1860年11月13日～1921年5月17日），日本法学家、社会学家，拥有法学博士和文学博士双博士学位。

有贺长雄出生于日本大阪府大阪市的歌道世家，1882年7月10

① 梅谦次郎（1860～1910年），日本法学家、法学博士，主要著作：《民法要义》《民法讲义》《民法原理》等。

日毕业于东京大学文学部哲学专业。有贺长雄在东京大学求学期间,曾在成立学舍担任教师。1886 年 6 月 4 日,有贺长雄成为元老院书记官,同年 11 月开始留学欧洲,在德国柏林大学学习,接着在奥地利维也纳大学跟随洛伦兹·冯·施泰因[①]学习法学。1888 年 6 月 20 日,有贺长雄回到日本;1889 年 5 月 7 日,有贺长雄成为枢密院书记官;同时兼任首相秘书官,一边在内阁工作,一边进行著书立说活动。1892 年,有贺长雄转任农商务省专利局局长,作为法律顾问参加甲午中日战争、日俄战争等,作为日本的代表出席了万国和平会议。此后在陆军大学、海军大学、东京帝国大学、庆应义塾大学、早稻田大学等讲授宪法、国际法。

1903 年,帝室制度调查局副总裁伊东巳代治向总裁伊藤博文推荐有贺长雄,负责制定皇室制度、防止天皇干预政治、强化首相权限和牵制军部方面的政策和法规,对未完成的皇室法规进行补充调查。1907 年,关于皇室典范的增补法案正式公布,但是,关于限制军

① 洛伦兹·冯·施泰因又译劳伦斯·冯·史坦恩(1815～1890 年,德文:Lorenz von Stein),出生于德国埃肯弗德县,为德国经济学家、社会学家、公共行政学家。作为日本明治维新时期改革的导师之一,其保守的政治主张影响到《明治宪法》的措辞。劳伦斯·冯·史坦恩早年在基尔大学、巴黎大学、耶拿大学攻读哲学和法理学。1846 年至 1851 年,史坦恩在基尔大学担任教员,并出版著作《1789 年至今的法国社会运动史》,其中把"社会运动"的概念引入学术讨论。但因其对祖籍石勒苏益格的独立主张,而被学校解雇。1855 年,他开始在维也纳大学任教,在此期间的作品被视为早期国际公共管理的基础。他也影响了公共财政的研究和实践。在 1882 年,日本首相伊藤博文率领代表团赴欧学习西方政府系统。其代表团首先访问柏林,并受到鲁道夫·冯·戈内斯特的指教。伊藤博文此后奔赴维也纳大学,就学于史坦恩。史坦恩对日本代表团的建议为避免全民普选与政党政治。史坦恩主张国家应该重于社会,而国家的目的应当是率领一种自上而下的社会改革。史坦恩把黑格尔的辩证法引入公共管理及国家经济中,以提高此类科学的系统化。此外,他还对包括无产阶级、阶级斗争等历史概念进行经济学演绎。其著作主要包括 Der Sozialismus und Communismus des heutigen Frankreich,Leipzig 1842,second edition,1847;Die sozialistischen und kommunistischen Bewegungen seit der dritten französischen Revolution,Stuttgart,1818 等。

部权力的法案却未被通过。同年年底，晚清政府的宪法调查团来到了日本，经伊藤博文介绍，自 1908 年 2 月至 1909 年 7 月有贺长雄为晚清政府的考察团讲授法律课程。在有贺长雄的著作《中国新法制与有贺长雄》一文中曾提到，“清国资政院已开院，其国宪政于以开幕，吾侪邻邦人所大庆者也。回忆曩者清国遣使各国，考察立宪制度。达寿来我邦，由清政府托之桂首相及故伊藤公。公闻于朝，得旨尽力协助。公退朝商于桂首相，遂以清国宪法之制定属予与有贺、穗积两博士。予当我国制定宪法时，尝以考察事赴欧洲，其后役于其事，饱得经验，曾无过分之劳，已作就一概略书，急谋进行，且力求精审，以辅达寿。有贺、穗积两博士尽心力而为之。时伊藤公在韩国犹一一示其方针，桂首相亦极尽力。第一编脱稿，达寿携归。李家驹代之，斯时伊藤公自韩致书于予如左：

贵函拜读。

清国考察宪法大臣，承老兄及穗积、有贺两博士勤勤恳恳为之讲说，感谢之至。事之成否，虽难判定，然为邻邦启发之故，纵无益之劳，亦不能辞。所以示之好意者实不可缺。念相烦之初意，达氏虽归国，愿以施于李公使也。且两博士尽瘁之意，尤不可使归泡影。倘蒙明察，何幸如之。公务繁忙，笔不尽意，伏惟垂鉴。

六月三日　博文

晨亨大兄”①

可见，有贺长雄对于中国宪法近代化具有重要意义。

此后，1912 年，有贺长雄获恩赐奖；1913 年，有贺长雄经大限重

---

① 史洪智编：《日本法学博士与近代中国资料辑要：1898—1919》，上海人民出版社 2014 年版，第 269～272 页。

信推荐,担任袁世凯时期的法律顾问,帮助袁世凯进行政治改革。1915 年,有贺长雄因为反对日本对袁世凯提出的 21 条要求,受到强硬派的攻击而卸任早稻田大学和东京大学的教职。1921 年,有贺长雄因脑出血去世,享年 61 岁。

有贺长雄先生一生著述颇丰,他的专著《社会学》是日本第一部体系性的社会学著。此外,还有《国家学》《须多因氏讲义》《行政学》《日本古代法释义》《日清战役国际法论》《日俄陆战国际法论》等多部专著。[①]

(二)有贺长雄的近代化宪法学理论

根据有贺长雄先生的《国法学》,我们可以充分地了解到他的宪法观和国家观。这部著作共分为十编,涉及日本法的历史,天皇、政府、议会、国家机关、官员、地方政府、法律命令、行政和行政监督。有贺长雄的《国法学》《国家哲论》《国家学》《大臣责任论》《行政学讲义》共同构成了他的宪法学思想体系和他对明治维新中所制定的宪法的看法。

日本明治维新时期制定的宪法是在民权思想得到日本人民的广泛认可后才制定出来的。明治维新时期,包括伊藤博文在内的很多政治家都支持天皇主权的思想,在日本法学界穗积八束对此观点也十分赞同。所以,在此大环境的影响之下,有贺长雄对此也十分赞同,在他的著述《国法学》中就集中地表达了他的宪法学观点。

第一,有贺长雄认为日本的国家体制具有一定的特殊性。对此,他提出,“国法学必定是与某一国家的历史相伴始终之学问,世

① 参见熊达云:《洋律徂东:中国近代法制的构建与日籍顾问》,社会科学文献出版社 2019 年版,第 23 ~ 32 页。

界上不可能有通行万国之国法学”[1]。由此可见，他认为明治维新中的日本选择什么样的宪法形式是由日本的历史所决定的，他认为日本的社会发展历程是从宗室族亲国家到等级国家再到公民国家。有贺长雄提出，日本不适合通过革命重建民主共和政体，也不适合学习同属君主立宪政体的英国及德国。他认为，“日本是由天皇基于历史形成之地位，自主地钦定宪法建立起来的公民国家”[2]。据此，不难看出，有贺长雄的看法是天皇是日本的主权者，处于国家的统治地位，其合法性在于日本国家历史的渊源，而非基于国家的理论或者是法律的规定。同时，他将日本的情况和西方国家作对比研究后得出结论，日本天皇皇位的继承是“按照天祖的遗命”统治国家。所以，有贺长雄主张日本天皇总揽一切统治权，议会、政府、司法府以及其他机关都是协助天皇行使统治权的部门，分别要负法律责任和行政责任。

第二，有贺长雄同意他的老师施泰因的观点。有贺长雄提出军政、军令分离的理论，并提出将军队的编成事务作为军政，归国家统辖；军队的行军作战作为军令，独立于国家之外，并让天皇担任两方的首长，统一管辖军政军令事务。

第三，有贺长雄认为日本天皇的命令和敕令的属性应该是法律。他提出这一观点的主要原因在于，在日本国民都已经广泛地支持法律的权威的情况下，应提高天皇的命令和敕令的效力。

由此可见，有贺长雄的近代化宪法思想深受国家至上主义的影响。他的宪法理论突出地维护了天皇主权思想，因此他的思想得到

---

① ［日］有贺长雄：《国法学》（上），早稻田大学出版部，第 195 页。

② 熊达云：《洋律徂东：中国近代法制的构建与日籍顾问》，社会科学文献出版社 2019 年版，第 38 页。

了当时日本政府的支持。这同时也成为正要着手法律改革的晚清政府向他伸出橄榄枝的原因所在。

二、冈田朝太郎的刑法学理论在中国的影响

(一)关于冈田朝太郎

冈田朝太郎(1868 年 7 月 18 日 ~ 1936 年 11 月 13 日),日本刑法学者。冈田朝太郎 1868 年生于大垣藩。1891 年,毕业于东京帝国大学法学院。1893 年,担任东京帝国大学法学院讲师和东京法学院讲师。1894 年,担任东京帝国大学副教授。1897 年,在德国和法国留学。1900 年,回到东京,成为东京帝国大学教授。1901 年,获法学博士学位。1903 年,冈田朝太郎荣获金杯一组。1906 年,被邀请担任晚清政府修订法律的研究员和法学院的讲师。1907 年,成为庆应义塾大学法学院教授,主要教授刑法学。1912 年,冈田朝太郎获得勋三等瑞宝章。1915 年,辞去东京帝国大学的教授职务,同年获得正四位。冈田朝太郎于 1936 年 11 月 13 日去世,享年 68 岁。冈田朝太郎的主要著作有《日本刑法论》、《刑法讲义》和《比较刑法》等。①

(二)冈田朝太郎的刑法学理论在中国的影响

冈田朝太郎提出废除比附援引,确立了罪刑法定原则这些刑法基本原则的理论。冈田朝太郎提出近代化法律文明的重要标志是罪刑法定原则的确立,他认为近代化的罪刑法定原则应该确定在新的法律文本中,所以,在他参加立法过程中,罪刑法定原则被写进了清代的刑法中,在法律文本中改革了传统刑事法律中比附援引的量刑原则,改变了“举重以明轻、举轻以明重”的定罪量刑标准,自此中

---

① 参见何勤华:《中国法学史》(第 3 卷),法律出版社 2006 年版,第 720 ~ 721 页。

国刑事法律中开始规定近代化刑事法律中的罪刑法定原则。在这一原则的指导之下,规定了在审理案件要定罪和量刑时,一定要援引法律条文,同时又规定了在审理案件时,如果出现没有法律条文可以依据断案的时候,可以援引比附原则。这项例外的规定就使得许多依据罪刑法定原则无法定罪量刑的案件通过比附原则被定罪量刑,这实际上就是对传统法律秩序的一种保护。

在犯罪论方面,冈田朝太郎对因果关系理论也有自己的想法。冈田朝太郎十分赞成德国学者弗朗茨·里特·冯·李斯特①的"条件理论",针对当时社会主流思想中盛行的因果关系理论提出了一些新的想法。时下流行的因果关系理论认为只有两个条件同时满足才能进行归因,即主要原因和从属条件。但是现实案件的情况远远比法学理论更加复杂。从理论上讲,将原因和条件进行区别似乎非常合理,但是在实际的审理案件中就会十分复杂。比如,司法人员在审理杀人案件时,犯罪嫌疑人基于杀人的行为使受害人头部大量出血而死,在这一过程中,犯罪嫌疑人的杀人行为是原因,受害人

---

① 弗朗茨·里特·冯·李斯特(Franz Ritter von Liszt,1851 年 3 月 2 日 ~ 1919 年 6 月 21 日)是德国法律学者。他是柏林大学刑法和国际法教授,并且是普鲁士众议院和德国国会进步人民党的成员。从 1869 年起,李斯特在维也纳认识了对他产生持久影响的鲁道夫·冯·耶林(Rudolf von Jhering)。后来李斯特将耶林的"法律目的"思想转移到刑法中。1874 年完成法律博士学位后,李斯特迅速争取从事科学事业,1876 年在格拉茨获得培训后,他先后在吉森(1879 年)、马尔堡(1882 年)、哈雷(1889 年)担任教职,最后于 1898 年他在德意志帝国最大的法学院的职业生涯的顶峰被带到了柏林。在最初的二十年里,他几乎完全致力于刑法。从 1882 年起,他在马尔堡创办了第一个犯罪学研讨会——刑事政治协会,并继续致力于整个刑法领域期刊的发展,因此形成了他所谓的马尔堡学派。1889 年,李斯特成为国际犯罪学协会的联合创始人。除了科学,他还对实际政治感兴趣。所以他当然不是那个时代的普通教授,还是一个公认的专业人士,获得了公会徽章、勋章和枢密院头衔,并且是"政治教授"类型的代表之一。他曾在马尔堡大学(1886 ~ 1887 年)和哈雷大学(1894 ~ 1895 年)担任校长。1917 年,李斯特成立了德国青年法院大会。

死亡是结果。但是事实上,犯罪嫌疑人的杀人行为只是产生了受害人头部受伤后大量出血的后果,受害人头部大量出血最终才导致其失去生命,这种因果关系就产生了犯罪嫌疑人危害行为的物质条件和法律行为不同步的问题。假设失血过多不会导致受害人缺血,那么攻击头部的行为就不会产生受害人死亡的后果,所以,两者间就没有直接的因果关系。据此分析,冈田朝太郎提出在具体的断案中,如何对原因和条件进行区分是十分复杂的,应当将原因扩大到包括条件在内。此外,冈田朝太郎提出行为人的活动行为与结果之间的关系有没有必要性,应基于如若没有该行为,是否产生结果的逆向思维标准来考量。冈田朝太郎支持纯正不作为犯罪的观点,认为在犯罪行为理论中有不作为犯。比如,不援救生命垂危的弃婴问题,就是犯罪行为理论中的一个证明不作为犯罪存在的典型案例。①

关于犯罪未遂理论的问题,当时在西方近代化法律理论中普遍认可的看法是折中认定"实施终了"问题,冈田朝太郎对此表示认同,并在此基础上提出考量犯罪嫌疑人的危害犯罪行为的危害性要结合其主观心态和客观行为的完成情况来看。例如,犯罪嫌疑人实施投放危险物质的行为时,由于危险物质的投放量过少,没有对受害人产生不利后果,那么该行为不能视为犯罪行为。如若针对犯罪嫌疑人的主观犯罪意图来定罪,那么对心理活动也将纳入定罪的范畴内。关于不能犯的问题,冈田朝太郎认为不能犯不符合法律规定的犯罪构成要件,但是在事实上却存在犯罪行为。理论上可以分为目标上的不能犯罪和手段上的不能犯罪。据此,冈田朝太郎提出未遂犯危害行为人因为技术和手段上的缺陷导致其犯罪的目的最终没有实现的犯

---

① 吴迪:《近代中国的立法发展与冈田朝太郎》,庆应义塾大学大学院法学研究科,法律与政治研究出版协会 2017 年版,第 161~167 页参照。

罪形态，同时认为不能犯的犯罪形态不应该受到惩罚。①

关于司法责任的理论问题，冈田朝太郎认为对于冤假错案，国家应当给予充分的救济。从定罪和量刑的角度上来说，审理案件的过程中要充分地考量犯罪嫌疑人的主观构成要件，如果应用这种方式定罪和量刑，有利于感化正在实施危害行为的人实行犯罪中止。由此，冈田朝太郎先生提出了“得减主义”，即在司法活动中，对于犯罪未遂的情况，赋予审理案件的司法从业人员考量未遂的犯罪嫌疑人主观上的心理的自由裁量权，确定是否予以减刑处理。他所倡导的“得减主义”在日本的新刑法中得到了贯彻实施，这点对中国近代化刑事法律的建立提供了参考。②

三、松冈义正的民法学理论在中国的影响

（一）关于松冈义正

松冈义正（1870～1939 年），是日本的民法学者。1892 年，松冈义正从日本东京帝国大学的法学专业毕业，同时通过了国家的司法考试。松冈义正担任过东京地方裁判所判事、东京控诉院判事、调查委员会辅助委员以及东京控诉院部长等职务。③

（二）松冈义正民法学理论在中国的影响

松冈义正对人格平等原则的问题提出了自己的想法，例如，衡量国家民法是否成熟的标准是人格是否平等。松冈义正在参加中

---

① 吴迪：《近代中国的立法发展与冈田朝太郎》，庆应义塾大学大学院法学研究科，法律与政治研究出版协会 2017 年版，第 161～167 页参照。

② 吴迪：《近代中国的立法发展与冈田朝太郎》，庆应义塾大学大学院法学研究科，法律与政治研究出版协会 2017 年版，第 161～167 页参照。

③ 参见汤璐：《清末法律改革与日本——以清政府聘请的四位法学家为中心》，东北师范大学 2014 年硕士学位论文，第 9 页。

国法律近代化初期的民法起草时,提出作为自然人自出生就享有的权利应当受到法律的保护,同时也要承担相应的义务。自然人对于权利和义务的平等原则的遵守,是自然人实现在法律上平等权利的条件。传统社会中,对女性与子女在人格身份上的限制规定,是不符合近代化的法律理论中的人格平等原则的,从这个角度来讲就严重影响了民法的近代化程度,但是不可否认的是,在松冈义正等近代化法律专家的努力下,中国民事法律的近代化已经向前迈出了一大步。

关于所有权的绝对性问题,当时的主流观点认为应当对所有权设定一个限度,这种对于所有权的限定不会对所有权的行使产生影响,也不会对权利本质产生影响,并不涉及所有权建立的基础价值的问题。所以,在制定《大清民律草案》的时候,松冈义正提出,要将所有权的绝对价值加入到近代化民事法律的编订中,同时提出要对所有权的绝对性进行限制,提出通过法律条文限定所有权的行使范围。

关于契约自由的原则问题,作为近代化民事法律重要原则的契约自由原则得到了学界的广泛认同。松冈义正提出成立契约的前提是当事人双方达成合意,单方的意思表示不能成立契约行为。但是对于契约的效力问题,时下的理论和观点还不尽相同。松冈义正认为,在民事法律中应当确认契约自由原则,对当事人双方在自愿情况下作出的意思表示一致而达成的契约,在法律上应当认可其效力。

关于过失责任原则的问题,当时的观点已经在民事法律上承认了过错原则,并且受到社会的肯定。松冈义正认为应当将过失责任原则通过法律条文的形式在民事法律的债法部分确定下来。此外,为了应对现实司法实践中的复杂情况,松冈义正还提出要在法律上承认过失推定责任的原则，即实现近代化民事法律规定中的举证责任倒置，以解决处于弱势地位的受害人举证困难或者无法举证的问题。

四、志田钾太郎的民商法学理论在中国的影响

(一)关于志田钾太郎

志田钾太郎(1868年10月5日~1951年3月31日)，日本法学家，明治大学第五任校长。1868年，志田钾太郎生于日本东京府牛込区(现在的新宿区)的一桥德川家剑术指南番。1894年，毕业于日本东京帝国大学法学院，同年进入大学院学习。1897年，志田钾太郎获得纵七位。[①] 1898年，成为学习院大学的教授。从1897年至1919年，志田钾太郎开始担任东京高等商学院(后来的东京商业大学，现为一桥大学)的第一代教授。在德国学习期间，志田钾太郎和石川巌、石川文吾、神田乃武、瀧本美夫、津村秀松、福田德三以及関一开始了推动建立东京高商大学的运动，并从1920年开始担任东京商业大学保险学的讲师。1910年，志田钾太郎荣获勋四等瑞宝章。[②] 1919年，志田钾太郎开始担任共济生命(现明治安田生命保险)的高级管理员。此外，志田钾太郎还担任了东京大学、东京专门学院、明治法律学院以及日法法学院的讲师。1902年，志田钾太郎在德国和法国留学后，被聘请为晚清政府修订法律的顾问，主要从事商法典方面的编纂和汇编工作。回到日本后，志田钾太郎开始在明治大学担任教授，与东京商业大学的同事们包括下野直太郎、關一、星野太郎、佐野善作、村瀨春雄、坂本陶一、石川文吾、瀧本美夫、横井時冬

① 参见《官报》，第4326号《叙任及辞令》，1897年12月1日。

② 参见《官报》，第8257号《叙任及辞令》，1910年12月28日。

等一起推进建立商学院。此后,志田钾太郎就任一宫实业学校的第一任校长,明治大学商学院的院长,于1940年6月担任明治大学第五任校长。[①] 此外,志田钾太郎还积极参与了日本保险协会的成立,并于1950年同一桥大学的教授加藤由作担任日本保险学会再建总会的议长,通过明治大学教授印南博吉的报告,与矢野恒太、粟津清亮一起被推举为名誉会员。[②]

(二)志田钾太郎的民商法学理论在中国的影响

关于近代化的民商法学理论问题,首先要解决的就是承认民商结合还是民商分立的问题。对此,志田钾太郎支持民商应当分立的观点,提出虽然民事法律和商事法律都是应用于私法领域的法律规范,但是在本质上存在很大的不同,民事案件应当受到民商法律规范的制约,而商事案件相较于民事案件来讲更加特殊,因此应当单独立法进行规范。另外,民事法律规范的作用对象是一般主体,而商事法律规范的适用主体则应当属于商人范畴。所以,在制定法律时,应当将民事法律和商事法律分别立法。志田钾太郎还对商事法律所涉及的下级法律规范进行了区分,如公司法、保险法、海商法等部门法。这体现了近代化的民事法律规范和商事法律规范分立的优越性,可以更有针对性地处理现实生活中的问题。

关于私法自治理念的问题,传统中国的法律理念中,民刑合一,并且不区分公法和私法。这种长久以来形成的法律传统也就使得人们不能很好地区分民事案件和刑事案件,以及民事法律规范和刑事法律规范。志田钾太郎提出实现法律近代化的一个重要指标就

---

① 参见明治大学史资料,明治大学小史人物编:学文社2011年版,第43页。

② [日]宫崎勇、田谷祯三:《世界经济图说》,谷文诗译,文化发展出版社2018年版,第45页。

是对公法和私法进行区分。所以,针对如何实现中国法律近代化的问题,志田钾太郎认为,第一步就是要革新传统的法律理念,区分公法和私法。在法律上,承认私法自治是十分必要的。同时,他还提出将涉及人身、财产、民事和经济领域的内容划入私法的范畴,认为这些权利是人生而就有的,在法律规定的范围内当事人享有充分的自治权利,除非当事人之间产生纠纷和矛盾,否则国家不应当进行干预。所以,区分公法和私法,确立私法自治原则就成为了衡量一个法律是否近代化的一个重要标志。从更深一个层次来讲,不仅要区分公法和私法,还要对私权进行有效的保护,传统中国在这一方面,也显得较为逊色。然而,西方近代化的法律理念中却重点突出了对于私权利的保护,这也成为法律近代化的一个重要标志。志田钾太郎认为,应该通过国家法律规范私权利,在法律规定范围内的应当给予鼓励和支持,超越法律规范的违法行为应当及时制止,并且视情况给予相应的处罚,以维护法律的尊严和社会的稳定。在《公司律》制定和起草过程中,志田钾太郎主张应当对公民正当的、合理的私权利予以保护,推动中国法律近代化进一步发展。

此外,"权利本位"理念在传统中国的法律理念中是不存在的。随着社会情况的变化和西方近代化私法理念的传入,人们的思想也发生了变化,"权利本位"这种近代化的法律思想也逐渐受到人们的关注。志田钾太郎认为,其理念的核心问题就在于法律对于保障公民个人的权利,即公民的自由得到尊重。他提出要将"权利本位"的思想在《公司律》的法律文本中有所体现,这有利于近代中国民族企业的发展和壮大,为近代经济的发展提供良好的环境和有力的保障,满足当时晚清政府和社会的需要。同时,志田钾太郎认为,在法律上承认意思自治原则,是实现契约自由,尊重公民个人财产,保障公民的所有权,体现权利本位价值追求的保障。所以,志田钾太郎认为,意思自治原则也应当体现在《公司律》中。

五、小河滋次郎的监狱法学理论在中国的影响

(一)关于小河滋次郎

小河滋次郎(1864年1月11日~1925年4月2日),日本法学家,官员。小河滋次郎出生于信浓的上田城,是上田藩医生金子宗元的第二个儿子。明治维新后,小河滋次郎被旧小诸藩的小河直行收养。1877年,小河滋次郎从学校毕业后来到了东京。1884年毕业于东京专门学校(现早稻田大学)法律系,1886年从东京帝国大学法科大学(现东京大学大学院法学政治学研究科)研修结束。小河滋次郎在东京帝国大学学习期间,在穗积陈重先生的指导下,开始对监狱制度的研究产生浓厚的兴趣。在此期间,他曾前往德国研究监狱学。1897年,担任监狱长官,曾以起草人的身份起草监狱法。1905年,小河滋次郎在东京帝国大学担任监狱学讲师。明治三十九年(1906年),小河滋次郎取得东京帝国大学法学院授予的法学博士学位。1908年,小河滋次郎被邀请到晚清政府指导中国的监狱改革。在中国参与编纂监狱相关法律制度后回到日本。①

(二)小河滋次郎的监狱法学理论在中国的影响

关于监狱法学理论,其中着重要解决的一个问题就是如何对监狱户外劳动规则进行完善。小河滋次郎提出,应当将正在执行长期徒刑的罪犯囚禁在法律规定的空间范围内,并且要对罪犯的生活环境和医疗、卫生等情况予以保障,这将会有利于罪犯身心健康的发展。针对相对封闭的监狱管理模式,小河滋次郎认为,由于长期封闭会导致罪犯与社会处于脱离的状态,待到刑满释放之日,长期与

① 参见何勤华:《中国法学史》(第3卷),法律出版社2006年版,第718页。

社会脱节的人是很难再次融入社会的。他建议对身心健康的罪犯应该安排劳动改造,这样既可以扩大服刑人员的活动范围,又可以增加他们与外部社会的接触机会,降低与社会脱节的程度。所以,小河滋次郎提出,要针对在户外劳动服刑的情况从监狱相关法律上加以规定,同时,他认为可以进行劳动服刑的人员应该是服长期徒刑的人员,而不应当适用于短期服刑的人员。在关于监狱外服劳动刑的内容上,小河滋次郎也提出了一些看法,他认为监狱外服劳动刑应当以农业为主,对于涉及有毒有害的工业劳动不应当让服刑的人员参与,尽可能以土地劳作的形式开展,自然环境和民风有利于感化教育服刑的人员。另外,服刑的人员也不适宜参加与商业相关的劳动,这也会影响对服刑人员的感化教育。所以,综合来讲,小河滋次郎认为,作为第一产业的农业是最适合服刑人员在监狱外执行的第一场所。此外,关于服刑人员监狱外劳动的作业方法,小河滋次郎认为可以有三种方式,即官司业、委托业、承揽业,其中最优先的选择是官司业。①

小河滋次郎认为,在服刑人员出监狱后,应当给予及时的监督和保护,加强对其出监狱后行为的规制是十分必要的,要防止服刑人员刑满释放后,由于长期的与社会脱节而再难融入社会,进而重新走上违法犯罪的道路。在服刑人员刑满释放后,要充分重视他们和其家庭成员之间的关系,作为社区司法工作人员,应当对社区内的刑满释放人员和其家庭成员保持有效的联系。通过社区、政府与其家庭成员的通力合作,让刑满释放人员感受到温暖和归属感,从而尽早融入社会。小河滋次郎认为,对待即将刑满释放的人员,在其离开监狱以前,就要

① 参见宫本欣主编:《法学家茶座》(第7辑),山东人民出版社2005年版,第130~133页。

对其家庭问题有所了解，如果出现家庭经济困难的情况，以及存在家庭成员之间关系不够融洽的问题，或者是家庭成员对待该名刑满释放人员持有不接受态度的问题，都应当尽力予以解决。关于具体的解决方式，小河滋次郎认为，应当从几个方面着手，例如，成立治疗疾病的机构，设立救助基金；设立针对老弱病残以及灾害的保险；帮助生活困难的刑满释放人员改善居住条件；加强对于这些人员的思想教育工作；政府为更多的刑满释放人员提供工作机会等方式，促进刑满释放人员尽快地融入新生活。①

关于教育和感化服刑人员的问题，在传统中国有关监狱的立法上也有所体现，但是教育和感化程度以及规范性还是无法同近代化的监狱法律理念相比。传统法律理念通常认为对服刑人员进行肉体和精神上的双重处罚才可以起到警示犯罪的作用，通过让服刑人员感到肉体上的痛苦和精神上的羞辱来实现帮助服刑人员重新做人的目的。小河滋次郎从现代的监狱学的角度出发，对于传统中国法律中对服刑人员从肉体到精神的双重折磨的问题持否定的态度，他认为这种通过严重伤害服刑人员的手段树立国家司法权威的形式，并不能在根本上矫正犯罪人员的犯罪心理，重塑他们的道德品质。因此，在此次晚清政府主导的制定中国近代化监狱法律制度的过程中，小河滋次郎就主张改变传统的做法，突出教育和感化的作用，通过感化教育，引导服刑人员重建仁爱理想和法律观念，帮助服刑人员从内心深处认识到自己的错误，并且改正过来。而且小河滋次郎认为，以教育和感化的方式矫正犯罪也是可以实现的。其原因在于，服刑人员的主要服刑地点在监狱，将监狱作为对服刑人员实

---

① 参见宫本欣主编：《法学家茶座》（第 7 辑），山东人民出版社 2005 年版，第 130 ~ 133 页。

施教育和感化的场所,可以帮助服刑人员真正认识到自己的问题和错误,进而改变错误的想法,还可通过思想进步的服刑人员带动其他人,达到大家共同进步的效果。对于将教育和感化相结合应用于中国监狱法律的近代化法典的制定中,小河滋次郎十分坚持,他希望就此可以改变传统监狱立法中的同态复仇的法律理念,引导近代化监狱法律制度的建立。同时,小河滋次郎也认为,在感化教育的具体实施上也要行之有效。比如,在监狱中建立运动场,这样一来既可以保障其基本人权的实现,也可以促进这些人员的身心发展,保障其住宿条件、生活环境,同时针对教育感化讲座设立教室。另外,对一些符合假释条件的服刑人员可以假释。所以,小河滋次郎认为,近代化的监狱法律制度应当充分应用教育和感化的手段,矫正服刑人员的心理,从而避免其犯罪行为的再次发生,而不是通过传统的同态复仇形式减少犯罪的发生,只有这样才能从根本上促进社会的稳定发展。①

对如何将教育和感化理念贯彻到监狱法律规定的制定中的问题,小河滋次郎主张采用学校主义理论,即对不同年龄段的犯罪人员应当有一定区分,对于年龄较小的青少年罪犯,应建立特别的教育和感化场所,对他们进行较为系统性的学校教育。这主要是由于青少年这类犯罪主体从年龄上来讲比较小,心智上不成熟。小河滋次郎认为,针对这类青少年犯罪主体,要以感化教育为主,处罚教育为辅的原则,通过惩戒和感化相结合的教育方式,来矫正青少年的心理问题,为他们日后重新回到社会做准备。在青少年年龄界限的划定问题上,小河滋次郎认为,应当以十六周岁为界,对待十六周岁

---

① 参见宫本欣主编:《法学家茶座》(第 7 辑),山东人民出版社 2005 年版,第 130 ~ 133 页。

以下的青少年犯罪人员,在教育和感化过程中,应当抛弃惩治的观点,避免造成青少年的人格扭曲,防止其在日后回到社会中再次犯罪。这主要是因为,青少年犯罪人员不成熟的心理导致他们不能完全区分是非善恶,同时他们具有强烈并且脆弱的自尊心,单纯依靠家庭无法到达有效的教育和管理效果,为了达到更好的教育感化效果,还要辅助一定的惩治措施。所以,小河滋次郎在研究了西方近代化的惩治教育模式后,认为德国开办专门院校对青少年犯罪人员进行强制教育的模式适合中国,提倡为青少年犯罪人员建立惩治教育场所,并且依据其犯罪的情节轻重制订不同的计划。在中国监狱法律近代化的过程中,应用学校主义理论,将感化教育与惩治教育相结合,才能达到事半功倍的效果。[①]

第二节　日本法学专家参与的中国法律近代化初期的实践

聘请外国人参与立法,为中国起草法律草案,这不仅是对日本的仿效,更是国情和时代的逼迫。于是,晚清政府决定启用著名修律大臣沈家本主持开展修订法律馆的工作,该法律馆自光绪三十年(1904 年)正式开始着手修订近代化的法律。同时,为了实现更好的修律效果,迅速制定出适应改革需要的法律政策,晚清政府特别从日本聘请了多位法学专家来到中国指导法律修订的工作,这几位日本法学专家主要包括:第一位是冈田朝太郎先生,他是东京帝国大

---

① 参见宫本欣主编:《法学家茶座》(第 7 辑),山东人民出版社 2005 年版,第 130 ~ 133 页。

学的法学教授，拥有法学博士学位，他的著作受到读者广泛的好评，对人们启发很大；第二位是松冈义正先生，他是日本东京控诉院的部长，司法实践经验长达十五年之久；第三位是志田钾太郎先生，志田钾太郎先生是日本著名的商法学专家；第四位是小河滋次郎先生，他被称为"日本监狱学家之巨擘"，是监狱法律制度方面的专家。可见，这四位来华参加立法工作的日本法学专家，学理造诣精深，法律经验丰富。此外，还有一位有贺长雄先生，他在这一时期虽然没有来到中国，但是他的宪法学理论却对法律近代化改革产生了重要的影响。

在晚清政府主导改革的十多年的时间里，通过中国法律学者和日本法学专家的通力合作，中国建立了一套融合了西方近代化法学理念的以日本近代化法律体系为蓝本的具有近代化意义的法律制度体系。在这一过程中，日本法学专家参与了晚清时期各种近代化法律制定的全过程，为中国法律近代化初期的发展提供了巨大的帮助，他们不仅参加了解读日本近代化法律的立法模式，还参加了中国法律近代化初期法律草案的编写工作，甚至还参与了晚清时期关于立法问题的讨论。

一、有贺长雄与晚清政府的预备立宪

根据相关史料和著述记载，《欧美政治要义》最初的第一作者是有贺长雄。上文中我们提到有贺长雄曾经为晚清政府的考察团讲授西方近代化宪法制度，以及日本的近代化宪法制度和官吏体制，同时，在讲授理论的基础上针对晚清政府面临的问题提出了意见。通过上文对有贺长雄的宪法学思想的了解，以及对《欧美政治要义》等书中的基本观点，和晚清政府考察团在关于如何进行预备立宪的奏折中所提出的建议进行对比，不难看出两者的相似之处。此外，结合晚清政府在具体的准备立宪的活动中的各项措施,以及与立宪改革相关的制宪、官制编纂等工作可以看出晚清政府立宪的全局构想和过程实施的模板就是考察团的奏折。但对于有贺长雄在晚清政府的立宪改革中的影响到底有多少,目前却无从考证。①

晚清政府准备制定宪法进行改革的过程中,主要需要解决的问题之一就是责任内阁。有贺长雄提倡的责任内阁,就是明治维新时期日本所践行的二元制下的君主立宪体制。这种体制兼具了西方近代化宪法体制的优越性和日本天皇万世一系的国家情况,是适合日本的一种国家体制选择。但是从长远的眼光来看,在日本二元制的君主立宪体制下,内阁的权力要远远超过司法和立法,而司法和立法的权力最终的归属是天皇,这就产生了日本的这种二元制下的君主立宪体制。有贺长雄认为,日本二元制的君主立宪体制中的君主的本质是公法中的国家机关。从后来的晚清政府的改革动向来看,基本符合有贺长雄的相关看法。在晚清政府准备制定宪法的改革中,有贺长雄关于近代化宪法体制中"责任内阁制"的理论被当时晚清赴日的考察团的大臣所采纳,但是一直到晚清政府覆灭,有贺长雄的近代化立宪改革也未能真正地实现。其原因主要在于晚清政府对君主和内阁的关系的看法。

二、冈田朝太郎的刑法思想在刑事立法中的影响

(一)近代化的刑事法律原则的引入

如前文所述,冈田朝太郎对废除中国传统法律中的比附援引原则,确立近代化刑事法律中的罪刑法定原则有自己的看法。他在法

① 参见熊达云:《洋律徂东:中国近代法制的构建与日籍顾问》,社会科学文献出版社2019年版,第23~32页。

律草案的编写过程中，主要是通过逐步渗透的方式，用西方近代化的刑事法律理论中的罪刑法定原则代替中国传统法律理论中的比附援引原则的。对于罪刑法定原则，他认为这一原则可以弥补中国传统刑事法律理念对刑事法典的约束的缺陷，解决传统刑事法律案件的审理中长期采用比附援引原则断案的问题，以及长久以来形成的“举重以明轻、举轻以明重”的定罪量刑方法。将西方近代化的罪刑法定原则写入中国的刑事法典中，标志着中国的刑事法律已经开始走向了近代化。但是，基于历史和现实的原因，中国法律近代化初期的刑事法典虽然在文本中引入了罪刑法定原则，但是同时还作了补充规定，即在没有明确的法律条文作为审理案件的参考时，可采用比附援引原则断案。这一规定无疑是法律近代化道路上对历史环境和现实因素的一种妥协，在司法实践中，就导致了许多非刑事法律案件通过比附援引原则而应用刑事法律进行惩处。但是，这依然不能否认，冈田朝太郎提出将罪刑法定原则规定到中国近代化的刑事法典中的这一观点推动了中国近代化刑事法律的前进。[①]

（二）犯罪论的近代化

谈起近代化的刑事法律理论问题，关于因果关系的争论始终没有停息。对此，冈田朝太郎提出，因果关系问题要区分两个维度，一是事实上的因果关系问题；二是刑事法律中的因果关系问题。现实中的因果关系是远远大于刑事法律中所涉及的因果关系的。所以，冈田朝太郎再三强调要区分二者的内涵和外延。现实生活中的因果关系是错综复杂的，犯罪嫌疑人在实施危险行为的过程中会实施很多行为，最后的危害后果是由多种行为引起的。例如，故意杀人

① 参见［日］冈田朝太郎口述，熊元翰编：《刑法总则》，上海人民出版社 2013 年版，第 3～7 页。

案件中,在开始实施杀害被害人这个危险行为以前,行为人要提前准备好杀人工具,以及对被害人的基本生活规律了解后,再着手行动。冈田朝太郎编纂的《大清新刑律》中加入了近代化刑事法律中的因果关系理论,主要体现在第182条和第299条的放火罪和杀人罪的条文中,明确了在相关案件的审理中要应用因果关系理论。[①]

在犯罪学的理论中,对作为和不作为的概念的界定一直都存在学说和理论之间的争论。例如,有人认为这是不同种类的犯罪类型,有人认为作为犯罪和不作为犯罪有一定的联系但也有一定的不同。冈田朝太郎通过自己多年的学习和对该问题的理解,认为作为犯罪和不作为犯罪应该属于不同的犯罪种类,在法典中要给予区分规定。例如,典型的作为犯罪中的积极的伤害行为和杀人行为。就此,冈田朝太郎提出,如果负有抚养义务的人不履行抚养义务抛弃被抚养人,其中的抛弃行为就属于不作为的犯罪行为,在定罪量刑上就应该按照杀人罪论处。在《大清刑律草案》中也有相关的规定,"凡发见被遗弃之老幼,不具,或病者,而不与以相当之保护,或不申告中略吏员者"[②]。冈田朝太郎认为,消极行为产生了危害结果,应当按照不作为犯罪的处理方式定罪量刑。

此外,针对这条中的"不与以相当之保护"的理解,冈田朝太郎认为,这涵盖了两种意思,包括积极行为也包括消极行为。例如,假设犯罪嫌疑人将被害人非法拘禁在一处,通过不给被害人食物的形式让被害人自然死亡和将一个已经没有独立行动能力的人送到一个非犯罪嫌疑人可以控制的区域的效果在本质上是一致的,虽然一

① 参见[日]冈田朝太郎口述,熊元翰编:《刑法总则》,上海人民出版社2013年版,第13~23页。

② [日]冈田朝太郎口述,熊元翰编:《刑法总则》,上海人民出版社2013年版,第48页。

种是消极危害行为，另一种是积极危害行为，但是产生被害人死亡的后果却是一样的，所以都是犯罪行为。从立法例上来讲，作为国家的公务人员或者是负有一定义务的人员，在接受报案后，应当迅速应对，采取措施保护被害人。这一条文就包含对积极行为和消极行为的规定，其中如果出现负有义务却不履行责任的情况就以不作为犯罪论处。所以，在立法技术上，冈田朝太郎认为，要在法律条文中明确作为犯罪，并且区分积极行为和消极行为。综上，对犯罪的要件，冈田朝太郎认为，要分别对消极危害行为和积极危害行为作出规定。这一观点在中国刑事法律近代化中得到了体现。①

关于犯罪未遂形态的处理规则，犯罪论中的又一理论难题，即犯罪形态问题中的未遂形态问题也受到修订法律草案的法学专家的重视。对此，冈田朝太郎将犯罪未遂形态定义为，在犯罪嫌疑人将所有的犯罪行为全部实施终了后，犯罪后果已经初步呈现，但是由于犯罪嫌疑人意志以外的原因其犯罪目的最终没有实现。在对于犯罪未遂形态的处理原则上，冈田朝太郎认为，如果是程度上比较轻的犯罪行为的未遂形态，可以酌情视为免除法律责任的理由，不视为犯罪，不受刑事法律的处罚。如果无法确定该犯罪行为是否构成危害行为，要视具体情况而定，不可主观臆断而对案件作出判决。对于犯罪未遂的形态应当在具体的法律条文中规定具体的量刑。就此，冈田朝太郎认为，中国近代化的刑事法律中要体现这一要求，即对于犯罪未遂形态的量刑要有明确的规定，并且以文本的形式呈现出来，在具体条款中规定犯罪未遂形态的处罚原则，以列举的形式呈现，来实现确定性。例如，在违警罪中规定，违警的犯罪

---

① 参见[日]冈田朝太郎口述，熊元翰编：《刑法总则》，上海人民出版社 2013 年版，第 32～49页。

未遂的行为基本上都是比较轻微的犯罪行为，所以，在刑事法律中对于违警类犯罪的未遂行为基本不予处罚。在冈田朝太郎参加编订的《大清新刑律》的草案的第340条规定的侮辱罪中，主要涉及对犯罪未遂的行为是否具有社会危害性不能通过主观的标准来确定，而要通过客观的依据进行综合判断，具体表现为，通过语言行为或者肢体语言动作侮辱被害人的犯罪未遂形态就意味着，既没有言语上的侮辱，也没有肢体语言上的侮辱，虽然有犯罪嫌疑人的主观恶意存在，但是没有事实上的危害结果呈现出来，所以其危害性也无法体现。对此，刑事法律理论也无能为力，这种情况也无法列入犯罪未遂形态的处理中。①

关于犯罪未遂形态的处罚理论，冈田朝太郎认为，应该将“得减主义”视为犯罪未遂形态的处罚的理论原则，并且要明确规定在法律条文中。这主要体现在《大清新刑律》的刑事法律分则部分中明确了“得减主义”理论，在这部法律的总则中则没有涉及。这其实是一种相对来讲比较折中的方案。在司法实践中，负责审理案件的司法工作人员在审理犯罪未遂案件并对其定罪量刑的时候，要在客观的基础上进行主观上的评定，着重评定犯罪嫌疑人在主观上是否存在故意，根据案件中呈现出来的情况决定从轻处理、减轻处理或者是缓刑处理。但是如果实施的是反复在法律边缘来回试探的边缘危险行为，同时出现屡教不改的情况，则可以对该名犯罪嫌疑人按照犯罪既遂处理，如果有悔罪的情况，则可以适当酌情减刑处理。这些对犯罪未遂的减轻刑罚的处理原则，基本上是在冈田朝太郎的

---

① 参见[日]冈田朝太郎口述，熊元翰编：《刑法总则》，上海人民出版社2013年版，第112~128页。

坚持下,写入中国刑事法律近代化的法典中的。[①]

(三)刑罚理论的近代化

在刑事法律理论中,另一个要解决的重要理论问题就是如何对犯罪嫌疑人进行刑事处罚。对此,冈田朝太郎认为,打击犯罪行为的目的是防止犯罪行为的再次发生,在处罚犯罪嫌疑人的时候要注意对犯罪嫌疑人的教育。所以将对犯罪嫌疑人的教育和处罚相结合,是冈田朝太郎十分认同的做法。例如,对于不足十六周岁的青少年,由于这类青少年在心智上还不是很成熟,所以对于这一类型的青少年免于刑事处罚;对于已经超过十六周岁,但是还没有到二十周岁的自然人,因为其已经具有了一定的常识,但是还处于涉世未深的状态,所以对这部分人可以酌情减刑或者不予减刑。可见根据犯罪嫌疑人的刑事责任年龄来对犯罪嫌疑人的犯罪行为给予量刑上的考虑,体现了中国刑事法律的近代化。此外,《大清新刑律》第 11 条和第 49 条中还进一步规定了,无完全刑事责任能力行为人的年龄是不满十六周岁的青年人,对于该类人的犯罪行为不予追究刑事责任;对十六周岁至二十周岁的完全刑事责任能力行为人可减刑。[②] 对于适用减刑人员还包括犯罪嫌疑人如果是八十周岁以上的老年人可以视情况予以减轻刑罚,这也是传统中国敬老恤幼在法律理念中的体现。这项规定并非来自西方近代化的法律理念,而是中国传统法律文化的体现,就这一点而言,是符合中国的实际情况的,这可以说是中国法律近代化中的一种进步。

此外,通过借鉴西方近代化的法律理论,中国近代化的刑事法

① 参见[日]冈田朝太郎口述,熊元翰编:《刑法总则》,上海人民出版社 2013 年版,第 112 ~ 128页。

② 参见[日]冈田朝太郎口述,熊元翰编:《刑法总则》,上海人民出版社 2013 年版,第 21 页。

律理论中加入了对精神有问题的人员的违法犯罪问题的量刑原则。例如,在刑事法律草案中规定犯罪嫌疑人如果是精神病人,涉及犯罪的行为不视为犯罪处理,不区分其年龄与状态,其是不负刑事责任的。但是要对实施该犯罪行为的精神病人采取强制送入精神病院的措施,并且对其进行治疗,防止犯罪行为的再次发生。而对上文中的两种未成年人的犯罪行为则是根据犯罪嫌疑人的具体情况进行强制教育,通过这种教育和感化的形式,改变未成年人的心理,帮助其树立正确的价值观。但是,冈田朝太郎的这一想法虽然具有近代化意义,但是,限于当时的历史条件,未能真正地写入法典中,这也可以说是一件遗憾的事情。

在刑罚的执行方式问题上,冈田朝太郎主要研究了英美法系中的刑罚执行方式,尤其是美国刑法中关于缓刑的相关规定。他提出要对符合一定条件的人实行缓刑制度,这样更加有利于对犯罪嫌疑人的矫正,减少在监狱执行给服刑人员带来的与社会的割裂感。所以,冈田朝太郎积极推动对中国传统的监狱法律制度进行改革,并且通过法律文本予以保障。①

在中国传统的刑罚执行体系中,死刑的执行方式一直多种多样,重刑主义的情况一直都存在。针对这样的情况,冈田朝太郎提出,对死刑的执行范围和死刑的执行方式要有一定的限制。例如,《大清刑律草案》第 39 条中规定,死刑的执行要经过法部的审核,否则不能执行,②以及如果是对孕妇判处死刑,那么基于人道伦理的考量,建议在分娩后,视情况由法部决定是否执行死刑。这些都是西

① . 参见[日]冈田朝太郎口述,熊元翰编:《刑法总则》,上海人民出版社 2013 年版,第 199~211页。

② 参见[日]冈田朝太郎口述,熊元翰编:《刑法总则》,上海人民出版社 2013 年版,第 47 页。

方近代化的法律理念在中国法律近代化初期的体现。同时具体到死刑的执行方式,冈田朝太郎认为,应当规定尽量减少犯罪人员痛苦的方式来执行死刑,以快速而且有效的方式执行死刑。但是这种更加具有人文特色基于人道主义考量的死刑执行方式,却遭到了修订法律人员中顽固势力的强烈反对,这部分人坚持认为死刑的具体执行方式应该以传统的死刑执行方式为主,这样更能体现法律的权威和震慑作用。例如,传统死刑执行方式中的斩刑,这是一种极其残酷的死刑执行方式,执行斩刑是将被执行人的头部和躯干部分分离,这种刑罚的执行方式不仅使得被执行人的肉体痛苦,同时也在心理上给被执行人以沉重的打击。这就突出了法律的权威性,以及对违法犯罪的震慑作用。对此,冈田朝太郎提出了不同的观点,他认为这部分持有保留意见的修订法律人员在观念上不能随着时代而改变,不适应近代化法律理念的发展潮流,并且提出死刑的执行方式仅仅是一种结束被执行人生命的方式,不应该给被执行人造成更大的心理伤害。此外,冈田朝太郎对传统的死刑执行方式中的绞刑也持否定态度,他认为这种残酷的死刑执行方式是极其不人道的,不符合法律近代化的基本理念。就围绕死刑执行方式等一系列问题,冈田朝太郎与修订法律人员中部分持保守观点的人开展了一次论战。

三、松冈义正民法思想在民事立法中的影响

(一)近代化的人格权制度

谈到人格权的问题,在传统中国的法律文化中人格权制度一直处于没有被写进成文法法典中的状态,形成一套完整的法律体系更是无从谈起,人格权的概念一直处于缺位的状态。对此,松冈义正主张,近代化的法律理念中,突出了对于人的生命权、健康权等基本

人权的保障，对于基本人权的保障不仅体现在宪法和刑事法律中，更应该在民事法律中有所体现，而且民事法律对人的基本权利的保障更加完整，在司法实践中更加具有应有性。由此，松冈义正提出要在中国民事法律近代化改革中加入人格权的概念，明确近代化民事法律制度中人格权的内涵和外延。例如，在他参与编订的《大清民律草案》的总则和第二章中，就明确了近代化民事法律制度中人格权的概念，在其中第五节的部分通过7个法律条文，规定了人格保护问题。此外，在《大清民律草案》的第49条规定，“权利能力及行为能力不得抛弃”。紧接着的第50条规定，“自由不得抛弃。不得违背公共秩序或善良风俗而限制自由”。这两条集中体现了人格权中人格尊严的问题，突出了自然人的权利能力和行为能力是自由的，是不可以被随意地剥夺的。这就在法律文本的层面体现了法律认可人的权利能力是生来就有的，尊重和保护人的自由和平等，人的行为能力是要与自身的健康、心智等水平相适应的。在该法律的第51条规定中又进一步深化了对人格权的保护。该条规定了人格权概念，即“受到人格关系的侵害，有权请求立即终止侵害行为，并可主张损害赔偿和精神抚慰赔偿”。这一条关于人格关系的定义，对保障合法的人格权利是十分必要的。此外，在第二编的第八章中对侵权行为要承担的法律责任进行了规定，还对人的身体安全权、自由权以及名誉权等属于人格权利的问题进行了界定。在第52条、第53条、第54条、第55条中，对人格权利中的姓名权的登记、变更、撤销等一系列权利进行了规定。这突出地体现了民事法律近代化中人格权利的重要作用以及对中国法律近代化文明的意义。

（二）所有权的近代化

关于所有权的问题，历来是民事法律体系中的一个重要的问题，由此展开的学理上的争论也一直存在，主要集中在限制原则还是绝对主义的问题上。对此,松冈义正支持对所有权采用绝对主义原则,他认同所有权的权利基础是物质性层面、法律规定范围内以及事实行为中的权利。例如,在他参与编订的《大清民律草案》中就有所体现,其中就有关于土地相关权利的立法,集中地体现了所有权的绝对原则。“关于土地的所有权在权能方面是具有绝对属性的,其权利的使用应该在法律规定的范围内,并且权利人使用所有权不应该受到别人干涉,所以,土地的所有权在权能上具有唯一的属性,也就是说,同一物上有且只有一个所有权,由此可见,土地所有权集中反映了物权的基本原理和规定”①。但是为了平衡各个方面的利益,松冈义正提出所有权人在行使其权利的时候,不可以违反社会公共利益和资源,也不能与其他权利人产生纠纷。所以,松冈义正所认同的明确所有权绝对原则不仅要在法律层面实现,还涉及现实层面。② 但是,现实社会的司法实践中,对于所有权人行使其权利时与其他权利人的界限问题很难判断,如果将这一问题的最终裁判权交给审判者行使自由裁量权来辨别,这可能会导致权利争端双方基于侥幸心态而引发更多的民事纠纷。此外,该法律文本中仍然存在保护传统社会私有土地所有权的问题,实现了民事法律传统性与近代化的结合,提高了该草案的实用性。

松冈义正强调近代化的民事法律的立法价值在于坚持对公民个人私有权利的保护,这集中体现了公民个人的人格尊严和自由。同时,明确公民个人所有权的属性,对于满足社会个体的物质需求,物尽其用,对社会资源优化配置起了一定的促进作用。遗嘱作为公

① 顾云昌、刘洪玉主编,中国房地产业协会、清华大学房地产研究所编撰:《世界房地产业100年:1~2》,中国轻工业出版社2003年版,第237页。

② 参见[日]松冈义正口述,熊元楷、熊元襄编:《民法总则》(上),上海人民出版社2013年版,第40~49页。

民个人取得所有权的重要形式之一,作为处理私人财产的一种方式,应当受到法律的规范。松冈义正主张,在法律上承认遗嘱制度就意味着人可以自由地支配自己的财产,是实现人的自由的一部分。在《大清民律草案》中,松冈义正根据对中国国情的了解,提出在法律规定的范围内确定遗嘱自由制度,主要涉及遗嘱的设立方式、设立遗嘱的效力、遗嘱如何执行、遗嘱如何撤销。在具体规定上,松冈义正提出基于个人真实的意思表示是遗嘱成立的基础,规定了三种遗嘱的继承方式,也规定了遗嘱无效的情况以及撤销遗嘱的方式。但是对于遗嘱继承的继承人范围没有明确的规定,而是主要沿用了传统中国的宗祧制度,合法的继承人有死者的直系血亲卑亲属,而且限定为男性,适用嫡长子继承制。当出现被继承人没有男性的直系血亲卑亲属时,则应立嗣,再由嗣子进行遗产继承。如若被继承人既没有男性的直系血亲卑亲属也没有立嗣,就会出现继承人与被继承人没有血缘或者是身份上的关系的情形,此时的继承人称为遗产承受人。在《大清民律草案》的第 1466 条、第 1467 条、第 1468 条中明确规定了继承的顺位问题,第一顺位继承人是直系亲属及嗣子,第二顺位继承人为配偶、父母、其兄弟、亲女,第三顺位继承人是义子和收养三岁以下的幼儿和入赘的女婿,即我们上文提到的遗产承受人,但是根据法律规定仅仅酌情分配一定遗产。还对妻子可以继承丈夫部分财产的情况进行了规定。这突出地体现了近代化民事法律制度与中国传统制度的融合,体现了社会改革时期法律的多重性质。①

在其他权利方面,传统社会的法律体系中刑民合一的情况长期

---

① 参见[日]松冈义正口述,熊元楷、熊元襄编:《民法总则》(上),上海人民出版社 2013 年版,第 44 ~ 49 页。

存在,没有独立完善的民事法律体系,民间的习惯在社会生活中起到重要的作用。为了法律的近代化,建立一个民事法律的近代化体系也迫在眉睫。所以,松冈义正考察了当时中国社会中民间的交易习惯,在参与修订民事法律草案的时候,将涉及人、团体、土地权等多方关系的习惯规定通过法律条文的形式写入法律文本中。这种习惯法的加入,使得制定出来的民事法律不仅具有近代化法律的意义也具有很大的实用性,突出了法律在现实生活中的实用价值以及指导意义。但是限于社会环境政治局势的不稳定,导致这种对于民间习惯法的考察工作没有全部完成,在立法成果上出现了折扣。

(三)近代化的契约自由

契约自由是近代化民事法律的基本理念之一。松冈义正认为,中国民事法律的近代化需要契约自由原则,这主要规定在《大清民律草案》的第一编法律行为中的契约和第二编债中契约的部分,在这两部分中,契约的性质被规定为法律行为。具体到该草案中的第200条规定,解释意思不仅应作出字面解释还应切合实际延伸解释,第211条补充规定,契约成立的条件是只要满足基本的要件,即可成立契约,对于其他事项可以暂时不予商定。同时,松冈义正认为契约成立的核心要件在于契约双方当事人在意思表示真实的情况下达成合意,这是近代化民事法律精神的突出特点。将契约自由的精神在近代化的民事法律中得以体现,是法律改革的必然需要。所以,松冈义正认为契约自由精神应该在法律中充分体现。例如,在《大清民律草案》的第395条中规定,依据民事法律中的契约自由处理意思表示真实一致的双方当事人达成契约合意后的问题。①

① 参见[日]松冈义正口述,熊元楷、熊元襄编:《民法总则》(上),上海人民出版社2013年版,第49~57页。

此外，近代化民事法律中的契约自由还体现在对利息的规定上。例如，《大清民律草案》第30条规定，当事人双方因为债权行为而产生的利息，除了法律的特别规定外，其年利率范围应控制在5%以内。松冈义正认为，如果对债权行为而产生的利息不加以法律上的规定，就会产生在利息问题上的民事纠纷。所以，通过对中国债权关系中的习惯和交易原则的考察，将年利率控制在5%以内，并且由法律条文规定出来。同时规定，如果成立债权关系的当事人双方关于债权利息的合意规定年利率高出6%，那么债务人在法律规定的时间之后，享有随时还本付息的权利，这主要体现在《大清民律草案》的第331条。由此可见，松冈义正对债权关系中的利率通过法律明文规定实行有效的限制，对超过法律规定的利率过高的部分，在审理该案件的过程中对利率高出法律规定的部分不给予支持。其原因主要在于，现实生活中的民间借贷关系多是基于救急产生的，这就导致债权人通常会与债务人"商定"一个高于法律规定很多的年利率，所以，基于对债务人的偿还能力的考验，法律不规定利率的归还期限，一年后可以由债务人视情况自由选择偿还。这种对债务人的盘剥问题，有悖善良风俗，应予以严格禁止。[①] 法律对于普通民间借贷利率上限的规定，是中国民事法律近代化的重要标志。

（四）近代化的过失责任

近代化民事法律制度中的过失责任，源自《法国民法典》中的相关规定，此后受到世界各国法学专家们的推崇。进入19世纪后，过失责任逐渐成为民法学界认可的原则之一。松冈义正认为，该

① 参见陈宁英：《从〈大清民律草案〉"亲属""继承"两编的界定看我国法律文化的近代转型》，载《中南民族大学学报（人文社会科学版）》2005年第6期，第75～78页。

原则是民事法律近代化的标志之一,所以,他特别支持在《大清民律草案》中确立过失责任原则。过失责任原则主要规定在债权部分和侵权行为部分,共涉及了三十多个条文。例如,在《大清民律草案》的侵权行为部分中的第1条就规定了承担损害赔偿义务的情况,即因故意或过失而侵害他人合法权利的行为发生的时候。松冈义正提出,因为侵权行为而承担损害赔偿责任,既不应当区分主体,也不应该区分行为人主观上是故意还是过失,否则对于受害人而言,他的合法权益就无从实现。针对这一情况,该法案的第946条和第947条又进行了具体规定,如第946条规定,如果其故意或过失行为违背法律法规,将视为前条规定的加害行为。松冈义正认为,法律价值在于使得公民合法的权益受到保护,同时对公民的行为进行规范。如果出现违法违规的行为,产生了损害他人合法权益的后果,就必须对受害人承担损害赔偿责任。此外,松冈义正认为,公民的个人隐私属于公民的合法权益,应该受到法律规范的保护,如果故意泄露他人秘密或者侵犯他人的隐私,也应承担损害赔偿责任。①

在《大清民律草案》中,还涉及近代化法律理论中的特殊侵权行为。例如,第948条、第956条的相关规定就是特殊的侵权行为,即将过错推定责任原则应用于侵权行为中。过错推定原则最为核心的要义就是举证责任的倒置。这一归责原则的立法,使得《大清民律草案》更加具有科学性和体系化,在司法实践中更加具有可行性,能够合理地分配当事人双方的损害赔偿责任。

---

① 参见孟祥沛:《〈大清民律草案〉法源辨析》,载《清史研究》2010年第4期,第103~106页。

四、志田钾太郎商法思想在商事立法中的影响

(一)公司责任的近代化

中国传统的商业活动中,由于商品经济不是很发达,所以企业的性质通常是以合伙为主,人合性质的企业占主要地位,企业的成员共同约定了企业的章程,对外承担无限责任,每名企业成员的持股比例在承担责任上没有明显的界限。但是,随着不断变化和发展的社会经济的需要,这种企业的模式发生了很大的变化,企业的经营和管理模式开始逐步向西方近代化的公司经营和管理的方式转变,开始接触到一些股份有限公司的运营方式,但是仍然存在许多不足之处。在司法实践中,由于法律规范存在漏洞,所以不免出现一些影响商业秩序的问题。就此志田钾太郎提出,原来的合伙承担责任的方式已经不能满足社会发展的需要了,商事法律改革已经势在必行。在制定具有中国近代化的商事法律性质的《公司律》时,志田钾太郎认为应该参照西方近代化国家的立法方式,在具体对公司的类型进行划分的时候区分有限责任和无限责任,对有限责任公司的股东的有限责任进行确认;同时对无限责任公司则规定,如果出现公司破产的情况,要对股东承担的责任进行确认。志田钾太郎还提出,在制定《公司律》时,在公司类型中划分了合资有限责任公司,并且对该公司的类型进行了说明,即合资有限责任公司是由两人及两人以上合资设立的公司形式,同时明确了合资有限责任公司如果出现亏损、破产、产生债务的状况,应对公司资产查明,将公司财产全部清偿,对于无法清偿的债务,债权人有权向公司的合资人追偿。而对股份有限公司则规定了,其人数应为七人及七人以上,股份有限公司如果出现破产后资不抵债的情况,其债权人则不能向股份有限公司的股东追偿。

对“无限责任”，志田钾太郎作出了进一步的解释，对于民间私人成立公司后没有到主管部门进行注册登记的，如果出现资不抵债的情况，则该公司适用无限责任，债权人向股东追偿。如果承担无限责任的公司资不抵债，债权人可以直接追偿股东的个人资产。①

中国商事法律近代化的过程中，针对有限责任制度的立法，变革了中国传统的商业经营模式，促进了中国公司经营的发展，推动了中国近代化商业公司经营机构的出现；通过《公司律》对公司结构和商业活动的规定，规范了当时中国的商业经济秩序，推动了中国近代化经济的发展。

（二）公司治理的近代化

志田钾太郎认为，近代化的公司机构应该实行将权力分开治理的形式，并制定相关的法律规范，通过立法的形式对公司内部的机构进行规制，以达到保护公司投资人的目的。随着社会经济的发展，公司再扩大的需求，运用法律规范的手段对公司的治理模式进一步规制，已经逐步提上日程。但是因为当时的公司还没有出现体系化的管理层，所以《大清商律草案》中仅在股东大会、董事会部分对公司治理结构进行了规定。

近代化商业活动中公司的基础是其股东，尤其是股东的资金，没有了充足资金的支持，公司就不能正常从事商业活动。而股东通过公司这个商业实体来从事商品经营活动后取得利润，则是股东出资的目的。所以，法律必须对公司的行为、管理和经营模式加以规范，并且赋予股东监督公司行为的权利来保障股东合法权益的实现，但为公司完成出资的股东在履行了出资义务后，不可对公司的

① 参见杨本娟：《简论志田钾太郎与清末法制改革》，载《淮海工学院学报（人文社会科学版）》2012 年第 20 期，第 20～22 页。

合法行为进行过多的干预。[①] 根据法律规定，公司股东大会主要职能为监督和决策，包括对公司报告的审阅，对账目的查看的权利，享有分红的权利，推选公司董事的权利。志田钾太郎主张要对股东的表决权给予充分的保障，如果出现召开股东大会而股东未能及时参加的情况，可以由股东委托代理人参加。但是该代理人仅拥有股东授权事项的表决权，超出代理权限的代理行为无效。志田钾太郎提出“一股一权”，而且该主张被吸收到中国近代化的商事法律中，并在此基础上规定了公司独立的人格权，赋予公司制定公司章程的权利，平衡大股东和小股东的利益。这标志着中国商事法律近代化有了一定的发展。

此外，法律规定，公司的决策权归股东大会，但是仅针对涉及公司的重大事项享有决议的权利，以及监督公司的经营情况。而其他公司日常的管理事项由公司的董事会处理，董事会是公司的执行机关，股东大会通过投票选举产生董事。同时，针对董事的聘任、离职、薪资待遇、任期，以及董事的忠实义务等问题进行了具体的规定。例如，法律规定，公司的董事对公司负有忠实的义务，未经过股东大会的表决许可，禁止竞业，禁止自我交易的行为。作为公司日常管理人员的董事是股东利益的代表者，所以，董事对公司负有忠实义务，必须保障公司利益的实现。

（三）保险利益的近代化

近代化的保险制度的出现，是来自人们规避风险的需要。由于风险具有偶发性的特点，所以直接导致了保险赔付同样具有偶发性特点，基于这一特点，法律必须对保险制度加以规制。在晚清政府

① 参见李贵连：《〈大清新刑律〉与〈大清现行刑律〉辨正》，载《法学研究》1982 年第 2 期，第 44～49 页。

推动商事法律近代化的过程中，志田钾太郎认为，应该在商事法律中加入保险法律规范的内容，并在商事法律领域确定保险利益原则。关于保险利益原则的规定主要涉及两个方面，一是拥有投保资格的是拥有保险利益的人；二是投保人不具备投保条件，若投保人未诚实告知，造成保险人不知情而与投保人签订合同，则认定为保险合同失效。[①] 据此而言，具有一定保险利益的投保人才是适格的投保人，投保人适格是该份保险合同能够生效的前提和基础。所以，志田钾太郎提出，具有保险利益的人是适格的投保人，只有这样的人投保，保险合同才能成立。[②]

为了使得保险利益原则更加具有实际意义和合理性，志田钾太郎进一步提出，保险利益要限制在补充损失的范围内，而用于补充损失的保险金的发放对象是被保险人，而非保险人自己。这也就意味着，被保险人本身具有保险利益，故而成为了该份保险合同中的保险标的。所以，志田钾太郎进一步提出，涉及人身保险的保险合同不适用保险利益原则，而应该适用同意主义。也就是说，该份人身保险合同的成立要件不仅是前文中提到的享有保险利益的人，还要投保人与保险人的协商，只有得到保险人同意合同才能成立。在《大清商律草案》中就对此进行了严格的规定。这是保险利益原则在中国商事法律近代化中的体现。

（四）代位求偿权的近代化

关于代位求偿权的近代化问题，志田钾太郎提出，代位求偿权主要发生在第三人行为损害被保险人的保险权益时，保险人向被保

① 参见任满军：《晚清商事立法研究》，光明日报出版社2012年版，第87页。

② 参见余兵：《我国保险法制建设的历史回顾及其思考》，西南财经大学2000年硕士学位论文。

险人承担赔偿权利后，保险人即取得向第三人请求赔偿的权利。该项权利是国际公认的基础性保险原则。[①]

保险法律中的代位求偿权在本质上是一种债权关系的转移。其“权利实现的前提条件是被保险人对第三人的损害行为享有赔偿请求权”[②]。此外，该权利的实现范围应该以保险人所实际赔付金额为限。针对如何取得保险代位求偿权的问题，志田钾太郎认为，保险人理赔后自动取得保险代位求偿权。志田钾太郎关于保险代位求偿权的观点在《大清商律草案》中也有所体现，例如该草案的第216条规定：由于第三人的不当行为而导致损害的，保险从业方向被保险人赔付了应该赔付的保险金后，在他们赔付的范围以内，保险从业方即可以实现保险人或者是被保险人对行为第三人所享有的相关权利。[③] 虽然《大清商律草案》中关于保险法律制度的规定没有实施，但是保险法律制度的相关内容已经逐步融入中国近代化的商事法律中。

五、小河滋次郎近代化监狱制度理念对立法的影响

（一）监狱的近代化

中国监狱法律制度的近代化，其中一个重要的层面就在于，服刑人员执行场所——监狱的近代化。这首先体现在，罪犯习艺所的建立，小河滋次郎认为，中国传统监狱制度中的习艺所，是为了弥补刑罚实施中的不足所设的，并不是近代化的监狱，但是晚清政府时

① 参见房绍坤、李晓安：《保险合同若干问题探讨》，载《烟台大学学报（社会科学版）》2002年第2期，第151～156页。

② 史洪智：《议案博弈：资政院常年会与〈改订大清商律草案〉》，载《河南大学学报（社会科学版）》2015年第1期，第87～95页。

③ 修订法律馆编：《大清商律草案》，修订法律馆1909年版，第1875～1911页。

期国库财力空虚，所以将习艺所改建成监狱的工程在全国开展起来，因此，习艺所成为中国近代化监狱的雏形。对此，小河滋次郎认为，具有近代化监狱性质的习艺所是对服刑人员执行刑罚的场所，要注意防范服刑人员外逃，同时要对服刑人员进行思想道德教育，此外，习艺所实质上是通过对服刑人员隔离社会大众的管束，进行思想上的再教育，帮助这些服刑人员从思想和心灵深处认识到自己的错误。同时，在习艺所中，建立规范服刑人员的劳动制度，节省国家的专项经费。此后，随着晚清政府法律改革的推进，习艺所也在各个地区建立了起来。但是，由于中国各个地区的情况有所不同，各个地方的习艺所的建置程度和规模也不尽相同。不可否认的是习艺所在各个地区的相继建立，以及管理模式的推广和法律制度的不断完善，推动了中国监狱的近代化进程。

由于习艺所在管理和设施配备上比较基础，在该处执行刑罚的服刑人员多属于罪行轻微的人，所以，具有近代化性质的模范监狱应运而生。针对近代化监狱的建立，小河滋次郎认为，中国近代化的监狱要学习西方近代化的监狱制度，在结合中国传统监狱制度的基础上建立分房、杂居的近代化监狱制度。例如，湖北省在湖广总督张之洞的支持下，依照小河滋次郎的建议建立了近代化的监狱模式，并参考了日本东京的监狱模式。在监狱的牢房设置方面，分为三人的监房、一人的监房；针对特殊人员还设置了严禁监，以及独居暗室等监房，同时配备了监狱的配套设施。在监狱的行政管理方面，对传统的监狱官吏制度进行了革新，设立典狱官、副狱，他们的品级分别与通判、州判相对应。在监狱的感化教育管理方面，设立书记生、教诲官以及医官等。由此开始，具有近代化意义的监狱模式逐步发展到全国，包括京师在内的多个省市积极学习这种监狱模式。其中，京师地区近代化监狱的改革是小河滋次郎亲自指导设计的,包括监狱的构造,监狱的功能区,监狱的行政管理区,以及服刑人员的居住区等。监狱主要由三个区组成,即前区、中区、后区。其中前区和中区主要是多功能区和行政管理区,包括大门、教诲室、运动场、中央事务所、典狱室、课员室等;后区主要是服刑人员的生活居住区。由小河滋次郎亲自参与指导建立的京师监狱,为以后中国近代化监狱的建立提供了模板,进而推动了中国近代化监狱改革。①

(二)监狱官吏的近代化

关于中国监狱法律制度的近代化,小河滋次郎认为,监狱是对服刑人员执行刑罚的地方,监狱要配置专门的管理人员,再配合体系化的监狱管理制度和完善的监狱设备,才能实现对服刑人员的教化作用。所以,小河滋次郎提出,针对监狱的官吏要设置管理制度,同时要求监狱官吏要具备一定的资格。在晚清政府主推的法律改革中,小河滋次郎担任了此次监狱法律制度改革的顾问,着力对晚清时期的监狱制度进行改革,在绿营中选出了一部分身体健康而且具有一定文化程度的士兵作为巡警,并对这些人进行警法教学,再通过考核筛选,合格的士兵就能担任监狱的官吏。伴随着监狱官吏制度的逐步健全化,监狱官吏管理的逐步推动,在法律方面,也颁布了《司法警察职务章程》,该部法规对警察和司法巡警作了进一步细化分类,其中协助检察院进行调查和执行职能的是警察,并且将直接逮捕犯罪嫌疑人和先行审讯的权力的职能交由巡警负责,而检察厅负责重大疑难案件的起诉,如果审判厅有传讯审问犯罪嫌疑人的需要时,由检察厅将案件转回巡警那里,并对巡警工作进行监督。

---

① 参见王志亮:《清末民初:中国监狱现代转型肇始研究》,中国法制出版社 2011 年版,第 17 页。

通过《司法警察职务章程》明确了审判、检察、警方三方的职能，推动了中国司法制度的近代化。

（三）监狱法律的近代化

中国近代化监狱制度的发展，其中另一个重要的部分就是制定近代化监狱法典。小河滋次郎认为，没有专门性的监狱立法是传统中国监狱中服刑人员长期受到压迫的重要原因，所以，完善近代化的监狱法律制度，颁布近代化的监狱法律规定是亟待解决的问题。只有这样才能使得监狱官吏在执法时有法可依、有法必依，才能使得服刑人员的基本人权有所保障。对此，晚清修律大臣沈家本十分赞同小河滋次郎的想法，针对监狱的相关问题进行专门的立法，以此来推动中国监狱的近代化改革。

由此，法部在了解了中国传统监狱制度情况的基础上，参考了西方近代化的监狱法律规范，以及日本近代化监狱法的相关规定，开始制定中国近代化的监狱法律，实现从具体层面规制监狱管理中的问题，同时将其写进《大清监狱律草案》中。为了不加重地方政府的财政负担，小河滋次郎指出，关于监狱管理的相关财政支出应由中央政府和地方政府共同负担。这突出地体现了小河滋次郎关于近代化监狱法律问题的相关看法，推动了中国法律近代化初期监狱法律制度的发展。

第三节　日本法学专家对中国法律近代化初期的影响

一、日本法学专家对中国法律近代化初期的积极影响

中国法律近代化的初期，由晚清政府主导的法律改革，有多位日本法学专家参与，他们的法学理论和观点在近代化法律的编纂过

程中革新了中国法律的理论，帮助中国法律实现了从传统到近代化初期的转型。这些日本法学专家以日本近代化法律为蓝本，直接参与中国近代化法律的编纂，推进了中国近代化初期法律的转型。主要表现有，在中国刑事法律近代化方面，冈田朝太郎参与制定了《大清新刑律》，将近代化的罪刑法定原则引入中国的刑事法律中，对中国近代化刑事法律的发展具有里程碑式的意义。在中国民事法律近代化方面，松冈义正参与制定了《大清民律草案》，引入西方近代化民事法律中关于人格权和所有权方面的法律规定，推动了中国民事法律近代化的发展。在中国商事法律近代化方面，日本商事法律专家志田钾太郎参与制定了《公司律》，规范了中国近代化公司制度的立法，促进了中国近代化经济的发展。在中国监狱法律制度近代化方面，日本法学专家小河滋次郎参与了中国近代化监狱立法工作，革新了中国传统监狱体制，推动了中国近代化监狱相关制度的建设。

综上所述，中国法律近代化初期，日本法学专家直接参与法律制度的改革，以及法律规范的编纂和制定工作，大大提高了中国法律近代化初期法典编订完成的速度，在形式上推进了中国法律近代化的进程，实现了在法律制度层面上中国与世界的接轨，为中国近代化法律制度的建立作出了重大努力。同时，日本法学专家在参与立法的过程中，也将西方近代化法律理念带到了中国，革新了中国传统的法律理念，促进了中国法律事业的发展，推动了中国法律的近代化。

二、日本法学专家对中国法律近代化初期的消极影响

在中国法律近代化的初期，日本法学专家参与晚清政府主导的法律改革，吸收了西方近代化的法律理论，帮助中国迈出了法律近代化的重要一步，但也不免受到各个方面的限制，使得日本法律专

家参与中国法律近代化初期的法律改革产生了一些消极影响。首先,法律改革中制定的法典与中国的社会国情不能完全适应。在近代化的刑事法律领域、民事法律领域、商事法律领域以及监狱法律制定领域,虽然从法律理论上来讲十分具有近代化意义,但是存在一些与中国传统法律理论相冲突、相违背的地方,这就导致了这一时期制定的法典在社会实用性上有所欠缺。其次,由于日本法学专家对日本近代化的法典中的法律规范十分了解,所以,日本法学专家直接参与编纂、制定中国的法律条文,再加上法律改革的速度要求,不免会出现对日本法律条文直接套用的现象,这也导致法典在颁布实施后产生“水土不服”的问题,使得刑事法律、民事法律、商事法律、监狱法律规范等法律与中国社会的现实脱节严重,司法实践中的应用性不强,法律仅仅写在法典上,而没有写进人们的心里。晚清政府主导的近代化法律改革虽然坚持以实用性为核心,但是在现实的立法过程中却缺少对中国社会实际情况的调查和了解,所以,就产生了吸收近代化法律理念的法律规范脱离社会民众现实生活,社会普遍的接受程度不高的情况。而且,中国的近代化法律体系引进近代化法律理念的速度过快,晚清政府的这种行为不仅没有挽救清政府的统治,也没有让更多的中国人了解近代化法律制度背后的法律理念。但这种略带功利性的做法对中国法律事业产生了深远的影响。

此外,通过明治维新迅速实现国富兵强和民族独立的日本,在国际舞台上大显身手,由此迅速地吸引了中国的目光,尤其此时的晚清政府正想要着手进行法律改革,日本的模式就成了第一候选,日本的法学专家也就成为我们最为需要的人才,但是这种学习借鉴日本近代化法律体系的想法存在过于理想化的问题,对于日本法律人才存在过于依赖的现象,简单机械的移植是无法从根本上打破晚清政府的困境的。而在编纂、制定法典的过程中,晚清政府认为日本的近代化法律内容已经是对西方近代化法律内容的高度吸收和本土化的产物,通过日本法学专家直接将这些成果移植到中国,忽视了对于最本质的西方近代化法律价值的探究。从本质上来讲,日本法律的近代化也是“摸着石头过河”,西方近代化的法律内容引入日本后也存在一些问题,加之日本本土法律思想较为薄弱,这样使得日本的近代化法律也存在缺陷,并不完美。这些不利因素对中国法律的近代化都产生了一定的影响,但是面对晚清时期的历史条件,我们亦对此不必苛责。

本部分通过研究日本法学家对中国法律近代化初期法律理论的提升以及法律实践活动的推进,来探讨日本因素对于中国法律近代化初期的影响。本章主要以晚清时期来到中国,具体参与中国法律近代化进程的日本法学专家为中心,从这些法学专家的学术理论入手来看他们各自在晚清政府修订法律这段时间为中国的法律近代化活动所作出的努力。例如,有贺长雄和他的宪法观、冈田朝太郎和他的刑法观、松冈义正和他的民法观、志田钾太郎和他的商法观以及小河滋次郎和他的监狱制度理论。这几位日本法学专家的指导为中国的传统法律注入了近代化的法律理念。例如,在刑事法律理论和制度中,引入了近代化的刑法基本原则——罪刑法定原则;在民事法律理论和制度中,人格权制度、所有权绝对原则、契约自由原则和过失责任原则得到了确立;在商事法律理论和制度中,出现了关于股东有限责任、分权治理结构、保险利益原则和代位求偿权的规定;在司法制度方面,则将近代化的人性化监狱法律制度带到了中国。这些理论和实践客观上促进了近代化法律观念在中国的传播。可以说,日本法学专家们的理论和实践对于中国法律近代化具有推动作用,对中国法律的发展具有划时代的意义。

第四章　日本对中国法律近代化初期法律体系和法律制度的影响

第一节　日本对中国法律近代化初期宪法体系和制度的影响

一、中国近代初期宪法体系及制度建立的基本状况

关于宪法的概念在中国古已有之。例如,《尚书》中的“监于先王成宪,其永无愆”,《国语》中的“赏善罚奸,国之宪法也”,以及《中庸》中的“祖述尧舜,宪章文武”。但是这些并不是近代化意义上的宪法概念,至多可以说是命令或者是法令而已。1840 年后,郑观应开始研究宪法,并且认为宪法是国家的根本大法。戊戌变法后,“宪法”这一词汇正式具有了国家根本大法的意义。戊戌变法运动失败后,晚清政府逐渐陷入更加深刻的危机,晚清政府为抵御危机,开始采取一系列的政治措施。例如,从光绪三十一年(1905 年)到宣统三年(1911 年)的这段时间里,晚清政府相继派出考察团向近代化的国家进行考察,考察团回国后,晚清政府根据考察结果,开始正式进行预备立宪活动,并且对清代的官制进行改革。到 1907 年,晚清政府分别在中央和地方层面建立了资政院和咨议局。次年,颁行了《钦定宪法大纲》,并且规定从这一年开始到 1916 年,为预备立宪时期。

其后,各个地方行省咨议局的代表在上海开会,并且组成了同志会,上请政府尽快召开国会。迫于无奈,晚清政府只能缩短预备立宪的时间,同时决定于1913年召开国会。1911年5月,以满清皇族为核心的内阁组成,预备立宪宣告破产。虽然在时间上十分短暂,但是这一时期的立法成果和相关法律制度的建立却成为中国宪法近代化的开端,对中国宪法的近代化之路具有深远的影响。

自从1906年晚清政府宣布上谕,决定预备立宪开始,中国宪法近代化的序幕就正式拉开。从中央官制改革、考查政治馆开始着手建立资政院和咨议局;相继颁布《钦定宪法大纲》、《议院法要领》、《选举法要领》和《钦定行政纲目》等具有近代意义的宪法性文件。此后又颁布了《重大信条十九条》。由此开始,以晚清政府为主导的中国宪法近代化逐步展开。从结果上讲,《钦定宪法大纲》和《重大信条十九条》并没有阻止晚清政府的覆灭,但是其历史意义是不能磨灭的,即成为中国历史上第一部宪法性文件和正式宪法。

二、中国近代初期宪法体系中的日本因素

从前文的论述中我们不难看出,日本对中国法律近代化之路影响深远,尤其在中国宪法近代化的初期更是有着直接的影响。这种直接的影响主要体现在各个方面。

(一)日本对宪法及相关法律文件编撰过程中理论上的影响

明治维新开始后,日本逐渐开始思考如何将传统的日本法律文化与世界相结合,制定出一部符合国情适应时代发展的宪法是当时日本社会面临的问题和讨论的焦点。当时社会上有许多的观点和看法,无论是官方还是民间,例如,“在《日本近代宪法思想史研究》这部著作中,当时社会上提出的关于宪法的草案大概有五十多种,

其提出的人大多为各个党派的人士，以及自由人士等"①，在这些文件中体现了近代化的法律思想，立宪主义的相关原理在此都有相应的涉及，由此在法律草案的编撰过程中就产生了诸多无法回避的问题。

为了解决这个问题，日本政府派出了考察使者前往欧美等当时世界上先进的国家去学习、了解宪法体系及相关制度。"据资料记载，代表团先后去了美、英、法、比、荷、德、俄、丹麦、瑞典、意大利、奥地利、瑞士等国家，历时一年零十个月，耗资达百万日元"②。考察的结果显示，东西方在传统文化上有着巨大的差异和根本性的不同。为此，大久保利通、木户孝允、岩仓具视等人都提出了自己的观点。综合实际情况，日本选择了德国的模式，并将这种模式与日本的国情相结合，这使得日本的文化中加入了军国主义文化。"以伊藤博文为首，负责着手撰写明治宪法的主要有井上毅、金子坚太郎、伊东已代治等人，因此，他们的理论和想法对制定宪法和设计宪法的结构都产生了巨大的影响"③。例如，伊藤博文提出的"立宪君治"政治原则；井上毅认为，"日本宪法并非欧洲宪法的翻版，而是乃日本传统不成文宪法在今日日本的再发展"④。

在现实的社会背景下，晚清政府和日本明治政府一样都面临着"富国强兵"的要求，所以，以"富国强兵"为价值追求的理念就深深地影响了日本与中国的立宪活动。松本三之介作为日本宪法学者

---

① 韩大元：《论日本明治宪法对〈钦定宪法大纲〉的影响——为〈钦定宪法大纲〉颁布100周年而作》，载《政法论坛》2009年第3期，第19~37页。

② 伊文成、马家骏主编：《明治维新史》，辽宁教育出版社1987年版，第396页。

③ 韩大元：《论日本明治宪法对〈钦定宪法大纲〉的影响——为〈钦定宪法大纲〉颁布100周年而作》，载《政法论坛》2009年第3期，第19~37页。

④ ［日］芳贺彻：《明治维新和日本人》。转引自伊文成、马家骏主编：《明治维新史》，辽宁教育出版社1987年版，第395页。

认为，日本的立宪制不但是制度上的立宪还是思想上的立宪，并且要将西方的宪法思想与日本相结合。日本将立宪制作为强有力的政治手段来实现强兵、富国的国家目标，于是日本基于明治维新从亚洲国家中脱颖而出。[①] 而反观晚清政府，虽然与日本面临相似的危机，但是却没有革除弊病真正实现强兵富国的勇气。在《宣示预备立宪先行厘定官制谕》中就可看出端倪，例如，“各国之所以富强者，实由于实行宪法，取决公论，君民一体，呼吸相同，博采众长，明定国体，以及筹备财政……时处今日，惟有及时详析甄核……大权统之朝廷，庶政公诸舆论，以立国家万年有道之基”[②]。

由此可见，日本对晚清政府制定宪法及相关法律文件编撰过程中的理论产生了影响，但是却没有从根本上消除封建制度的强大影响力。

（二）《明治宪法》与《钦定宪法大纲》在法律文本、编撰体例和内容上的相关性

作为日本明治维新立法成果的《明治宪法》对日本的崛起和发展起到了十分重要的作用。《明治宪法》诞生于明治二十二年（1889年），颁布执行于明治二十三年（1890 年），它是亚洲第一部现代宪法。与日本现行的宪法相比，它也被称为旧宪法。《明治宪法》在立法特点上既包含西方宪制要素，也包括国家政体的要素。这部日本宪法确立后，宪法学者将其描述为明显的西方宪制与王权神授说的结合体。从法律文本的构成来讲，《明治宪法》由 7 章 76 条组成。宪法的基本结构与早期的俾斯麦宪法一样，没有关于内阁和总理的

---

① 参见［日］松本三之介：《国权与民权的变奏——日本明治精神结构》，李冬君译，东方出版社 2005 年版，第 7 页。

② 故宫博物院明清档案部编：《清末筹备立宪档案史料》（上），中华书局 1979 年版，第 43 ~ 44页。

相关规定,见表4-1。

表4-1　《明治宪法》的基本编撰体例

章节	内容
第1章	天皇
第1条	天皇主权
第2条	皇位继承
第4条	统治大权
第10条	管制大权和任免大权
第11条	统帅大权
第12条	编制大权
第13条	外交大权
第14条	戒严大权
第2章	臣民的权利与义务
第19条	从事公务志愿的自由
第20条	服兵役的义务
第22条	居住和迁徙的自由
第29条	言论出版集会结社的自由
第31条	非常大权
第3章	帝国议会
第34条	贵族院
第4章	国务大臣以及枢密顾问
第5章	司法
第6章	会计
第7章	补则
第73条	宪法改正

《明治宪法》在结合了民族特色和时代特色的基础上集中突出了西方宪制若干要素,例如,言论自由、议会制、大臣责任制和大臣建言制等。在言论自由上,《明治宪法》规定法律保障言论自由、结社自由和信件保密等主体的权利,主要体现在《明治宪法》的第二章。规定这些权利是天皇给予臣民的受益权。在议会制的建立上,根据《明治宪法》的相关规定,日本要建立一个帝国议会,贵族院由天皇家族成员和任命的成员组成,众议院由当选的成员组成,这些规定主要集中在第三章。帝国议会有权赞同法律,未经帝国议会同意,法律保留的事项,如臣民的权利和义务,不得改变。在部长责任制和部长咨询制度上,建立了一个系统,规定需要国务大臣协助天皇行使权力,这主要在第四章。关于内阁和总理的规定不在《明治宪法》中直接体现,而在内阁秘书处。

《明治宪法》在民族特色上则主要表现在关于国体的规定上,例如,日本天皇制度的"万世一系"。《明治宪法》强调,皇室的永久性同时证明了皇室的合法性。天皇拥有广泛的权威,称为天皇的权力。特别是在没有国会限制的情况下,没有任何其他君主立宪制下的君主能够行使权力来制定法律法规(第 9 条)和条约(第 13 条)。尽管天皇的权威并未在实践中使用,天皇也没有单独行使权力,但内阁(总理)总是在得到天皇同意的情况下作出决定。在立法权方面,天皇拥有立法权,帝国议会不是立法机构,而是立法协助机构。天皇拥有立法权,但颁布法律需要天皇在帝国议会的支持下才能批准。可以说,这是一个独特的立法例子,与同一时期的许多君主制宪法中君主和国会共享立法权力这一事实相比,是一个很大的区别。但如果没有帝国议会的支持,法律就无法通过。事实上,这就说明帝国议会是唯一的立法机关。此外,还有关于贵族院、枢密院的相关规定。在统帅权力方面,日本帝国军和日本帝国海军不对议会（立法机构）、政府或内阁（行政政府）负责。同时采用帝国自治，将帝国法典等重要的宪法学科与宪法法典分开。这部宪法的宪法结构规定国务大臣、帝国议会、裁判所、枢密院、陆军军队和海军军队等各自独立负责协助或支持天皇，彼此之间无法相互支配。

由此可见，《明治宪法》是在结合了民族特色和时代特征的基础上制定出来的一部具有近代意义的宪法，作为亚洲第一部具有近现代意义的宪法，对亚洲影响深远，尤其是对中国具有重要的借鉴价值。

《钦定宪法大纲》就是以《明治宪法》为蓝本，将西方近代的宪法理念引入中国的。光绪三十四年（1908 年）八月一日，中国的首部宪法性文件被制定出来。通过五大臣出洋考察，晚清政府决定学习日本，在宪法的制定上也以日本的《明治宪法》为蓝本，制定了《钦定宪法大纲》。《钦定宪法大纲》的全文共 23 条，分为正文以及附录，内容上主要是关于皇帝大权、臣民的权利和义务等。

《钦定宪法大纲》在正文部分主要规定了皇帝的大权，共 14 条。主要规定了大清皇帝是大清帝国的统治者，采用了和日本《明治宪法》一样的规定“万世一系”，即皇帝永远受到臣民的尊重和爱戴。皇帝是神圣的，其尊严不受侵犯。按照上述的立法精神，颁布法律，发布议案，召集或解散议会，任命或裁撤官僚，规定官员的晋升和降级等人事问题。统领军队，强化了宣布战争的权力，缔结条约，派遣官员，发布紧急戒严令和颁布限制臣民自由的命令，以及司法裁判等其他权力。

在附录部分则主要规定了臣民的权利和义务，共 9 条。内容上主要包括纳税的义务、服兵役的义务和遵守法律的义务等。在法律的范围内，臣民享有言论、出版、结社和集会的自由。除非法律规定，否则臣民不会被逮捕，限制人身自由或惩罚。

通过对两部宪法文本主要内容的对比，我们不难发现《明治宪法》对《钦定宪法大纲》的影响既是持久的又是整体的。例如，“两部宪法中存在完全相同的条文有两条，宪法第一条和第二条就是由日文直接翻译而来的，在整部宪法中相同的条文占比 34.8%，与日本宪法相似的条目达到56.5%，其中不同的条目数仅有 8.7%。可以看出两部宪法相同的条文和相似的条文数达到 91.3%”[①]。

由此可见，在文本的体例和内容上，《钦定宪法大纲》对《明治宪法》的参考是显而易见的。但在宪法条目的设计上，两者还是存在诸多不同之处的，《钦定宪法大纲》作为中国宪法近代化初期的立法成果，它无疑要更多地体现传统中国的宪法文化的相关特点。例如，《钦定宪法大纲》中关于君上大权的规定要比《明治宪法》规定的范围更大，而在赋予臣民的权利方面则表现得更加保守，例如，信仰宗教的自由、迁徙的自由等权利。从效力上来讲，《钦定宪法大纲》也远远不及《明治宪法》，原因在于它只是将来要正式颁布的“钦定宪法”的标准，其在法律上的效力并不权威，这不同于日本已经正式颁布实施的《明治宪法》。

三、中国法律近代化初期宪法制度方面的日本因素

前文笔者主要从文化传统、历史背景、法典的编撰体例和法律条文方面来研究中国宪法近代化初期宪法体系建立中的日本因素，那么在此期间在宪法制度上我们又对日本法律有哪些移植呢？这主要体现在本土化的君主立宪制政体——君上大权。

---

① 韩大元：《论日本明治宪法对〈钦定宪法大纲〉的影响——为〈钦定宪法大纲〉颁布 100 周年而作》，载《政法论坛》2009 年第 3 期，第 19～37 页。

君主立宪政体是将国家的君主或者国王,抑或皇帝等规定为世袭的元首,但是他们的权力在不同的范围内受到国家宪法和议会或者国会的限制的政权组织方式,亦称"有限君主制"。英国1688年光荣革命后,建立了议会制君主立宪制国家,这可以说是世界的首创。但是由于各国的政治经济情况和阶级力量对比关系不同,君主的地位和权力差异很大。实现君主立宪制的主要方式有二元制君主立宪制和议会制君主立宪制两种。

日本在《明治宪法》所确立的体制与英国的君主立宪制有所不同。根据日本的基本国情,日本确定的君主立宪制基本上是以德国为蓝本。[①] 在制度的形式上,日本政府放弃了太政官制的原有官制体系,制定了与世界接轨的内阁制政府;在国家权力分配上,由原来的一元到三元权力分庭抗礼,即行政、立法和司法权力。政府开始与国会相互制衡。民选议员开始有机会登上政治舞台。这是《明治宪法》在与时代接轨的过程中体现的进步性,但是其自身本土的文化也是不可以忽视的。它是"专治制度和法治制度、神的权力和人的权利,以及关于对权力的限制和对权力的集中的统治"[②]的相互抗争与妥协的必然结果。

根据《明治宪法》的相关规定,日本建立起了完整的君主立宪的天皇独裁制度。西方近代的资产阶级立宪原则在日本基本确立,相关配套的政治体制也建立了起来。《明治宪法》规定,由天皇、帝国议会、国务大臣、枢密院、法院组成具有日本特色的君主立宪制的基本架构。从宪法文本上,天皇的大权是有相当明确的规定的,天皇既具有独立的权力又具有和帝国议会、内阁、军部以及裁判所相互

① 参见[日]芦部信喜:《宪法》(新版),岩波书店2016年版,第27页。

② 戴秀河:《日本立宪史研究》,华东政法大学2007年硕士学位论文,第15页。

协调的关系。但是日本特色君主立宪制度与英国的君主立宪制度亦有所不同,这种差异主要表现在君主权力地位的高低不同以及国会地位的上下之分。

在君主权力地位上,日本《明治宪法》文本中规定的天皇地位权力明显高于英国《权利法案》和《王位继承法》中对于国王权力和地位的规定。在国会或者议会的地位上,英国的历史则比较悠久,早在1215年的《自由大宪章》中就能够找到英国议会的影子,此后通过几百年的发展,议会的地位不断提高,逐步实现了议会权力不受到干涉,甚至比国王还高的基本原则。但是在日本的《明治宪法》中,日本的民族性主要就体现在天皇拥有统治国家的大权,此外的其他各个权力机关,包括但是又不限于国会的作用在于代表天皇和辅佐天皇,各机构之间也是相互制约和平衡的,最终都要汇于天皇至高无上的权威之下,国会的权力和地位未见有特别突出之处。

但是日本《明治宪法》虽然在文本中君上大权范围很大,但是在实际的体制运行过程中,与君主专制相比君主立宪制度下的君主权力却得到了部分限制。事实上,立宪的政治体制存在的意义就是要有效地限制君主的权力,其目的就是要防范君主权力的无限滥用。这也是其进步意义的集中体现。

综上而言,天皇的权力和地位在君主立宪制度的限制之下,成为日本二元制君主立宪政体中的一元,在日本君主立宪政体的运行中发挥了重要的作用,日本特色的君主立宪制政体既有进步意义,又存在它的历史和民族的局限问题。

晚清政府制定的《钦定宪法大纲》中也仿效日本实行君主立宪制度,将西方近代化的国家治理体制在中国实践。但是从《钦定宪法大纲》的文本中不难发现,晚清政府的君主立宪制政体与英国的议会制君主制是截然不同的,即使是和其蓝本国家日本的二元制君主立宪制政体相比差异也十分明显,尤其是实质上的差异。晚清政府所要实现的君主立宪制政体更像是对君主权力进行宪法化,从而实现挽救清朝统治的根本目标。那么,怎样在不削弱君主大权的同时还要进行制度化的部分限制就成为晚清政府所要解决的一个难题。

从变法修律的目的上来讲,以慈禧太后为中心的晚清政府想要建立一个以成为变法改革中心的拥有绝对权力的君主形象,从而维护晚清政府的统治。晚清政府通过学习、借鉴日本《明治宪法》而建立的君主制政体既不是英国式的君主立宪制,也不是日本式的君主立宪制,可以称之为一种过渡式的形式,在新旧时代交替下产生的新旧意识形态的交织,从而导致新旧思想在制度上的曲折发展,这更像是一种过渡君主制的形式。同日本的二元制君主立宪制相比,《钦定宪法大纲》中所规定中国皇帝的权力要比日本天皇的大,而皇权从神权的权威中脱离出来的权威性却没有通过历史和时间的考验,两部宪法在对待议会的问题上都存在严重的偏差,在《明治宪法》中议会拥有实际权力,可以代表天皇、辅助天皇行使国家的一部分权力,而晚清政府提出了建立一个皇族内阁制度,这一制度的畅想和建立,直接导致了议会形同虚设。这种以皇族为核心建立的责任内阁形式与《钦定宪法大纲》中关于内阁问题的规定相违背,直接让皇亲国戚来组成内阁大臣,担任政府要职,是严重的违法行为。[①] 由此可见,在君上大权和对待议会的态度上,晚清政府在学习和借鉴日本式的君主立宪制政体的问题上,虽然受到了日本的影响,在立法文本和近现代制度的引进上做到

① 参见马勇:《革命》,新星出版社 2017 年版,第 156 页。

了形式上的借鉴,但是在更深层次的目的动机上却存在本质上的区别。

四、日本对中国法律近代化初期建立起来的宪法体系及制度的影响

日本对中国法律近代化初期建立起来的近代化的宪法体系和制度产生了持久而深刻的影响。中国以经过明治维新的日本为蓝本开启了中国近代化之路,在宪法体系和制度方面借鉴和移植了日本的《明治宪法》,颁布了中国第一部近代意义上的宪法性文件《钦定宪法大纲》。晚清政府的《钦定宪法大纲》在立法手段、法典体例、法典内容、法律用语等多方面借鉴、学习了日本的《明治宪法》,国体的概念也是通过《明治宪法》走进中国的。可以这样说,传统而古老的中国通过日本的《明治宪法》看见了世界的先进的国家治理形式,这是具有划时代意义的进步。但是从另一个角度来讲,晚清政府进行政治改革,仿行宪制的根本目的并不是实现中国近现代化,或者说实现中国近现代化只是其间接的目标,而根本的目标则是维护晚清政府已经风雨飘摇的统治。所以在对于《明治宪法》的学习上,晚清政府加大了君上大权,却限制了臣民的权利。又因为国际环境、晚清政府内部、国内环境以及中国传统的政治体制的因素等各个方面的情况导致《钦定宪法大纲》中要实现的君主立宪制政体在中国“水土不服”,不久之后随着晚清政府的覆灭,在中国实现君主立宪制政体的计划也随之夭折。但是无论成功还是失败,这都是中国法律近代化路上不可缺少的一部分,其积极的历史意义是无法磨灭的。

第二节　日本对中国法律近代化初期行政法体系和制度的影响

一、中国近代初期行政法体系及制度建立的基本状况

近代西方的行政法是指与行政相关的法律的总称,有管理的含义,是调整行政机构以及行政权力的法律规范的总称。宣统二年(1910 年)四月,晚清政府草拟制定了《钦定行政纲目》。① 这就是晚清时期由官方制定的带有近代化行政法律意义的法典,具有十分重要的作用。此外,晚清政府还修订了《监察法》《钦定礼部则例》《钦定礼部处分则例》《钦定台规》等具有行政法意义的法律文本。此外,《钦定宪法大纲》明确规定了具有近代化意义的政府是作为国家元首的君主行使管理国家行政大权的机关。② 但是,这些法律文件所规划出来的近代化的国家蓝图都没有实现。

二、中国近代初期行政法体系中的日本因素

明治维新以后,从 1868 年到 1889 年是明治政府制定宪法的时期,与此同时,日本的近代化行政法律制度也在此时开始制定。这一时期日本逐步打破封建制度,消除以往的残余势力,进入立宪和建立近代法制的准备阶段。《内阁官制》就是这一时期的行政立法代表。《内阁官制》制定于明治二十二年(1889 年),直至昭和二十

① 参见张晋藩主编:《中国百年法制大事纵览》,法律出版社 2001 年版,第 22 页。

② 参见丰华涛:《浅析中国清末行政法的形成过程》,载《兰台世界》2015 年第 24 期,第 26 ~ 28 页。

二年(1947 年)五月三日废除。《内阁官制》与《明治宪法》同一年颁布,在立法目的上符合《明治宪法》关于行政部门相关制度的规定。《明治宪法》第 55 条规定了"国家部长的责任",但没有规定"内阁"和"总理"。行政权力被视为天皇在国家部长的监督下行使权力,内阁只是国务部长讨论和统一意见的委员会。因此,有必要按照"内阁办公室"的规定,规定内阁、国务大臣和总理。内阁行政系统的内容几乎与内阁办公室的内容相同,但总理的权威被削弱了。由此,日本开始逐步建立近代化的行政法体系。

晚清政府按照《钦定宪法大纲》的相关要求,也拟定了《钦定行政纲目》。其立法精神就是"谨按宪法大纲,君主立宪政体,君上有统治国家之大权,凡立法行政司法皆归总揽。而以议院协赞立法,以政府辅弼行政,以法院遵律司法"[①]。同时,在这部法律中还提出了学习西方各个近代化国家的法律制度,将这些法律制度应用到改革中,并将这一项作为基本的立法原则。按照基本原则的规划,把行政机关分为四级,即直接和间接的官治,以及地方官治和地方自治。此外,这部《钦定行政纲目》的另外一大特点就是皇室的家族事务和国家的事务进行分离,这也是立宪政体的典型特征,《钦定行政纲目》的核心议题就是规范国家的行政事务的范围。值得注意的是,《钦定行政纲目》的基本原则和主要内容都与近代化的宪法精神相符合,具有典型的近代化行政法律制度的特质。在关于政府的职责的规定上,《钦定行政纲目》规定,"作为政府必须将政府应该管理的行政事务进行明确的分配,同时还要确定具体责任的归属"[②]。

① 张晋藩主编:《清朝法制史》,法律出版社 1994 年版,第 700 页。

② 丰华涛:《浅析中国清末行政法的形成过程》,载《兰台世界》2015 年第 24 期,第 26 ~ 28 页。

此后,以这部《钦定行政纲目》为基础,开始着手草拟制定相关的近代化意义上的法律规范,这说明近代化行政法体系已经基本形成。① 虽然这些法律法规中的很多都没有制定完成或者还处于草拟阶段抑或还没有实施,但是这并不影响其对日后中国法律近代化中行政法体系发展的积极意义。此外,晚清政府还筹设行政诉讼法院,并制定了相关的法律草案。例如,拟订了《行政裁判院官制草案》。这部《行政裁判院官制草案》就是以日本明治年间制定并实施的《行政裁判法》为蓝本而制定的。《行政裁判院官制草案》共21条,规定行政审判以一审为限,内容涉及行政裁判的对象、行政裁判院的内部人事设置、行政裁判院的管辖事件、裁判方式、裁判程序、行政裁判人员的保障等方面。

此外,根据《逐年筹备事宜清单》以及各部大臣的意见,宣统三年(1911年),宪政编查馆和会议政务处会奏,并且共同拟订了《内阁官制》。这部《内阁官制》一共包括19个条文,主要涉及以下内容:“第一,内阁成员与内阁总理大臣、内阁总理大臣与地方之关系,其成员称为国务大臣,共设置十个人,内阁总理大臣领导国务大臣,同时可指挥各省长官和各藩属长官,可发训示阁示,可停止其违法事件。第二,内阁与皇帝之关系。国务大臣辅弼皇帝,担负责任。内阁总理大臣拥有随时可以入对的权利。其他人员也可根据情况或由国务大臣带领入对,或者应特旨入对,最终的裁决权在君主。皇帝可以根据情况任命负责国家事务的大臣,但是不计算在常设之内。陆军大臣、海军大臣直接对皇帝负责,不对内阁总理大臣负责。第三,国务具奏及署名办法。涉及全体的国务事件,由国务大臣会同具奏;涉及一个部门或者多个部门的事件,由担任内阁总理的大

① 参见曹全来:《中国近代法制史教程:1901—1949》,商务印书馆2012年版,第304页。

臣和具体管理该事务的部门共同上奏;其他人员奏事由国务大臣代递,特殊情况除外;有关法律饬令和国务谕旨的办理采取同样办法签名。第四,对内阁会议的内容进行了规定。例如,法律案、敕令案、条约、交涉、官制、预算、决算、委任以上官员之进退、行政事务、特旨发交及议院移送事件其他应议事件的规定。内阁会议以内阁总理为议长。"①在此基础上,为了适应瞬息万变的局势,晚清政府又颁布了《内阁官制初议草案》,此后又出台了《内阁办事暂行章程》。

如果说《内阁官制初议草案》是中国历史上第一个具有西方政治色彩的内阁草案,那么,上述的《内阁官制》则是中国历史上第一个正式融合中西的内阁官制。晚清政府通过颁布一系列具有西方近代化意义的行政法,开启了中国行政法律近代化的道路。

三、中国近代初期行政制度方面的日本因素

日本在近现代化的行政制度的建立上,最为突出的特色就是建立了内阁制度。内阁制度是在英国和日本等议院内阁制国家,负责国家的行政事务的机构。内阁是在国家拥有行政权力的董事会执行机构,采用议会内阁制度。英国语境下的内阁来自内阁,意思是"小房间",来自小房间的会议和讨论。中国的"内阁"一词引自明清时期的内阁大学系统,以及皇帝的咨询,相当于内阁,并于 1877 年左右在日本成立(明治十年)。内阁系统最初是英国内阁,但当时它只是一个劝诫国王的咨询机构。根据不同的时间和国家,有各种各样的立场。内阁制度遵循理事会制度的原则、共同管理的原则和总理指导原则。以内阁和议会的关系为出发点,内阁可分为两类,超然内阁制和议会内阁制。超然内阁制是指内阁的存在不以议会的信

---

① 鞠方安:《中国近代中央官制改革研究》,商务印书馆 2014 年版,第 142 页。

任作为法定要件。例如,在意大利和普鲁士,它只对国王负责,而在日本,它只对天皇负责。部长的选举不是基于民主手段。例如,在战争前的日本,总理由非宪法组织或人士选出,如老年人或高级附庸,并由天皇任命。但是,它仍然在议会批准的预算范围内管理政府,因此它间接地受到议会的控制。如果没有获得议会的合作,政府将无法站起来,或者将被迫经营一个扭曲的政府。但是,由于它不是合法的抵押品,因此它与超然内阁制度下的政党内阁和议会内阁制度有着不同的概念。议会内阁制度是指内阁负责议会和议会信任的一种类型是内阁成立的条件,它现在在日本和英国等许多国家被使用。日本内阁以英国内阁为蓝本。关于议会内阁制度的实质,责任的本质与平衡本质理论(包括内阁解散议会的权力)之间存在冲突,后者认为内阁对议会的责任是一个基本要素。

西方近代化的行政制度也是在这一时期通过学习日本引入中国的。主要涉及的是晚清时期政府责任内阁的组建。按照《内阁官制暨内阁办事暂行章程谕》的相关规定,内阁的成员是国务大臣,国务大臣由一名总理大臣,一名或者两名协理大臣以及各部的大臣来担任,承担辅佐皇帝的责任;内阁会议决定预算案和决算案条约和法律等重要问题。虽然首届内阁的组建不尽如人意,在建立后不到半年晚清政府即宣告覆灭,但是西方近代化的行政制度以此为契机移植到了中国,为中国行政制度的继续向前发展提供了一次宝贵的经验。

四、日本对中国法律近代化初期建立起来的行政法体系及制度的影响

中国行政法律近代化在建立的初期就是从中央到地方有规划的一步一步进行的,在借鉴日本行政法律及制度的基础上进行改革

上的深化。晚清政府制定了《钦定行政纲目》、《内阁官制》、《内阁官制初议草案》、《内阁办事暂行章程》以及《内阁官制暨内阁办事暂行章程谕》等具有西方近代意义的行政法体系，在制度上也对议会制度和内阁制度进行不断的完善。这一系列的改革措施使得中国几千年来的“皇帝独揽国家大权以及宰相作为辅助的制度与具体的部门负责相结合的制度”①发生了根本性的变化。晚清政府在此基础上对政府的职能进行了改革，不仅建立了近代化的行政法体系和制度，还推动了晚清政治的发展，虽然君上大权依然由皇帝独揽，但是通过对相关行政机构的改组和整合尽管没能像其蓝本国家日本一样通过近代化改革实现国富兵强，同时这也是它的局限之处，但是其对于中国行政法律近代化的作用乃至对于中国法律近代化的促进作用又是不可忽视的。

第三节　日本对中国法律近代化初期刑事法律体系和制度的影响

一、中国近代初期刑事法律体系及制度建立的基本状况

自光绪二十七年（1901 年）晚清政府下诏书实行新政开始改革法制，中国近代初期的法律制度体系就在逐步地发生质的变化，刑法体系和制度作为法律体系及制度的重要组成部分也在这一时期发生了巨大的变化。从中国传统社会各个朝代传承下来的带有明显封建性质，体现民刑合一和礼法合一的基本特征，在制度上以中国的传统理念为底色，着重突出特权阶层的权力以及地主阶级根本

① 李志茗：《论清末新政时期的行政改革》，载《史林》2009 年第 4 期，第 64～72 页。

利益的《大清律例》,到宣统二年(1910 年)《大清现行刑律》的过渡性刑法典,再到宣统三年(1911 年)《大清新刑律》的颁布,中国刑法体系和制度实现了从传统到近现代的变化,《大清新刑律》是传统刑法与近现代刑法的分界线。《大清新刑律》的制定是以西方近代化的先进刑法理念的引进为基础,以《日本刑法典》为蓝本的具有近现代意义的刑法典,无论是在思想方面、体例方面、刑法相关概念方面还是在刑法制度的设计方面都是对传统中国的刑法的全新解构。在制度上以《大清新刑律》为基础,中国刑法制度的近代化则集中体现为对西方近代化刑罚制度的引进,着重突出了刑罚惩罚力度的轻刑化。所以,《大清新刑律》是一部对后世影响深远而且具有开创性意义的近现代化刑法典。

二、中国近代初期刑法体系中的日本因素

晚清时期刑法改革的过程中主要受到了日本刑法学者冈田朝太郎的影响,在冈田朝太郎的理论的影响下,充分借鉴 1907 年日本制定的以《德国刑法典》为基础的《日本刑法典》,并且以此为蓝本制定 1911 年《大清新刑律》。所以,《大清新刑律》在基本思路、结构框架乃至细节处理上大多移植 1907 年的《日本刑法典》。[①] 但是《大清新刑律》在制定的过程中也出现了传统中国的法律文化与近现代西方刑法理念的激烈碰撞,就是在传统与现代,东方与西方乃至固有的中国与变化的世界的不断辩论与交锋中,为中国刑法近代化的发展开辟了一条道路。

---

① 参见谢振民编著:《中华民国立法史》(下册),中国政法大学出版社 2000 年版,第 886 页。

(一)1907 年《日本刑法典》

日本明治维新的初期,曾试图继续学习“老师”——中国,制定新的刑法典,并且颁布了多部刑律,但是很快明治政府就发现对于传统国有刑法体系的小修小补已经无法应对来自西方国家的殖民,也不能实现富国强兵的目的,于是日本逐渐将目光投向了世界,投向了要来殖民自己的国家。1875 年,明治政府开始着手制定西方近代化的刑法典,日本的第一学习目标是 1810 年的《法国刑法典》,在法国法学家保阿索那特的帮助和指导之下,日本于 1882 年颁布实施了《日本刑法典》,共计 430 条条文,体例上分为四大编,即总则、关于公益的重罪轻罪、关于身体财产的重罪轻罪以及违警罪。施行于 1882 年的《日本刑法典》是日本首部具有近现代意义的刑事法典,这部法典将西方近代化的刑事法律原则第一次写入其中,例如,“法无明文规定不为罪”和“法不溯及既往”等。同时为了显示刑事法律的文明和进步还对量刑的具体幅度作出了规定,来实现对法官裁量权的限制;另外,关于刑罚体系的规定也比较轻,废除了由于身份地位的不同而产生的触犯同一种罪而判定不同的罪行执行不同的刑罚的问题,这也显示了法律的近代化发展趋势。[①]

这部以《法国刑法典》为蓝本的 1882 年《日本刑法典》虽然在立法手段、编纂体例、法典形式、法律用语以及法律理念上都足以称为先进,但是它存在一个致命的缺陷就是严重不符合日本国情,脱离日本的社会现实。在刑法制定之后,日本政府内部就提起了关于这一刑法的投诉。旧的刑法受到法国法律的影响,限制使用惩罚权。

---

① 参见何勤华主编:《法律文明史——大陆法系》(第 9 卷),商务印书馆 2015 年版,第 1119 页。

当时,一种新的刑法理论(现代学派)诞生于欧洲,与传统理论(古典主义)存在激烈的争论。问题是该刑法典没有反映这一问题。此外,在近代化时代伴随着社会的快速变化而无法应对犯罪增加而引起的社会不满情绪。基于这个原因,关于安全的立法应运而生,《安全条例》、《警察安全警察法》、《赌博刑事处分规则》和《伤害处罚》等单行法规相继颁布。一个接一个的单行法规的颁布导致与这部刑法典理论基础相矛盾的新法律诞生,最终社会开始提倡“无刑法”。于是在该部刑法典颁布不久后,日本政府就开始着手制定修正案,但还是无法适应日本社会的现实情况,最终只能被抛弃在历史的长河中。看到这一问题的司法省决定根据德国刑法制定新的刑法。修订后的法案在 1890 年、1895 年、1897 年、1901 年和 1902 年提交给议会五次,但由于政治问题和律师协会提出反对意见而屡受挫折。直至日本战胜俄国以后,松田正久担任第一次西园寺内阁的司法大臣,设立了新的法律调查委员会,其成员包括官员、学者、律师以及帝国议会两院的代表,开始以《德国刑法典》为蓝本,着手制定新的《日本刑法典》。1908 年 10 月 1 日,这部新的制定于 1907 年的《日本刑法典》开始实施。该法典共 264 条条文,分为总则和分则两编。第一编总则是关于刑法在时间和空间上的适用范围,刑法适用的人,刑罚的具体种类有哪些,犯罪的不成立,刑罚的减免以及未遂犯、罪数、累犯、共犯、刑罚的加减等刑法基本原则的规定,这一部分主要是说明个别犯罪共同适用的一般原则。除非明确说明,否则本编的规定也适用于其他刑法(特别刑法)规定的罪行,是关于刑法概括理论的说明,是刑法一般化的过程。第二编规定了各种犯罪类型及其刑罚,例如,杀人罪、盗窃罪和放火罪等各种各样的犯罪类型,以及在犯罪形态上成立未遂罪的刑罚。同时对每种犯罪的构成要件进行了规定,组成刑法分论。在文本的安排上,第二章至第七章规定了侵犯国家利益的犯罪,第八章至第二十四章规定了侵犯社会法益的犯罪,第二十六章至第四十章规定了侵犯个人法益的犯罪。但是因为存在保护利益在思考方式上的不同,并非所有犯罪模式都按此顺序排列。例如,“腐败类型的犯罪”是一种侵犯国家法律利益的犯罪,排在第二十五章;以及如今我们理解的侵犯个人合法利益的犯罪,如“强奸罪、重婚罪”等却位于第二十二章。在这部1907年《日本刑法典》中,既有传统的报应刑法理论,又融合了近代化的目的刑法的理论,既尊重了传统又实现了与时俱进的刑法理论的创新。在特点上主要表现为以下几个方面:“第一,删掉旧的刑事法典中对重罪和轻罪的区别,以概括列举的方式规定罪名,同时删除违警罪,并将这一部分通过专门立法予以规定。第二,删除了‘法无明文规定不为罪、不处罚’的规定,同时扩大了刑期的幅度,使得法官拥有了自由裁量权。第三,将刑罚体系分为主刑和附加刑,法律规定死刑、惩役、监禁、罚金、拘留、科料(罚款)为主要刑罚,没收被规定为附加的刑罚。第四,法律用语上的近代化更新。例如,‘时效’,‘并合罪’,‘犯罪不成立’和‘刑的减免’,‘累犯’,‘共犯’,‘杀人罪’等。第五,按照近代化的刑事法律原则规定了属人主义。第六,在刑罚体系中加入了缓刑制度,对假释制度进行了修改完善,并且增加了减刑和免刑的具体情况,以及规定了对正当防卫和累犯的减轻或加重处罚的情况。第七,将侵犯皇室罪和内乱罪规定为最为严重的犯罪。”①

1907年制定的《日本刑法典》是一部近代型的资产阶级刑法典,西方近代资产阶级刑法的相关原则和基本制度在这部法典中都有所体现,但是唯独没有罪刑法定原则。遗憾的是受到时代的局限,

① 何勤华主编:《法律文明史——大陆法系》(第9卷),商务印书馆2015年版,第1121页。

这部刑法典中还存在大量的封建性质的内容,例如,“对皇室之罪”、“杀害尊亲属罪”(第200条)、“通奸罪”(第183条)等。除此之外,有些罪名规定得不太明确,量刑的幅度也存在过大的问题,导致该刑法典在具体实施过程中存在一些问题。总的来讲,该刑法典的进步性和科学性都是值得肯定的,1907年制定的《日本刑法典》颁布至今已经有百年以上的历史了,但尚未被整体废除,仍然是日本的现行刑法典。与此同时,1907年《日本刑法典》对晚清政府的《大清新刑律》也有十分重要的影响。

（二）以1907年《日本刑法典》为蓝本制定的《大清新刑律》

传统中国,历朝历代的政府都通过刑律来实现对社会和臣民的治理和控制,中国法律的近代化也必然要对传统的刑律进行变革。中国刑法近代化的初始阶段就是在学习、借鉴西方近代化国家和亚洲新进近代化国家日本的相关刑事法典和刑法学著作的基础上开始的。同时晚清政府还聘请了日本的著名刑法学家冈田朝太郎作为制定中国近现代化刑法典的法律顾问。《大清新刑律》就是在这样的情况下应运而生的。所以,《大清新刑律》自开始起草就深受1907年《日本刑法典》的影响。来自1907年《日本刑法典》的影响在晚清政府的刑法改革中体现在各个方面,例如,近代化的刑法的理论、刑法的基本原则、刑法的主要内容、刑法的法律术语等。同时还引起了传统刑法典体例向近代化刑法典体例的过渡。由此可见,《大清新刑律》的制定,意味着中国法律近代化初期刑事法律体系的建立。[1]

据参加起草该法案的日本法学博士冈田朝太郎称,1911年《大清新刑律》预备案到钦定第六案,一共经历了五年的时间,共

① 参见徐岱:《中国刑法近代化论纲》,人民法院出版社2003年版,第95页。

有七案。草案的数量之多,在中国法律近代化的过程中,还没有其他法案能与之相比。其原因主要表现在两个方面:一是关于比附援引和罪刑法定原则之间的争论,以及与纲常礼教的条款相关的争论;二是在于修订法律的方法的变革。这主要表现在,"刑法典的编纂前期,由修订法律馆负责着手进行,经过有关部门进行签注和咨询活动,汇编意见后再核定选择,再上请圣旨颁布和实施。而到了刑法典的编纂后期,在资政院建立后,就直接送到资政院进行讨论后再决定,后再将其转到宪政编查馆再次审核,再上请圣旨颁布和实施"①。所以,最终导致了《大清新刑律》经历了七案五年的时间才制定完成。《大清新刑律》的主要特征表现为,在新和旧之间的来回往复,其重大改革主要涉及五个方面:"第一,更定刑名,由封建制五刑过渡到近代化的刑罚;第二,酌减死刑,将中国条目繁复的死刑精简化;第三,死刑唯一;第四,删除比附,以罪刑法定原则取而代之;第五,加入近代化刑法的惩治教育作用。"②它既有近代化的刑法典的文本特点和精神内核,同时也留有旧刑律的色彩。例如,其中特别规定的《附则》《暂行章程》。同时,对皇权和尊亲属加以特别保护的条款等传统的法律制度也有保留。日本因素的影响则主要集中在近代化的刑法理论的引进上。

《大清新刑律》基本借鉴1907年《日本刑法典》的体例结构,分为总则、分则二编,共53章,正文共411条,并有服制图、服制和《暂行章程》5条。总则17章:(1)法例;(2)不为罪;(3)未遂罪;

① 《奏议覆修订法律办法折》,载故宫博物院明清档案部编:《清末筹备立宪档案史料》(下册),中华书局1979年版,第850~851页。转引自陈新宇、陈煜、江照信:《中国近代法律史讲义》,九州出版社2016年版,第123页。

② 上海商务印书馆编译所编纂:《大清新法令(1901—1911):光绪新法令·谕旨 宪政 司法 法律草案》(第1卷),商务印书馆2010年版,第458~460页。

(4)累犯罪;(5)俱发罪;(6)共犯罪;(7)刑名;(8)宥减;(9)自首;(10)酌减;(11)加减例;(12)缓刑;(13)假释;(14)恩赦;(15)时效;(16)时例;(17)文例。分则36章:(1)侵犯皇室罪;(2)内乱罪;(3)外患罪;(4)妨害国交罪;(5)漏泄机务罪;(6)渎职罪;(7)妨害公务罪;(8)妨害选举罪;(9)骚扰罪;(10)逮捕监禁人脱逃罪;(11)藏匿罪人及湮灭证据罪;(12)伪证及诬告罪;(13)放火决水及妨害水利罪;(14)危险物罪;(15)妨害交通罪;(16)妨害秩序罪;(17)伪造货币罪;(18)伪造文书及印文罪;(19)伪造度量衡罪;(20)亵渎祀典及发掘坟墓罪;(21)鸦片烟罪;(22)赌博罪;(23)奸非及重婚罪;(24)妨害饮料水罪;(25)妨害卫生罪;(26)杀伤罪;(27)堕胎罪;(28)遗弃罪;(29)私滥逮捕监禁罪;(30)略诱及和诱罪;(31)妨害安全信用名誉及秘密罪;(32)窃盗及强盗罪;(33)诈欺取财罪;(34)侵占罪;(35)赃物罪;(36)毁弃损坏罪。此外还有服制八图与服制,恢复了《暂行章程》5条。但第五案关于"无夫奸入罪"的决议仅放在《暂行章程》而不是按照表决的结果纳入正文之中。[①] 由此可见,从法典的编纂体例上来看,《大清新刑律》抛弃了传统中国"诸法合体"的编纂模式,成为一部纯粹的、专门的具有近代化意义的刑法典。从这点可以看出,《大清新刑律》的影响十分深刻。

1907年《日本刑法典》在刑法基本原则上对《大清新刑律》的影响主要体现在对于罪刑法定原则的引进上,例如,第10条规定,"法律无正条者,不问何种行为,不为罪"[②]。可见,罪刑法定原则在中国

---

① 参见陈新宇、陈煜、江照信:《中国近代法律史讲义》,九州出版社2016年版,第128~129页。

② 徐岱:《中国刑法近代化论纲》,人民法院出版社2003年版,第96页。

刑法近代化中能够引进是直接来自对《日本刑法典》的借鉴。

如表4－2所示,《大清新刑律》中所规定的各个罪名也多见于1907年《日本刑法典》。由于新的社会环境、国际环境等因素的变化,《大清新刑律》在增加了许多新的罪名的同时废除了许多不适应现实情况的旧罪名。例如,参考1907年《日本刑法典》,设立"内乱罪"以取代传统的谋反罪,同时增加了"妨害选举罪"、"妨害交通罪"、"妨害饮料水罪"、"妨害卫生罪"、"妨害安全信用名誉及秘密罪"和"私滥逮捕监禁罪"等为适应新的现实情况而规定的犯罪名称。①

表4－2　1907年《日本刑法典》和《大清新刑律》对照

1907年《日本刑法典》		《大清新刑律》	
总则	犯罪的不成立 刑罚的减免 未遂罪 并合罪 累犯 共犯 酌量减轻 加减例 法例 刑罚 期间计算 缓刑 假释 时效	总则	法例 不为罪 未遂罪 累犯罪 俱发罪 共犯罪 刑名 宥减 自首 酌减 加减例 缓刑 假释 恩赦 时效 时例 文例

① 参见何云鹏:《〈大清新刑律〉对日本刑法的继受及其反思》,载《延边大学学报(社会科学版)》2011年第2期,第130～134页。

续表

1907 年《日本刑法典》		《大清新刑律》	
罪及刑	对皇室罪 关于内乱罪 关于外患罪 关于国交罪 妨害公务之执行之罪 逃走罪 藏匿犯人及湮没凭证罪 骚扰罪 防火及失火罪 关于溢水及水利罪 妨害往来罪 侵住居罪 侵秘密罪 关于鸦片烟罪 关于饮料水罪 伪造通货罪 伪造文书罪 伪造有价证券罪 伪造印章罪 伪证罪 诬告罪 威胁奸淫及重婚罪 关于赌博及相关罪 关于礼拜所及坟墓罪 渎职罪 杀人罪 伤害罪 过失伤害罪 堕胎罪 遗弃罪 逮捕及监禁罪 胁迫罪 略诱及诱拐之罪	分则	侵犯皇室罪 内乱罪 外患罪 妨害国交罪 泄渎机务罪 渎职罪 妨害公务罪 防害选举罪 骚扰罪 逮捕监禁人脱逃罪 藏匿罪人及湮灭证据罪 伪证及诬告罪 放火决水及防害水利罪 危险物罪 防害交通罪 防害秩序罪 伪造货币罪 伪造文书及印文罪 伪造度量衡罪 亵渎祀典及发掘坟墓罪 鸦片烟罪 赌博罪 奸非及重婚罪 防害饮料水罪 防害卫生罪 杀伤罪 堕胎罪 遗弃罪 私滥逮捕监禁罪 略诱及和诱罪 防害安全信用名誉及秘密罪 盗窃及强盗罪 诈欺取财罪 侵占罪 赃物罪 毁弃损坏罪

综上所述,《大清新刑律》作为中国法律近代化初期刑法体系的代表性成果受1907年《日本刑法典》的影响颇深。无论是在刑法典的法典形式上还是在立法手段上,编纂体例和结构上以及法律术语的应用上都有所体现。

三、中国法律近代化初期刑事法律制度方面的日本因素

在刑法制度的设计上,《大清新刑律》也是以1907年《日本刑法典》为参考,对1907年《日本刑法典》中的近代化刑法制度进行了吸收和借鉴,例如,缓刑、假释、时效、正当防卫、紧急避险等我们至今仍然在适用的一些刑罚制度,同时使用专门设立篇章的体例对这些制度进行了规定,充分体现了西方近代化的人道主义的先进理念。这些制度的设立和实施体现了近代化的刑法基本原则——法律面前所有人的地位都是平等的。同时,对体现不平等的法律制度进行了大规模的删减。此外,《大清新刑律》还对“官秩”“良贱”“服制”等突出相同罪行而适用不同的刑罚的制度进行了删减,集中体现了西方近代化的刑事法律理念。

(一)1907年《日本刑法典》中的近代化刑事法律制度

1. 缓刑制度

1907年《日本刑法典》的缓刑制度,又称执行犹豫或者暂停执行,是指在判决过程中通过判决时,考虑到犯罪嫌疑人的犯罪情节,依据法律给予犯罪嫌疑人一定的期间,当犯罪嫌疑人安全度过一定期间而没有造成新的刑事犯罪,刑罚归于消灭的刑法制度。[①] 从历史上看,执行犹豫制度起源于英国和美国的恩典体系,并由欧洲大

① [日]大塚仁:《刑法概説総論》,有斐閣2008年版,第572页参照。

陆国家继承。[①] 然而,在英国和美国,它是作为一个判处刑罚的制度而发展起来的,而在大陆法系国家,它是作为一种在判刑结束后不再执行的制度发展起来的。[②] 执行犹豫制度的目的是通过推迟刑罚的执行,经过法律规定的期间,不再执行原来的判决,给罪犯一次改过自新的机会,维护罪犯的良好行为并防止再次犯罪,同时避免给执行短期自由刑罚的人因为增加了犯罪的记录而产生有害影响,并且还能警告犯罪分子有可能还要执行原来的判决。

《日本刑法典》中第 25 条至第 27 条对此作出了相关的规定。例如,第 25 条规定,如果下列任何人被判处监禁或监禁不超过三年或者罚款不超过一定数额,则根据具体情况,执行被推迟至审判结束之日起不少于一年但不超过五年的期间,适用执行犹豫制度。第一,那些从未被判处过监禁以上刑罚的人。第二,以前被判处监禁或监禁以上刑罚,但未在执行完毕或豁免执行之日起五年内被判处监禁或监禁以上刑罚的人……[③]同时,执行犹豫是要附加执行犹豫判决的。日本历史上,在明治三十八年(1905 年),颁布了“关于刑罚执行的特别规定”,并采取了有条件的赦免。[④] 缓刑这一近代化的刑罚制度通过不断地适应时代的变化和发展,一直沿用至今。

2. 假释

假释在《日本刑法典》中称为假释放,是指在刑罚执行期间届满前释放的制度。狭义的假释意味着已被判决并被关押在刑事机关中的囚犯,被允许在正常的社交生活中度过剩下的刑期。

在《日本刑法典》中,第 28 条规定:“如果被判处监禁或监禁的

---

① [日]大塚仁:《刑法概説総論》,有斐閣 2008 年版,第 572 页参照。

② [日]大塚仁:《刑法概説総論》,有斐閣 2008 年版,第 573 页参照。

③ 参见《刑法》,明治四十年(1907 年)法律第四十五号。

④ [日]大塚仁:《刑法概説総論》,有斐閣 2008 年版,第 573 页参照。

人有积极悔改的情况、状态，有期徒刑执行经过三分之一，无期徒刑已经执行经过十年，相关的行政机关可以宣布对该罪犯实行假释制度。”[①]这里所指的行政机关是由法务省管辖的相关机构，该机关全面考虑人员的素质，生活史，校正设施的生活条件，未来的生活计划，回国后的环境等。同时，要求服刑人员认识到自己的问题，有悔改表现，才可以决定对该名犯罪嫌疑人适用假释制度。而且对于适用假释的条件也进行了相关的规定。

3. 时效制度

在《日本刑法典》中，刑事法律上的时效是刑法上的一种概念，是指在刑事审判中被判刑的人因在一段时间内没有受到刑罚惩罚，经过一定的期间，刑罚消灭的制度。这一制度主要规定在《日本刑法典》第 31 条和第 32 条中。《日本刑法典》第 31 条规定，死刑不适用时效制度。第 32 条规定，根据刑种叠加刑法的时效期间，时效的起算点是从宣判之日起计算。第 33 条规定，在法律中止或暂停执行期间，时效停止计算。第 34 条规定，如果被判处监禁、拘留、罚款或没收财产等刑罚，则产生时效中断后重新计算的法律效果。[②]

4. 正当防卫

在《日本刑法典》中，第 36 条规定，正当防卫是在面对紧急的伤害时，为了自己和他人的生命权利免受正在进行的不法侵害，而不得不进行的行为。[③] 如同我们所知道的，正当防卫是违法性阻却事

---

① 《刑法》，明治四十年（1907 年）法律第四十五号。

② 参见《刑法》，明治四十年（1907 年）法律第四十五号。

③ 参见《刑法》，明治四十年（1907 年）法律第四十五号。

由之一。[①] 正当防卫被认为是一种自然发生的权利。古罗马政治家西塞罗认为,“正当防卫不是来自成文法,而是自然的法律”或“正当防卫是没有历史的,也是不需要历史的”。正当防卫的本质是本人直接反击。[②] 在法治国家中,在制度完备的社会体制下,排除不正当的妨害是国家机构的责任,被害人私人的行为是扰乱社会秩序的行为,原则上是不被允许的。[③] 正当防卫行为的范围最初只是针对对生命的侵害行为。“在罗马法上,也有相关的规定,认为实质上的暴力性的侵害存在时,对其进行防御属于合法的行为。为了适应现代社会的发展,逐步扩大到保护人身和财产的合法权益”[④]。

最初,在《日本刑法典》中对正当防卫的概念规定得比较有限,正当防卫制度逐渐成为一种刑事法律制度是随着社会的发展和进步逐渐实现的,并且正当防卫制度逐渐发展为刑法上的正当防卫和民法上的正当防卫。从简单的制度雏形到制度的逐步完善,对中国刑事法律制度的近代化发展有重要的影响。

5. 紧急避险

紧急避险制度在《日本刑法典》中也有体现,第 37 条规定,紧急避险是一种为了避免紧急的危险或者危难而不得不牺牲其他的利益但不被追究责任的行为。

---

① ［日］高窪貞人、石川才顯、奈良俊夫、佐藤芳男:《刑法総論》,青林書院 1983 年版,第 99 页参照。

② ［日］高窪貞人、石川才顯、奈良俊夫、佐藤芳男:《刑法総論》,青林書院 1983 年版,第 100 页参照。

③ ［日］高窪貞人、石川才顯、奈良俊夫、佐藤芳男:《刑法総論》,青林書院 1983 年版,第 100 页参照。

④ ［日］高窪貞人、石川才顯、奈良俊夫、佐藤芳男:《刑法総論》,青林書院 1983 年版,第 100 页。

刑事法律中的紧急避险是指要避免的损害大于不可避免造成的损害而不会对避险人确定犯罪的制度。“不使用没有必要的法律”是紧急避险的一般原则,从研究的角度来看,紧急避险的出现是晚于正当防卫的。

关于紧急避险的本质,在学说上有多种讨论。例如,违法性阻却事由(这是紧急避险不成立犯罪的基础学说)、放任行为说、法益衡量说、责任阻却说、处罚阻却事由说以及二分说(违法性阻却事由与责任阻却说的结合版本)。

根据《日本刑法典》第37条的规定,在日本刑法学中,违法性阻却事由系作为紧急避险制度的通说。[①] “日本刑法典在法律文本上相继规定了正当行为、正当防卫以及紧急避险制度,这三种制度作为违法性阻却事由”[②]。如果紧急避险的要件没有得到满足,则行为人要承担相应的法律责任,称为超越法规的紧急避险。[③]

日本的紧急避险制度通过逐渐地发展,从刑事法律领域发展到民事法律领域和国际法领域。同时,紧急避险制度也在中国刑法近代化的初期被引入了中国,推动了中国刑事法律近代化的发展。

(二)《大清新刑律》中的近代化刑事法律制度

通过前文的论述,我们可以发现《大清新刑律》在刑事法律体系的构建上参考、借鉴了1907年的《日本刑法典》,这里我们再来研究这些具有近代化意义的刑事法律制度在《大清新刑律》中的体现。

---

① [日]福田平:《全訂刑法総論》,有斐閣2011年版,第164页参照。

② [日]福田平:《全訂刑法総論》,有斐閣2011年版,第164页参照。

③ [日]福田平:《全訂刑法総論》,有斐閣2011年版,第164页参照。

1. 缓刑

缓刑在中国古已有之,其最早见于《周礼》,“以荒政十有二,聚万民……三日缓刑”①。唐朝学者把这句话解释成,“三日缓刑者,谓凶年犯刑,缓纵之”②。由此可见,在中国古代,缓刑制度是一种不常用的刑事法律制度,常被适用于灾荒年月。

缓刑作为一种正式的常用的法律制度,开始于清朝末期。《大清新刑律》第一次规定了具有近代化意义的缓刑制度。其总则第十二章为“缓刑”专章,对缓刑制度进行了具体的规定。第63条规定:“具有下列要件,而受四等以下有期徒刑或拘役之宣告者,自审判确定之日起,得宣告缓刑五年以下,三年以上……”③可见,《大清新刑律》将缓刑适用的范围界定为受四等以下有期徒刑或拘役之宣告者,即仅规定短期自由刑可以适用缓刑,将附加刑和罚金刑等刑种排除在了缓刑适用范围之外。同时,缓刑制度经由日本引入中国,也必然呈现出诸多的日本刑事法律特征。

2. 假释

假释制度是世界法律近代化的成果。传统中国没有假释制度,中国的假释制度开始于清朝末期,在法律文本上首次见于《大清新刑律》,该律总则第十三章为“假释”专章,参考1907年《日本刑法典》在具体制度的设置上规定了假释条件、假释的撤销和假释的效力。这条法律规定,服刑人员要有悔改表现;无期徒刑已执行10年以上,有期徒刑已执行总刑期的1/2以上,但有期徒刑之执行未满3年者除外。在假释期限内重新犯罪而受拘役以上刑之宣告;因假释

① 孙明编:《中国刑法之最》,中国人民公安大学出版社1994年版,第128页。

② 孙明编:《中国刑法之最》,中国人民公安大学出版社1994年版,第128页。

③ 高汉成主编:《“大清新刑律”立法资料补编汇要》,中国社会科学出版社2016年版,第14页。

前所犯罪而应执行者;如果出现假释制度规定中应该予以撤销假释的现象,而没有经过撤销的,他的出狱时间计算在刑期内。[①] 这是中国刑法执行制度的巨大进步,对后世法律文本的规定和制度的设计影响深远。

3. 时效制度

时效制度对于中国来讲也是古已有之,但是并不成体系。"质剂之治,宜以时决,久而后办则逮托或已死亡,其事易以生伪,故期外不听,亦可以省烦扰"。据此而言,古人认为时间长了,关于事实的证据就会逐渐消失,为了避免节外生枝,所以倾向于对原来的问题不再深究。这就是传统中国关于时效制度法律理念的雏形,但是一直没有发展成为一项对立的法律制度,通过中国法律的近代化发展,时效制度正式确立在了中国法律制度中。

同缓刑制度、假释制度一样,时效制度首次引入我国也是通过借鉴1907年《日本刑法典》制定而成的《大清新刑律》,主要见于该法的第十五章"时效"。《大清新刑律》中关于时效制度的规定主要分为第69条的提起公诉时效和第74条的行刑时效。例如,第69条规定:"(一)系死刑者,十五年;(二)系无期徒刑或一等有期徒刑者,十年;(三)系二等有期徒刑者,七年;(四)系三等有期徒刑者,三年;(五)系四等有期徒刑者,一年;(六)系五等有期徒刑、拘役、罚金者,六月。"同时还规定了前项的期限,"自犯罪行为完毕之日起算。逾期不起诉者,其起诉权消灭"[②]。第74条规定,"(一)死刑,三十年;(二)无期徒刑,二十五年;(三)一等有期徒刑,二十年;(四)二等有期徒刑,十五年;(五)三等有期徒刑,十年;(六)四等有期徒刑,五

① 参见孙明编:《中国刑法之最》,中国人民公安大学出版社1994年版,第130页。

② 周少元:《论〈大清新刑律〉的刑罚制度》,载《政法论坛》1995年第6期,第79页。

年;(七)五等有期徒刑,三年;(八)拘役、罚金,一年”。在此处亦规定了关于前项的期限,“自宣告确定之日起算。逾期不行刑者,其行刑权消灭”①。由此可见,通过参考《日本刑法典》,中国刑事法律在近代化的进程中更近了一步。

4. 正当防卫

作为违法性阻却事由之一的正当防卫,在传统中国就有思想雏形。例如,“凡盗贼军乡邑及家人,杀之无罪”②。《大清律例·刑律·斗殴》也规定:“凡祖父母、父母为人所殴,子孙即时救护而还殴,非折伤,勿论;折伤以上,减凡斗三等(虽至笃疾亦得减,流三千里者徒二年),至死者依常律。若祖父母、父母为人所杀,而子孙不告官擅杀行凶人者,杖六十。其于行凶之际,父祖方被人杀而即时将凶身杀死者,勿论。”③但是这仅仅是有一些正当防卫法律思想的影子,与近代化的正当防卫还是存在很大区别的。

通过对1907年《日本刑法典》的学习,《大清新刑律》在第二章不为罪中规定了正当防卫制度。其第15条规定:“对现在不正之侵害而出于防卫自己或他人权利之行为不为罪。但防卫行为过当者,得缄本刑一等至三等。”④

5. 紧急避险

关于紧急避险制度,《大明律·兵律·厩牧》规定:“若畜产欲触抵踢咬人,登时杀伤者,不坐罪,亦不赔偿。”⑤从文本的意思中,我

---

① 周少元:《论〈大清新刑律〉的刑罚制度》,载《政法论坛》1995年第6期,第79页。

② 吕思勉:《读史札记》(上),译林出版社2016年版,第305页。

③ 华友根:《薛允升的古律研究与改革:中国近代修订新律的先导》,上海社会科学院出版社1999年版,第297页。

④ 周东白编:《暂行新刑律》,世界书局1924年版,第4页。

⑤ 张晋藩主编:《中国民法通史》,福建人民出版社2003年版,第874页。

们不难发现当时法律中已经体现出紧急避险的法律意义。在《大清新刑律》中，通过学习《日本刑法典》使紧急避险制度正式走进中国的刑事法律制度中，其第16条规定："避不能抗拒之危难强制，而出于不得已之行为不为罪。但加过当之损害者，得减本刑一等至三等。"①

四、中国法律近代化初期刑罚体系方面的日本因素

在刑罚制度体系上的变化，以1907年《日本刑法典》为基础，《大清新刑律》在这部分有了颠覆性的变化，这主要表现在废除封建制五刑笞、杖、徒、流、死，通过对1907年《日本刑法典》刑罚体系的借鉴确定了中国刑罚体系近代化的基本雏形。近代化后日本的刑法先后经历了一些变化，从将刑罚体系划分为重罪、轻罪、违警罪，删除关于徒刑和流刑的相关规定，发展到将刑罚体系分为主刑和附加刑，以及用特别法对剥夺公民权利的刑罚进行了规定，并进一步规定死刑、惩役、禁锢、罚金、拘留以及科料等六种刑罚为主刑，没收为附加刑。② 在此基础上，《大清新刑律》刑罚体系制度的设立更加地突出了立法技术上的概括性，使得繁复的刑罚名称尽量简单扼要。以生命刑、财产刑和自由刑取代了酷刑和肉刑，第一次规定了主刑和从刑两类刑罚的基本体系，由此确定了中国近代化的刑罚体系，突出了近代化法律制度的基本理念。《大清新刑律》分别规定了主刑和从刑，同时规定绞刑是死刑的唯一执行手段，并将有期徒刑划分为重和轻的多个不同层次。

---

① 周东白编：《暂行新刑律》，世界书局1924年版，第5页。

② 参见何云鹏：《〈大清新刑律〉对日本刑法的继受及其反思》，载《延边大学学报（社会科学版）》2011年第2期，第130~134页。

五、日本对中国法律近代化初期建立起来的刑事法律体系及制度的影响

中国刑事法律的近代化之路开始于晚清时期，在与西方近代化刑事法律接轨的过程中，大量地借鉴和学习了日本的近代化刑事法律体系和制度，从法律体系到具体法律制度，从法律语言到法律理念都深受日本刑法的影响。诚如徐岱先生所言，《大清新刑律》仿效1907年《日本刑法典》的体系建立了中国近代化的刑事法律体系，其后被北洋军阀政府、北平国民政府、南京国民政府等继续沿用，它的确立是中国刑事法律迈入近代化的一个标志。[①]《大清新刑律》在法典的编写、格局体系的改变、学科理论的发展以及人们观念的变革等各个方面都产生了十分重要的影响。通过对法典体例和结构的变革，冲破了中国传统法律诸法合体的千年格局，将刑事法律从诸法中分离出来成为独立的法律部门，并且通过日本引进了当时世界上进步的刑法理论、刑法的原则以及制度。1907年《日本刑法典》的蓝本作用以及日本刑法学者冈田朝太郎的指导和帮助是不可忽视的，所以《大清新刑律》在开启中国刑事法律近代化之路的同时，日本因素的影响也是不可否认的。这种影响一方面提高了《大清新刑律》的颁布速度，推动了中国刑事法律近代化的提前到来。但是另一方面，对日本因素过度的引进也导致了一些“水土不服”的问题，使得《大清新刑律》成为中国和日本、传统与近代的两种不同法律文化的混合产品，缺少将其本土化、中国化的过程，导致了《大清新刑律》在制定颁布的过程中以及刚刚颁布的初期十分不适应中国的法律环境，这也成为导致“礼法之争”产生的根本问题。此外，学习《日

① 参见徐岱：《中国刑法近代化论纲》，人民法院出版社2003年版，第95页。

本刑法典》最为突出的问题就在于,在法典的制定和编撰过程中,多少采用了最为简单的翻译,简单的直接翻译导致的一个严重问题就是人们难以理解法律条文,更不要谈对于法律文本、法律条文后面的法律理论以及法律观念的理解了,这也就影响了法律的顺利实施,一方面使得法律无法走进人心,很难起到法律对社会的作用,另一方面就是进一步影响了刑事法律体系、制度和理论的发展和完善。

综上所述,在中国的刑事法律实现近代化的第一步,以及中国刑事法律追赶世界刑事法律潮流的开端中,日本的作用是无法视而不见的,甚至可以说是举足轻重的。在客观的效果上,日本已经成为中国由传统到近代化的媒介。作为标志性代表作的《大清新刑律》,学习、借鉴了大量的日本刑事法律体系、制度乃至理论,虽然其中有成败得失,但是其的制定将中国的刑事法律由传统带到了近代,其重要影响是无法磨灭的。

第四节　日本对中国法律近代化初期民事法律体系和制度的影响

一、中国近代初期民事法律体系及制度建立的基本状况

传统中国法律为“诸法合体、民刑不分”的模式,然而传统中国的法典内容主要由刑事法律构成,关于民事法律内容的规定寥寥无几,民法没有成为单独的概念,更加谈不上民事法律部门的建立以及民事法律体系的构建。所以,中国民事法律近代化也是在这一充满动荡和变化的时期——晚清政府时期或称清末时期开始的。这一时期,在经历了一系列的危机和探索后,风雨飘摇中晚清政府开

始在制度上寻找未来的发展方向，开始通过立法的手段积极维护其已经危机四伏的统治，于是开始了晚清政府的变法修律。虽然在时间上十分短暂，但是这一时期的立法成果和相关法律制度的建立却成为中国民事法律近代化的开端，对中国民事法律的近代化之路具有深远的影响。

自从晚清政府宣布上谕开始修订近代化的法律，中国民事法律近代化的序幕就正式拉开，其中 1907 年至 1911 年制定并且完成的《大清民律草案》，就是最具代表性的法律成果。《大清民律草案》是由晚清政府组织建立的修订法律馆主持起草的，由其与礼学馆共同负责法典的编纂工作，其中日本民法学家松冈义正和志田钾太郎以外国法律专家的身份担任顾问，协助该部法典草案前面三编的编纂，而修订法律馆和礼学馆则共同负责后两编的草拟任务。《大清民律草案》是具有近代意义的民事法律草案。由此开始，中国民事法律近代化逐步展开。从结果上来讲，《大清民律草案》虽然曾经提交资政院审议，但是直到 1912 年清朝灭亡也未能颁布实施。然而其历史意义是不能磨灭的，即中国历史上第一部民事法律草案。

二、中国近代初期民事法律体系中的日本因素

从前文的论述中，我们不难看出，日本对中国法律近代化之路影响深远，尤其是在中国法律近代化的初期更是有着直接的影响。这种直接的影响体现在各个方面。

（一）明治民法——日本民事法律体系和制度的近代化

1. 从“旧民法”到《明治民法典》

民法典的编写问题在日本法律的近代化进程中颇受重视，在其制定过程中经历了比其他部门法更加复杂的程序和理论上的争

论。19 世纪末期的日本,对于民法典的制定在法律理论上存在两种不同的声音,即一部分观点支持学习和借鉴西方先进国家的法律和制度,而另一部分观点认为应该以日本的法律和各地区的习惯法为主。于是争论的各方势力纷纷动手草拟民法典,但是这些都不是明治政府的官方行为,直到 1890 年日本"旧民法"的问世。这部"旧民法"是在法国法学家保阿索那特的参与下完成的,"以法国民法典为基础,将这部日本的民法典分为人事、财产、财产取得、债权担保和证据等五个编章,全文 1800 多条,相对于明治民法,这部被称为旧民法"①。该部民法典由于"法国因素"过多,在法律理念指导下的制度设计上过于借鉴法国,导致其极不适合当时日本社会的情况,因此自完成之日起,针对该"旧民法"的质疑声音就从未间断。最终日本"旧民法"被帝国议会决定延期实施。为此,1893 年,明治政府组织成立了民法典的调查会,其成员以伊藤博文先生为首,此外还有穗积陈重先生、富井政章先生、梅谦次郎先生等,此次对于日本民法典的再次编纂主要学习德国的民法典草案,并且充分与日本的国情相结合,保留部分日本"旧民法"中能服务于日本社会的立法成果,重新开始编纂日本的民法典。这部以《德国民法典》为蓝本的《明治民法典》颁布于 1896 年 4 月,并且对日本民事法律的发展以及之后中国民事法律的近代化产生了深远的影响。

2.《明治民法典》

《明治民法典》的制定工作开始于 1893 年 4 月 28 日法典调查会的第一次总会,到 1898 年 4 月 15 日整理会结束,一共经历了 5 年

① 何勤华主编:《法律文明史——大陆法系》(第 9 卷),商务印书馆 2015 年版,第 1092 页。

的时间。其中前三编分别为总则、物权和债权,1896 年 3 月经议会通过后,于同年 4 月 27 日颁布;而后两编关于亲族和继承的部分在 1898 年 6 月通过,同月的 21 日颁布,1898 年 7 月 16 日正式实施。《明治民法典》一共由 5 编组成,共 36 章,全文共 1146 条条文。日本将前三编统称为"财产法"、后两编则统称为"家族法"。同"旧民法"相比,最大的变动主要表现在前三编财产法的部分由原来的 1319 条变为 724 条,减少了将近 600 条。这一部分主要是将与行政法等其他部门法相关的问题通过特别法律和程序性法律予以规定,将《明治民法典》变成一部纯实体法法典。此外,由于受到《德国民法典》的影响,《明治民法典》在整体上对语言进行了高度抽象化的概括,这种情况主要集中在第一编的总则中。在法典的体例结构上《明治民法典》是依据《德国民法典》,但是在具体的内容上保留了《法国民法典》的很多内容。例如,《法国民法典》中的意思主义和对抗要件主义在《明治民法典》中的物权变动规则中有了集中体现。

《明治民法典》在特点上主要表现在以下几个方面:《明治民法典》在关于财产法的部分突出了资产阶级的属性。在法典的文字运用上广泛地使用了具有近代化意义的法律语言,例如,法律行为、代理、时效、占有、无因管理、不当得利等词汇;同时在法律的概念规定和法律术语的使用上学习了近代化的民法基本原则,这是《明治民法典》中近代化因素体现得比较突出的地方。例如,《明治民法典》第 1 条规定:"自然人自从出生的时候开始,拥有私权。"这一条法律规则就说明在形式上公民的民事权利是平等的。第 206 条规定:"在法律规定的范围内,物的所有权人对物有占有、使用、收益和处分的权利。”[①]第207条则对公民对于土地私有的权利进行了规定。这一条法律规则体现了资本主义制度中财产的私有制。而关于契约的自由原则则主要体现在《明治民法典》的第521条、第526条、第537条和第540条中。这四条法律规定要约、承诺和当事人双方意思表示一致是契约成立的要件，契约成立后即在双方之间存在约束力。通过这些法律规定，契约自由的法律原则在日本民法中正式确立。侵权行为的问题则规定在债权编，第709条规定：“因故意或过失侵害他人权利者，对因此而产生的损害要负赔偿责任。”[②]以上是《明治民法典》的与时俱进之处。此外，在财产法部分，《明治民法典》也存在相当多的封建残余。例如，在物权编保留了永佃制度。永佃制度是封建因素在财产立法中的突出体现，而对于封建因素体现最为集中的部分则在亲属和继承两编中。亲属编总体而言和幕府时期关于家的相关制度没有太大不同，还通过专门章节的形式规定了户主的特权与家属成员的从属地位，并且将关于家督的继承、财产的继承规定在继承编中。而关于家督的继承制度和遗产的继承制度基本沿用幕府时期的相关法律规定和民间的习惯，未作大规模的修改。

综上所述，《明治民法典》是日本民事法律近代化的重要成果，从体例和结构上来讲，日本的《明治民法典》与《德国民法典》大体相似，只是因为日本的国情需要，封建经济发达，而资本主义经济尚处在发展中，所以在物权篇中大量地规定了关于土地所有权的问题，并把物权调整到债权前，同时，还对近代化民事法律原则中的善良

---

① ［日］松冈义正：《民法物权》，载熊元楷等编：《京师法律学堂笔记》，安徽法学社1911年版，第182～185页。

② ［日］松冈义正：《民法物权》，载熊元楷等编：《京师法律学堂笔记》，安徽法学社1911年版，第182～185页。

风俗原则、诚实信用原则、公共秩序原则进行了规定。因此,《明治民法典》是一部保留封建残余的资产阶级民法典,但是其对于日本和中国乃至亚洲的影响都是不可忽视的。

(二)《大清民律草案》中的日本因素

这部还未等颁布清朝就灭亡而永远没有颁布机会的《大清民律草案》,是中国民事法律近代化的重要法律成果。它是外来法与本国法的混合体,在这点上与《明治民法典》十分相似。《大清民律草案》在编纂体例上和《明治民法典》基本相同,但是在具体的篇目上还是有所不同的,《大清民律草案》共分为5编,有1569条条文。其中,总则一共含有8个章节,是第一编,主要规定了关于近代化民事法律的基本问题,如法例、人等,共323条条文。债权的部分规定了关于债的基本问题,分为8个章节,主要涉及通则、契约等法律规定,共有654条条文。物权被排在总则和债权的后面,作为第三编,共有7章,即通则、所有权、地上权、永佃权、地役权、担保物权、占有,含有339条条文。同日本一样的是,前面是关于民事法律总则部分的相关规定,亲属法有7个章节,作为第四编,主要包括总则、家制等法律规定,共143条条文。紧随其后的就是第五编的继承法,这部分主要有总则、继承等6个章节,共110条条文。

《明治民法典》的编纂体例采用《德国民法典》的潘德克顿的模式,即以总则、债权、物权、亲属和继承等5个篇章作为整个民法典的组成部分。所以,有学者认为,《大清民律草案》仅仅是从外观上学习日本的《明治民法典》,实际上是通过《明治民法典》学习《德国民法典》。[①] 所以,《大清民律草案》学习、借鉴的是德国的、日本的以及

① 参见王立民:《清末中国从日本民法中吸取德国民法》,载《法学》1997年第1期,第54~56页。

日本本土化之后的西方近代化民事法律体系。总的来讲,《大清民律草案》是以引进西方近代化的民事法律体系为基础,以西方近代化的民法基本理论、基本原则为提纲的。但是无法回避的是,《大清民律草案》的第二编、第三编与第四编、第五编是建立在不同的经济基础之上的,即属于财产法律关系的债权编、物权编的基础是资本主义的基础经济模式,以契约自由的基本原则、尊重个人财产的基本原则、过失责任的基本原则为指导,以便利发展近代化的经济的法律。而与之相对的第四编的亲属和第五编的继承共同组成了这部民事法典的身份法部分,其建立的基础是中国传统的法律制度体系下的符合纲常礼教需要的民事法律关系,而不承认近代化民事法律中的人格对立和平等原则。《大清民律草案》中所呈现出来的立法基础的不一致性,正是学习、借鉴日本《明治民法典》的产物,同时也是依据当时中国社会的基本情况而推行的权宜之法。这主要表现在关于日本"旧民法"与《明治民法典》之间的法典之争,为了使得民法典可以顺利实施,同时也是为了民法典的相关内容能和当时的社会相适应,日本政府制定《明治民法典》取代了过于近代化的"旧民法"。《大清民律草案》正是将这一特点顺利地移植了过来。此外,《大清民律草案》在借鉴《明治民法典》的基础上,学习德国和日本法律体系将民法和商法分立开来,在民法典的部分不规定商法上的问题。

在法律语言和法律概念的使用上,通过《大清民律草案》的编纂,我们不难发现,这些语言和词汇基本来自蓝本国家——日本。对此,相关学者通过研究发现,"中国民事法律近代化初期的法律术语来自日本"[①]。晚清著名修律大臣沈家本先生认为,"当今的法律

① 李贵连:《二十世纪初期的中国法学(续)》,载《中外法学》1997 年第 5 期,第 3 ~ 22 页。

词汇、语言、法律术语乃至法律学术理论大多源自邻居日本"[①]。"对于当时急于挽救统治危机的清政府也好,对于想要挽救民族危亡的先进的中国人也好,在英语人才存量不足,专业化程度不够的情况下,直接翻译和适用日语词汇是最好的选择"[②]。这也是日本因素影响中国民事法律近代化的重要一环,这种影响不仅在民事法律领域有所体现,也几乎体现在整个中国法律近代化的过程中。

三、中国法律近代化初期民事法律制度方面的日本因素

(一)《明治民法典》中的近代化民事法律制度

《明治民法典》在财产法部分以西方近代化的民事法律理论为基础指导、调节当时日本社会的民事法律关系,由于新理论和旧习惯以及与社会中具体情况的矛盾层出不穷,例如,在作为基本生活资料的土地和房屋的租赁关系中,就是现实与理论的问题多发区。近代化的民事法律关系认为这是一种合同或者说是契约之间的关系。在法律文本上对应物权法和债权法两个部分,涉及物权、租赁权与土地、房屋组合而形成了四种权利,无论是在立法技术层面还是在现实运行实施层面都十分的复杂。第一,在幕府时期,传统的日本社会存在"永久佃耕"的制度;第二,采用《德国民法典》潘德克顿结构的《明治民法典》,对物权和债权进行了严格的区分,并且规定"债权是双方当事人相对于对方互为权利义务的对人关系,物权是权利人(此时的利用人)对物的所有关系,独立于对人关系的对于物的权利"[③]。同时为了更好地适应社会现实情况的发展,《明治民

---

① 沈家本:《寄簃文存》,商务印书馆 2017 年版,第 118 ~ 134 页。

② 李贵连:《二十世纪初期的中国法学(续)》,载《中外法学》1997 年第 5 期,第 3 ~ 22 页。

③ [日]六本佳平:《日本法与日本社会》,刘银良译,中国政法大学出版社 2006 年版,第 315 页。

法典》还规定了契约期间、契约的成立、地租减免、擅自变更用途的责任以及契约的对抗效力等问题。

在契约的期间问题上，主要规定在《明治民法典》的第268条、第278条以及第604条，主要规定了地上权的存续期间没有限制，永佃权的存续期间为20年到50年，租赁存续期间限定在20年内。[1] 在关于契约如何成立的问题上，《明治民法典》第601条规定，“以允诺的方式成立契约”，即不要式的契约成立形式，也是为了适应日本的现实情况，但是亦有要求形成书面的契约文书以维护契约的稳定性的。在地租减免的问题上，《明治民法典》第609条和第610条规定，承租人在符合法律规定的情况下可以享有地租减额的请求权（收益额止）和解除租赁关系的请求权。[2] 在用途的变更上，《明治民法典》第616条、第594条以及第612条规定，承租人负有根据标的物的性质、使用方法进行使用收益的义务。如果不能按照契约规定的用途使用（包括增加的形式、减少的形式以及修改的形式等），出租人享有契约的解除权。在契约的对抗效力上，《明治民法典》第605条规定，通过有关机构的有效登记租赁权能抗辩第三人的权利，但对承租人的登记请求权却没有体现。[3] 在现实层面，有关债权的问题很少经过有效登记。

（二）日本近代化民事法律制度在《大清民律草案》中的体现

通过前文的论述，我们可以发现，以《明治民法典》为学习、借鉴

① 参见［日］六本佳平：《日本法与日本社会》，刘银良译，中国政法大学出版社2006年版，第315页。

② 参见［日］六本佳平：《日本法与日本社会》，刘银良译，中国政法大学出版社2006年版，第315页。

③ 参见［日］六本佳平：《日本法与日本社会》，刘银良译，中国政法大学出版社2006年版，第315页。

对象的《大清民律草案》在债权法方面，采用了意思自治和契约自由的基本原则，但是在实际的法律文本设计中，则更加倾向于保护债权人的利益。此外，在关于“诚信原则”和“平等的原则”上则更是形同虚设，原因在于在当时的晚清社会现实中，不存在可以实现这些民事法律基本原则的“土壤”。

在物权编方面，《大清民律草案》的物权编基本上与《明治民法典》的物权部分没有大的出入。物权部分在《大清民律草案》制定以前的中国是完全不存在的，关于物权的立法对于当时的中国社会来说是一种创新。在内容上，在借鉴日本的同时结合了中国社会的现实情况，即注意清政府的利益和现实情况的结合。例如，关于永佃权的规定，《大清民律草案》第 1096 条规定：“永佃权人虽因不可抗力于收益受损失时，不得请求免除佃租或减少租额，但有特别习惯者不在此限。”[①]从这一条中我们可以发现，这部《大清民律草案》着重地维护了地主阶级的利益，同时这一条的规定也严重违反了作为近代化民事法律基本原则的“诚信原则”和“情势变更原则”。此外，这种着重维护地主阶级利益的条款还有第 1100 条的永佃权人怠于支付佃租时土地所有者——地主有权消灭永佃权；第 1099 条的永佃权人不论什么原因导致收益下降，均视为放弃租佃权。在地上权的内容中，《大清民律草案》也作出了保护地主阶级的规定。例如，第 1082 条规定，地上权人不可以因为不可抗力请求免除地租；第 1083 条规定，地上权人怠于支付地租一段时间后消灭地上权。此处关于地上权的定义来自日本，但是在具体规定上却与日本不尽相同，可以视为一种本土化。在物权部分的规定中，在技术层面倾向于大陆法系中

---

① 于语和、郑晓辉：《〈大清民律草案〉——外来法与本土法混合的产物》，载《外国法制史研究》2000 年年刊，第 173 ~ 190 页。

的德国和日本派系，在内容上主要移植了日本的《明治民法典》，在保护法益方面，《大清民律草案》极其具有本土化特色，着重保护了作为统治阶级的地主阶级的利益。

四、日本对中国法律近代化初期建立起来的民事法律体系及制度的影响

通过前文的论述，我们可以看出，日本对于中国民事法律近代化的影响深远，以《明治民法典》为蓝本而编订的《大清民律草案》虽然未能颁布实施，但是仍然对后世影响颇深，可以说它是第一部具有近代化意义的民法典。日本在推动中国传统的“诸法合体、民刑不分”的法典体系解体上起到了积极的推动作用，同时为晚清政府提供了在民刑分立后民法典的编纂模式。该部民法典的编撰团队有日本民法学家的支持，突出了日本因素的加持。在民事法律语言上的直接使用，客观上大大提高了法典编纂的效率。在相关制度的建设上也突出了日本因素与本土情况的结合。以上是日本对中国民事法律近代化的影响，但是在积极影响的同时，也存在一些近代化的民事法律在中国“水土不服”的问题。例如，近代化民事法律中的平等、自愿、公平、诚实信用和公序良俗等基本原则，因为当时中国社会的现实情况，很多具体法律规则的规定都与基本原则相悖，这在前文已经有所重点论述，在此不再赘述。在法律移植或者说是法律进口过来以后，总会出现一些新的、对于普通民众来讲让人难以理解的词汇，在没有相应解释的情况下，就容易导致人们理解法律文本时出现歧义，从而也会影响法律在现实生活中的有效实施。在对待中国传统民事法律或者说是民事习惯的态度上，由于晚清政府面临巨大的政治危机，当时立法过程中的主流观念倾向于学习西方先进的近代化法律，来改革中国传统的法律，这种过于急切的行

事风格难免导致在《大清民律草案》的编纂过程中过于注重学习近代化的民事法律体系和制度，而忽视了对于处理中国传统民事关系的法律规则和习惯的保留，从而导致的一个严重后果就是，法律仅仅停留在文本中，而无法走进社会生活里，晚清政府想要通过改革变法的手段来维护风雨飘摇的统治的目的也就无法实现。总体而言，日本因素，尤其是《明治民法典》对于《大清民律草案》的影响，乃至对于中国民事法律近代化的影响都是巨大的，无论是从此次民律草案编纂的质量上还是效率上来看，日本因素在各个方面对于中国民事法律近代化的意义都是不言而喻的。

第五节　日本对中国法律近代化初期商事法律体系和制度的影响

一、中国近代初期商事法律体系及制度建立的基本状况

中国商事法律的近代化开始较早，自 19 世纪 80 年代，改良派就开始呼吁、主张制定商事法律。1902 年，晚清政府在上谕中明确提出，要在修订《大清律例》的同时根据当时的需要制定矿律、路律、商律等工商法律，商事立法作为一项重要的法律改革任务被提上了议事日程。于是中国法律近代化初期之商事法律近代化也逐步开展起来。法律近代化初期的商事法律主要分为两个阶段。第一阶段是从光绪二十九年(1903 年)到光绪三十三年(1907 年)，在这个阶段商部负责商事立法，且商事立法成果颇为丰富。光绪三十年(1904 年)颁布《钦定大清商律》，该部商律是中国法律史上第一部近代化的商事法典。这部商事法典分为《商人通例》和《公司律》两个部分，其中《公司律》是中国第一部公司法。此外，还通过颁布法

律的形式对商业的相关事务和褒奖发展实业的行为加以规定,例如,《公司注册试办章程》《商标注册试办章程》《破产律》等法律、法规的问世。第二阶段是从光绪三十年(1904 年)到宣统三年(1911 年),在这一段时期,负责商事立法的部门由商部转引到了修订法律馆。这一阶段的立法成果同样颇丰,而且更加倾向于引进西方近代化商事法律,学习和借鉴日本和德国的商事法典。光绪三十四年(1908 年)九月《大清商律草案》(又称"志田案")起草完成,这部《大清商律草案》的体例结构完整,商事法律内容翔实,但是受日本因素的影响比较深,导致该草案在现实中不能很好地实施。此外,宣统三年(1911 年)八月《改订大清商律草案》由农工商部起草完成,这是一部相较《大清商律草案》更加具有现实可行性的商事法典,但是其未及实施,清朝就灭亡了。除了这部法律外,还有《交易行律草案》、《大小轮船公司注册章程》、《银行则例》、《银行注册章程》和《破产律草案》等具有近代化意义的商事法律均未及实施。但是这并不影响这些具有近代化意义的商事法律对于中国法律近代化初期的意义,以及这些法律对于北洋政府、民国政府制定商事法典的深远影响。

二、中国近代初期商事法律体系中的日本因素

如前所述,以日本为代表的近代化商事法律因素对中国商事法律近代化的影响主要集中在光绪三十年(1904 年)到宣统三年(1911 年)这段时间,其中《大清商律草案》的编撰完成为日本因素在商事法律近代化过程中的集中体现。想要更好地研究日本因素在商事法律近代化过程中的作用,无法回避的问题就是,先要了解日本的 1899 年商法典,即《明治商法典》。

(一)日本商事法律的近代化

1. 从“旧商法”到《明治商法典》

日本商事法律的近代化也开始于明治维新时期,明治一年(1868年)开始,日本先后设立了负责制定商事法律,管理商业行为的商法司和通商司。这一阶段的商业有了良好的发展,商事特别法律也相继出台。为了进一步促进日本商业的发展,明治政府决定开始着手制定通行全国的商法典。明治十四年(1881年),时任明治政府顾问的德国学者雷斯勒先生开始负责制定草拟日本商法典。明治二十三年(1890年)四月商法典正式颁布。与后来1899年《明治商法典》相区别,这部商法典被称为“旧商法”。该部商法典分为总则、海商法、破产法等三编内容,一共1064条条文。与此前其他法律部门首次颁布的法典存在一样的问题,就是法典的内容和日本社会情况严重失调导致了该部商法典颁布不久就受到了社会各界的抨击,虽然为了改变这种情况适应社会需要而多次修正,但还是有很多内容无法在现实的商事行为中得到实施。此后,明治政府开始打算重新制定、编纂新的、更加适应日本商业发展的、尊重日本社会商业惯例的商法典。

2.《明治商法典》

明治三十二年(1899年)三月,明治政府颁布了由梅谦次郎先生、冈野敬次郎先生等参与制定编纂的商法典。这部商法典被称为《明治商法典》,该法典共有5编,即总则、公司、商行为、票据和海商,共689条,于明治三十二年(1899年)六月十六日开始施行。这部《明治商法典》主要的蓝本是1897年的《德国商法典》,同时在充分尊重日本社会经济和原有商业惯例的情况下,部分学习了法国和英国的商法典。《明治商法典》作为日本商事法律近代化的重要成果,虽然经过多次修改,但至今还是日本现行的商法典,其优点十分明显。

商业的发达是近代资本主义经济高度发展的一个重要表现,明治政府为了商法典能够更好地顺应商业发展的时代潮流,促进日本商业的发展,在颁布的《明治商法典》中着力提高了商业习惯在整部法典中的地位。例如,《明治商法典》第1条规定:"关于商业,本法无规定的,适用商业习惯,无商业习惯时,适用民法。"[①]《明治商法典》在法律规则的设定上更加集中,抛弃了原来的实体法中结合民法的内容以及涉及的程序法部分,使法典文本结构更加紧凑。公司编作为《明治商法典》中的重要一编,对公司建立采取了"自由设立的许可主义",取消了此前"旧商法"中关于公司建立的条条框框,同时增加了公司可以合并的规定,这一变化使整部《明治商法典》能够更加适应当时日本刚刚起步的商品经济。

(二)《大清商律草案》中的日本因素

通过对于晚清政府制定商事法律的基本情况的研究可以知道,日本因素对中国商事法律近代史的影响主要集中在第二阶段,在众多的商事法律成果中,《大清商律草案》及其改订案可谓最为提纲挈领。

光绪三十四年(1908年),由日本商法学专家志田钾太郎单独负责起草《大清商律草案》,经过4年的时间终于完成,所以,该部草案也称为"志田案"。关于志田钾太郎在商法学术观点上对《大清商律草案》的影响,本部分就不再赘述。在法典的编纂体例、结构上,以1899年的《明治商法典》和1897年的《德国商法典》为蓝本,同时坚持贯彻了民商分立的基本立法原则。《大清商律草案》的内容包括总则(含有9章,103条)、商行为(含有8章,236条)、公司法(含有6编,16章,312条,是以《公司律》为蓝本而加以重新编纂的)、票据

① 李昌道、徐静琳主编:《外国法律制度导论》,复旦大学出版社2003年版,第329页。

法（根据当时世界通行的海牙统一票据规则，同时参考德国和日本的相关法律规定编写完成，含有 3 编，15 章，94 条）、海船法（含有 6 编，11 章，263 条）等 5 大编，总共 1008 条。商事法律术语的移植和借鉴性也十分突出。例如，该部法典借鉴了近代化的商事法典，引进了近代化的法律概念、法律用语、商事法律规则、商事法律原则等，像公司的概念、破产规则等这些具有近代化意义的商事法律规则为日后中国商业的发展以及商事法律的进一步近代化奠定了基础。[①] 这些西方近代化的商事法律术语多是日本通过翻译引进的，而我们又是通过翻译日语词汇而将法律术语确定下来的。在对于符合当时世界潮流的商事法律相关规定的引进上表现得尤其突出，通过日本因素的影响，在票据法的部分对海牙统一票据规则的内容进行了规定。此外，《大清民律草案》在对待中国传统商业惯例的态度上没有吸取日本“旧商法”的经验教训，反而犯了和日本“旧商法”相似的错误，从一开始编纂法律的时候，着重关心商法典体系、结构和内容的近代化需要，而导致该部商法典在法律基本原则和法律规则的制定上与中国传统商业惯例背道而驰，这也成为《大清商律草案》未能颁布实施的重要原因之一。但是这并不妨碍其作为中国第一部内容全面的商法典，成为民国时期修订商事法律的必要参考。《大清商律草案》虽然在立法技术和法典规定的内容上紧跟世界潮流，但是缺乏现实的可行性，所以，《大清商律草案》在起草完成不久后就开始准备其改订案。但是这仍然不能影响《大清商律草案》成为中国第一部内容全面的商法典，为最终构建商事法律体系，建立商事法律部门发挥重要作用，以及在现实层面对后来北洋政府、民国政府的商事法律发展产生影响。

---

① 参见赵玉环：《清末商事立法评析》，载《政法论丛》2009 年第 3 期，第 110～113 页。

三、中国近代初期商事法律制度方面的日本因素

（一）《明治商法典》中的近代化商事法律制度——以公司法律规定部分为中心

关于公司相关问题的法律规定在整部《明治商法典》中占有重要地位，本部分以《明治商法典》中关于公司的相关法律规定为例，来看中国商事法律近代化学习、借鉴的《明治商法典》中关于公司的规定。明治三十二年(1899年)的商法典，对日本商事行业的发展进行了从宏观到微观的规定，其立法的目的是全面规范日本的商业发展。在具体内容上，公司部分位于《明治商法典》的第二编，主要包括公司的性质、公司的种类、股份公司的基本原则、股票以及股份公司的机构等内容。由此可见，在《明治商法典》中，关于公司的法律规定已经初具雏形，并且适应了当时日本经济的发展，为后来日本公司法律制度乃至商事法律的发达奠定了坚实的基础，同时更有效地促进了日本经济的发展。

（二）日本近代化民事法律制度在商事法律制度建设中的体现

以《明治商法典》为蓝本的《大清商律草案》也着重对如何规制公司的法律进行了规定和相关的制度设计。随着社会经济的发展，对公司的立法需求逐渐增加，公司法部分的地位也逐渐提升，最终在草案成文使其成为商法典的重要部分。在该草案中，公司位于第三大编，分六小编十六章。

“第一编　总则，下设法例、通则二章

第二编　合名公司，下设设立、内部之关系、外部之关系、股东之入股及退股、解散五章

第三编　合资公司

第四编　股份公司，下设设立、股份、股东总会、董事、监查员、

会计、公司债、定章之变更、解散九章

第五编　股份合资公司

第六编　罚则共条。其内容也主要是效仿日本商法典的‘会社’即公司的规定”[①]。

但是关于公司部分的整体法律制度设计，由于在指导方针和具体内容上都有着严重的“借鉴”痕迹，不符合现实的社会商业规则，所以遭到了行业协会的严厉抗议。

此外，在破产法律制度方面，日本因素的影响也十分明显。传统的中国社会长期重农抑商，所以商品经济没有可以自由发展的空间，更加谈不上商品经济的发达，因此没有破产制度产生的经济基础。但是，晚清政府在推进中国法律近代化的过程中，没有充分地根据现实的需要而进行，而是在为了应对统治危机，建立一整套的近代化法律制度体系。所以，由日本法学专家参与编纂，参考德国和日本破产相关法律制度的破产法律制度相关法律案应运而生。但是这些法律案的命运和晚清政府制定的多数法典及法律草案一样，还没有通过、颁布或者实施，大清就走到了命运的终点。

四、日本对中国法律近代化初期建立起来的商事法律体系及制度的影响

在中国商事法律近代化的初期，日本起到了十分重要的作用，可以说在中国当时商品经济发展十分不充分的情况下，关于商事法律的很多规定和制度的设计是超越了现实情况的需要的，所以，以近代化的商事法律理论为基础的法律体系和制度是无法有效地规制当时中国的商业活动的，进而也就无法在现实、具体的商业活动

① 李艳鸿：《论清末公司立法》，安徽大学 2005 年硕士学位论文，第 18 页。

中促进中国的商品经济发展。但是从另一个角度来讲,中国对于德国和日本的商事法律体系及制度的移植,在理论和法律文本上都推动了中国商事法律的近代化,这一重要的历史意义是不能忽视的,由此而制定、编纂的多部法律案都为后来中国商事法律近代化的不断发展打下了坚实的基础。形式上的中国商事法律近代化,客观上推动了近代化的商事法律理念在中国的广泛传播,越来越多的人开始关注到近代化商事法律体系和制度背后所体现出来的理念问题,为后来中国商品经济的发展提供了理论指导。此外,通过日本,中国也将富有西方近代化意义的商事法律术语带到了相关法律条文中,在后来中国商事法律近代化的不断发展和完善的过程中也起到了十分重要的作用。

第六节　日本对中国法律近代化初期诉讼法律体系的影响

一、中国近代化初期诉讼法律体系建立的基本状况

在晚清政府进行新政改革以前,传统中国法律中的程序法大多分布在法律、律令之中,基本不涉及单独的立法。自晚清政府开始着力推行制度改革和变法修律的工作,并且开始致力于改善中国的司法环境。此次修律改革以体恤民情和尊礼重教等理念为指导,并且在此基础上"参酌各国法律",制定中国近代化的法律和制度。所以,晚清变法修律对于改变中国传统的法律体系具有里程碑式的意义。在此次晚清修律中,光绪皇帝任命沈家本作为修律大臣主导修订法律,其中诉讼法体系的建立也在这一期间形成,中国法律近代化初期诉讼法律体系的建立主要包括民事诉讼、刑事诉讼和刑事民

事诉讼等三部法律草案。这三部法律草案的制定都是在晚清修律大臣沈家本的主持之下开展的。

纵观晚清政府在1902年开展的变法修律，日本因素的影响可以说是贯穿了此次修律改革的整个阶段。从晚清政府派往日本的考察团学习如何修改律法，到日本法学专家来到中国本土进行亲自指导参与立法活动，再到晚清政府派到日本的大批研修法律的留学生归国后参加修律改革，日本对中国法律近代化初期法律体系形成的影响都是不可忽视的，其中也就必然包括近代化的日本诉讼法律体系对中国诉讼法律体系建立的影响。日本近代化的诉讼法律对中国法律近代化初期诉讼法律体系的建立起到了示范和蓝本作用，主要表现在推动了《大清刑事民事诉讼法》《大清刑事诉讼律草案》《大清民事诉讼律草案》等三部诉讼法草案的制订，以及推动了人们对于近代化的诉讼法律原理、原则、规则以及制度的认识，但是也存在一定的不足和问题。所以，从日本近代化的诉讼法律体系的建立入手，来探究日本诉讼法律体系是在哪些层面对中国法律近代化初期的诉讼法律体系的建立产生影响，以及这种影响又存在哪些积极和消极的因素是十分必要的。

二、中国法律近代化初期诉讼法律体系中的日本因素

（一）日本诉讼法律的近代化

日本法律近代化时期在诉讼法律体系的建立方面，主要涉及日本的《刑事诉讼法》和《民事诉讼法》的颁布实施。

日本法律近代化初期的《刑事诉讼法》的前身是明治十三年（1880年）制定的《治罪法》（明治十三年太政官布告第三十七号）。基于社会发展、变革的需要，到明治二十三年（1890年）日本政府着

手制定了《刑事诉讼法》(现在称为旧刑事诉讼法),[①]时至30年后,随着法律改革情况的变化,大正十一年(1922年)日本政府又一次采用德国刑事诉讼法的模式重新制定了新刑事诉讼法(于今天而言也称为旧刑事诉讼法)。[②] 但是,在法律近代化的初期阶段内,司法行政政权被司法省掌握,颁布诉讼法律的目的就是维持国家和社会秩序,缺乏对人的权利的关怀。

在民事诉讼法方面,日本法律近代化的初期,于明治二十三年(1890年)也配套制定颁行了最初的正式的《民事诉讼法》。该部《民事诉讼法》是由德国法学家赫尔曼·泰赫执笔起草的。其后,这部《民事诉讼法》主要受到《奥地利民事诉讼法典》的影响,进行了大幅度修改。在此后大约70年的时间内,这部《民事诉讼法》只进行了部分改正,一直在被使用。可见相对于刑事诉讼法来讲,民事诉讼法的立法技术是更加科学的。

日本法律近代化的初期在诉讼法律体系的建立方面主要包括了刑事诉讼法和民事诉讼法的制定和颁行,可见,在此日本也是处于探索的阶段,在诉讼法律制度的制定和施行方面也略显生涩,诉讼法理论和立法技术尚未成熟和完善,但是,日本的诉讼法律体系的建立仍然深深地影响了中国乃至整个亚洲的诉讼法律体系的建立和发展。

(二)法律文本和法律草案内容中的日本因素

1.《大清刑事民事诉讼法》草案

在中国几千年的传统社会中,法律的形式一直是实体法和程序法不分,并没有形成单独的诉讼法典,当然对于诉讼权利的保护也

---

① 亦可称为《明治刑事诉讼法》,明治二十三年(1890年)法律第九十六号。

② 或者称为《大正刑事诉讼法》,大正十一年(1912年)法律第七十五号。

就无从谈起了。直到晚清政府推行变法修律，这一情况才开始改变。1905 年年初，在制定刑事和民事方面的诉讼法律问题上，为了保障案件的审理效果，时任御史刘彭年力主恢复刑讯制度。但是这一想法遭到了晚清修律大臣沈家本和伍廷芳的反对，他们不赞同原来的刑讯逼供模式，但也从中得到启发，开始着手制定一部诉讼法律，并且这一想法也得到了光绪皇帝的支持，于是开始借鉴日本的"诉讼裁判之法"[①]。修律人员认真学习日本诉讼法律后，对日本诉讼法律体系中的制定方式、修订方式等进行了仔细总结，并且提出了刑事诉讼相关法律在法律体系中的重要地位观点，指出，"西人有言曰：刑律不善，不足以害良民；刑事诉讼律不备，即良民亦催其害。盖刑律为体，而刑诉为用，二者相为维系，固不可偏废也"[②]，即法律规定不明确的现象，如果出现在刑事诉讼案件中，就会给公民的权利造成极大的伤害，因此需要"刑律为体，刑诉为用"，这表明刑律和刑诉之间具有紧密联系，不可偏废。[③] 从宏观上来讲，沈家本认为实体法是"本"，程序法是"用"，两者是相辅相成的，并且突出强调实体法和程序法共同发挥作用才能使公民的权利得到有效的维护。所以，在得到光绪皇帝的认可后，修订诉讼法律草案的工作开始快速展开。

中国法律近代化初期首部具有独立性的诉讼法典《大清刑事民事诉讼法》于光绪三十二年(1906 年)诞生，这部草案将诉讼法单独编制成册，区分了实体法和程序法，共 5 章 260 条，涵盖了刑事(逮捕、审讯、裁判等)和民事规则(传票、审讯、查封等)以及通用规则

---

① 徐世虹主编：《沈家本全集》，中国政法大学出版社 2010 年版，第 133 页。

② 沈家本：《奏进呈刑律草案折》，载上海商务印书馆编译所编纂：《大清新法令(1901—1911)：光绪新法令 · 谕旨 宪政 司法 法律草案》(第 1 卷)，商务印书馆 2010 年版，第 457 页。

③ 参见徐世虹：《沈家本全集》，中国政法大学出版社 2010 年版，第 291 页。

(陪审团、证人、律师等制度)等具有近代化意义的诉讼法律理论、原则和制度。《大清刑事民事诉讼法》融汇了西方世界和日本的具有近代化意义的诉讼法律制度,着重参考了日本的诉讼法律程序(主要是关于刑事诉讼)中的起诉、逮捕、审讯等规定,并通过撰写报告的形式,明确了平等性原则、公开审判原则、控辩辩护原则等多项诉讼法律原则,还将"律师""陪审员"等具有近代化意义的诉讼法律概念引入中国。这与过往我国传统法律体系中关于诉讼法律制度的规定有极大的区别,即《大清刑事民事诉讼法》草案中所规定的诉讼法律制度,突出了保障被告人权益的近现代化诉讼法律理念。

但是,由于历史和现实的局限,以及传统法律的深刻影响,《大清刑事民事诉讼法》草案的内容因为过于具有近现代感而遭到了强烈反对。以张之洞为代表的保守派认为,该草案具有严重"坏中国名教之防"的问题存在①。其原因就在于这部草案是按照近现代化的诉讼法律原理来制定的,加之草拟时间仓促,所以并未充分考虑中国当时的基本国情,同时对于日本和西方的诉讼法律制度进行了过多的借鉴和学习,导致其法律文本与社会现实的需要相去甚远,因此这部草案推行起来就变得非常困难,在草案阶段就引发多次争议,直至最终被搁浅。

2.《大清刑事诉讼律》草案

宣统三年(1911 年),沈家本等人在奏折中认为刑事诉讼与刑法同样重要,应当有确定的程序,因此希望对刑事诉讼法进行单独立法②。而当时日本已经颁布实施了独立的刑事诉讼立法,采用了西方近代化的立法模式,同时沈家本等修律大臣也充分吸取了《大清

① 参见《清实录光绪朝实录》卷五五九。

② 参见朱寿朋编:《光绪朝东华录》(第 5 册),中华书局 1984 年版,第 4601 ~ 4602 页。

刑事民事诉讼法》草案没有通过实施的教训，所以在此次《大清刑事诉讼律》的制定过程中，制定法律的相关人员决定全面地效仿日本诉讼法的立法风格，并且为此专门远赴日本聘请了日本法学专家志田钾太郎来华亲自指导立法。这部《大清刑事诉讼律》共6编，条文共515条。具体涵盖了审判衙门、当事人、诉讼行为(包括证人证言、羁押、搜查等)、第一审、上诉、再诉等规定。《大清刑事诉讼律》草案在全面模仿日本的刑事诉讼法律的同时，借鉴了西方近代化的诉讼法律原则，包括由原被告和裁判共同构成诉讼的参加者、原被告具有平等诉讼地位等诉讼法律制度。同时，《大清刑事诉讼律》草案界定了各个诉讼环节的概念和具体内容，主要包括侦查环节、预审环节、起诉环节、审判环节、再审环节以及执行环节等，这就可以明确区分不同阶段应用不同规则的问题。单就这一点而言，基本上是对日本刑事诉讼立法体例的全面学习。在证据立法方面，此次修订的草案采取了西方近代化诉讼法律体系和日本诉讼法律体系中共同遵循的自由心证原则。① 此外，在对于当事人的保护原则方面，主要学习了日本诉讼法律制度中的相关规定，抛弃了采取刑讯逼供取得犯罪嫌疑人罪证的做法，这就有利于保护人的合法权益。

这部《大清刑事诉讼律》草案在制定、编撰的过程中，充分借鉴了日本1890年颁布的《刑事诉讼法》的相关内容，并且确定了平等审判、公开审判、自由心证等诉讼法律理念，同时具体细化了诉讼阶段的规定。通过对学习1890年的日本《刑事诉讼法》的相关规定，使得这部《大清刑事诉讼律》草案凸显出了保护人的权利的近现代

① 自由心证原则，即法官可通过自由裁量权使用的方式，对庭审过程中无法按照常规证据规则作出研判时，凭借自身内心判定证据效力。引自李慧英主编：《证据法学》，西南交通大学出版社2013年版，第56页。

化的法律意义。但是,1911 年辛亥革命的爆发,最终导致这部《大清刑事诉讼律》草案在晚清时期未能颁布实施。

3.《大清民事诉讼律》草案

在《大清刑事诉讼律》草案完成后不久,以沈家本为中心的修律大臣们开始着手制定《大清民事诉讼律》,并于 1911 年出台《大清民事诉讼律》草案。这部法律草案由日本法学专家松冈义正担任顾问,亲自操刀,充分借鉴了 1890 年日本颁布的《民事诉讼法律案》的相关内容,吸收了不告不理、一事不再理、当事人主义、辩论原则等西方近代化的诉讼法学理论、原则,突出了民事诉讼法律的近代化意义。这部《大清民事诉讼律》草案共有 4 编,800 条条文。在主要内容上,涵盖了民事管辖、回避条款、当事人权益保护、诉讼担保、文书移交转呈、民事起诉、证据规则、公示、上诉等具有近代化意义的诉讼法学概念,重点章节证据规则部分又细化为证据通则、认定方式、鉴定标准、书证规范、检证规范和证据保全等多个部分,体现了在中国法律近代化初期诉讼法律的近代化意义。首先,《大清民事诉讼律》明晰了审判衙门的权限,即审判衙门所管辖的民事案件,界定了管辖权和审判权。其次,《大清民事诉讼律》界定了当事人身份的概念,即当事人的认定条件,从而规定了民事诉讼的条件以及民事诉讼的效力问题,避免了因为当事人身份效力存在问题而进行民事诉讼浪费司法资源。最后,《大清民事诉讼律》实现了对普通程序和特别程序的区分,在程序上,对案件进行区分有助于提高办理案件的效率,实现司法机关和当事人对案件进行情况的把握,并且对公权力和私权利进行了合理的区分,促进了公民有效地保护自己的合法权利。所以,《大清民事诉讼律》草案凸显了对于公民权利的保障和司法资源的合理分配,对于改变“刑民不分”的传统法律思想有一定的推动作用,具有推动中国法律近代化的意义。

此外,《大清民事诉讼律》草案细化规定了诉讼程序的细节,同时注意将这些问题进行本土化设计。例如,这些规定在具体细节中对诉讼管辖的规定、如何收取诉讼费用的问题以及文书送达日期的问题都结合了当时社会经济的发展水平,突出了本土化的意义,而不是全面借鉴日本诉讼法上的相关规定。与《大清刑事诉讼律》相比是一大进步之处。这部《大清民事诉讼律》在立法技术上注意与实践相结合,将近代化的法律制度、法律规定进行了本土化,使其在现实层面更加具有可操作性,同时也将民事诉讼法律单独分离出来,解决了应用刑事诉讼法律审理案件的方式来审理民事诉讼案件的问题,突出了近代化法律充分保障公民合法权利的立法理念。在中国法律近代化初期,对诉讼法律体系的建立和发展具有里程碑式的意义。虽然这部《大清民事诉讼律》草案的命运和《大清刑事诉讼律》草案一样未及推广清政府的统治就结束了,但是这部《大清民事诉讼律》具有近代化诉讼法律意义,民国政府时期的诉讼法律的制定、颁布乃至正式实施就对此进行了充分的借鉴。

这几部已经制定完成,但是未及实施的诉讼法律草案,挑战了在中国持续了几千年的传统社会的立法体系,将程序法从实体法的桎梏中分离出来,改善了注重实体法、轻视程序法的传统观念,推动了中国法律近代初期诉讼法律体系的建立和发展,其历史意义重大。值得一提的是,在建立诉讼法律体系的过程中,日本诉讼法的影响依然巨大,主要表现在提供了立法的蓝本、制定法律的程序、立法的经验以及立法过程中针对宏观问题的指导和具体问题的解决。在中国法律近代化初期制定的这几部诉讼法律虽然只是草案,但是依然具有十分深刻的法律意义,为近代化诉讼法律体系的继续发展奠定了坚实的基础。

(三)在立法技术层面中的日本因素

传统社会的法律体系中,刑事法律是整个法律体系的核心,对于其他法律体系关注较少,尤其对诉讼法律的注意更是少之又少,这是中国法律近代化开始以前和日本进行法律改革以前所面临的共同问题。所以,晚清政府在推进诉讼法律体系建立的过程中,充分地借鉴了早中国一步开启法律近代化的日本,除了在制定法律文本和法律草案方面的借鉴,还在立法技术层面充分学习了日本。立法技术是否成熟与完善最终是由法律文本的科学性、合理性和系统性所体现的,主要表现在对于法典形式的选择、编纂体例的建立以及在具体层面法律术语的应用上。在前文的论述中,我们不难发现在法典形式和法律术语的选择和使用上,晚清时期制定的几部诉讼法律都在很大程度上学习了日本的诉讼法律理论和制度。

1. 选择成文法典形式中的日本因素

传统中国法律表现形式主要以成文法典的方式呈现,在中国法律近代化初期进行法律体系的近代化建设中,一方面,我们依然倾向于选择与传统相似的,更加易于人们接受的法律表现形式;另一方面,比中国早一步开启法律近代化变革的日本在历史上与我们有着太多的共同点。所以,这些原因最终使得晚清政府在进行诉讼法律近代化改革的时候,选择日本的近代化诉讼法典作为外国影响因素的第一参考。前文所述的三部诉讼法律草案都是着重参考日本诉讼法律的法典形式并且兼有考虑西方近代化国家法律理念的立法实践。例如,其中效仿西方近代化国家立法比较多的是《大清刑事民事诉讼法》,而到了《大清刑事诉讼律》和《大清民事诉讼律》则采取学习日本近代化诉讼法律的形式,由此可见,中国法律近代化初期,我们在进行法律近代化道路的摸索中最终选择了日本。在具体立法操作的层面,在地理位置上,日本与中国相距更近;在法律传统上,相似点多而且重要;在语言和文字的交流上,方便程度高;在立法过程中,遇到问题解决起来更加有可以参考的价值;再有一点是晚清政府派往日本学习法律的留学生有很多都已经学成回国推进法律改革。所以,在中国法律近代化初期,以成文法典的表现形式推动诉讼法律体系的建立,深受日本因素影响。

2. 法律术语中的日本因素

如前文所述,晚清政府在推动中国法律近代化的初期,在立法技术层面除了采用了颁布成文法典的形式和编纂体例,在具体内容的编写上大量应用了日本的法律术语,也通过对日本的近代化法律术语吸收将西方近代化的法律术语和法学理论引进了中国,从而实现了中国法律近代化与世界法律近代化的接轨。在这一过程中,日本无疑起到了桥梁和媒介的作用,日本近代化的法律也成了沟通中国法律近代化和西方近代化的法律的纽带。例如,由日本法学专家松冈义正主笔和负责编撰的《大清民事诉讼律》就大量借鉴了1890年日本颁布的与民事诉讼相关的法律法规,为了表达意思的完整,在法律术语的选择和应用上自然也对1890年日本的《民事诉讼法》有诸多引用。具体说来,增加了在中国传统法律术语中没有的诸多概念,如"律师""陪审团""自由心证"等。在晚清政府求快立法的指导思想下,在日本法律专家来华亲自参与立法的情况下,在立法过程中法律术语的选择问题上,日本因素的影响可见一斑。由此不难发现,当时立法者在法律术语的选择和创新上,凸显了对日本因素的借鉴意义。所以,在《大清民事诉讼律》草案中我们所看见的法律术语和法律概念与日本1890年的《民事诉讼法律案》中的相关规定的用法几乎完全相同。由于中日两国在历史文化层面的交流源远流长,所以,在法律近代化的过程中,中日两国自然存在深刻的法律术语、司法体系、法理表达等方面的联系。同时,又因为中国和日本尽管有相似但是还有区别,导致了在晚清政府处于内忧外患的情况下,在匆忙之间拟订出来的《大清民事诉讼律》未免与晚清时期的社会现实不相适应,由此可以预见在这一社会条件下即使该部法律颁布实施也会引起层出不穷的矛盾和问题。

三、日本因素对中国法律近代化初期诉讼法律体系构建的影响

中国法律近代化初期,晚清政府在推动法律改革的过程中,实现了将诉讼法律从传统的法律体系中分离出来,通过制定成文法典的形式,开启了程序法律与实体法律相分离的近代化法律体系。在这一阶段中,中国诉讼法律体系的建立深受日本法律近代化的影响。从积极影响方面来讲,中国法律近代化初期得到了日本的配合,无论是政府角度还是法学专家个人角度日本都给予了晚清政府积极的帮助,推动了诉讼法律体系的快速建立,例如,日本法学专家冈田朝太郎参与《大清刑事诉讼律》的编纂,松冈义正参加《大清民事诉讼律》的起草工作;而且这两部诉讼律草案的蓝本都是采用1890年日本政府颁布的相关诉讼法律规定,无论是表现形式上还是编纂体例上,抑或对于近代化法律术语的称谓上都可以看见日本诉讼法律规定的影子。但是由于晚清政府统治时期社会情况十分不稳定,社会各个阶级急于看到变法修律的成果,晚清政府统治者也希望由此来挽救统治地位,所以,在推进修订诉讼法律文本的过程中出现盲目照搬的现象,这就导致最终呈现出来的诉讼法律文本脱离中国社会现实,在实际运行中缺乏可行性,人民也不能欣然接受。所以,中国法律近代化初期,日本因素对于促进诉讼法律体系的建立和发展也存在一定程度的消极影响。

第七节　日本对中国法律近代化初期司法制度的影响

一、中国法律近代化初期司法制度改革基本状况

中国法律近代化初期，晚清政府在推进法律体系近代化建设的同时，也对司法体系进行了相应的改革。这一阶段，司法改革的模式也主要参考了日本明治维新时期所建立的司法制度，突出强调司法制度运行的相对独立性。所以，对清朝时期确定下来的司法制度进行了有针对性的改革，但主要是针对审判机构的改革。这次的司法改革首先开始于司法机构的官制改革。其中，负有审判职能的是由原来的大理寺更名而来的大理院，大理院成为晚清时期司法体系中最高的审判机关，有权对法律法规作出解释。刑部更名为法部。在大理院和法部设立后，为了方便行使检察权又设立了总检察厅，置于大理院之下，作为国家最高检察机关，在审级上实行"四级三审制"。同时晚清政府也陆续出台了多项规定，相应地改革地方司法机构、京师地方审判机构、各省地方审判机构，其中地方审判机构由高等厅、地方厅和初级厅三种审判厅组成，并设立相应的监察厅负责行使司法权。从司法制度建立的角度来讲，晚清时期主要确立了各级审判机构，大理院独立、公开地进行审判活动。负责调查取证和公诉刑事案件等工作的总检察厅和各级检察厅设在各审判机关内，同时在监狱制度改革上也借鉴了日本。此外，还引入了近代化法律体系中的律师制度。由此可见，在中国法律近代化初期，晚清政府主导的司法改革颇具成效。

二、中国法律近代化初期司法制度改革中的日本因素

晚清政府进行司法改革主要涉及司法机构改革和诉讼制度改革两个方面，前文已经提到，中国法律近代化初期，在政府的推动下，近代化的诉讼法律体系已经初步建立，在司法制度改革方面，以日本和德国的司法制度模式为基础，积极参考了日本因素，学习了日本明治维新时期的司法改革模式和司法经验，使得晚清时期的司法改革取得了一定的成效，推动了中国法律近代化中司法制度的近代化。下文将解读审判机关侦查、诉讼、审判制度改革中的日本因素。

（一）司法机构改革审判机构职权变化中的日本因素

晚清时期，国家统治风雨飘摇，政治、经济、社会矛盾层出不穷，司法主权沦丧，晚清政府为了挽救统治地位，着力推进中国法律近代化改革，改革司法制度，收回司法主权，这主要是因为西方先进国家以中国法律制度体系不完善以及审判机制不规范等为借口拒绝归还领事裁判权。所以，晚清政府着力推进司法改革，审判机关制度改革就是其中重要的一步，晚清政府也期望通过此次审判机关改革收回领事裁判权。

如前所述，刑部官员董康等人曾于1906年前往日本考察学习，其中就对明治维新时期日本司法体系中的审判机制、监狱法制等进行了考察和研究，经过八个多月的学习和考察，董康等考察人员向晚清政府提交考察成果。该考察成果针对日本明治维新后建立的审判机制、监狱法制体制等作出了具体的介绍，并且针对这些近代化的司法制度提出了其在中国实现的可能性，同时，针对国内的情况提出在监狱管理制度中建立“典狱司”负责全国监狱管理的主张。此外，针对日本通过司法改革成功收回治外法权，并且建立了一系

列与近代化司法制度相配套的审判机关，并取得了明显的效果，其还将日本建立的近代化的司法制度理论带到国内，即法院代表国家独立行使审判权，由监狱对被判处刑罚的人执行刑罚，而这一点，任何人都不能干涉。①

由此，晚清政府也开始了司法改革建立近代化的司法制度之路。这一时期的司法改革作为清朝末期新政的一个重要组成部分，其改革的模式也是以日本的近代化司法制度和审判机关的改革为蓝本。在基本原则和制度创建上，把司法审判权从传统的行政权力中剥离开来，改变传统制度的模式，采用设立相对独立的审判机关的模式。但是改革也并非一帆风顺，例如，对于死刑复核权归属机关以及监督权归属机关等问题就出现了分歧，就此产生了法部和大理院的争论，最后通过对传统司法制度和近代化司法理念、制度的综合衡量，采取折中方案，大理院审理死刑案件，法部负责复核大理院审理的死刑案件，秋审斩监候案件由双方共同审理。这不仅仅考虑到了近代化的司法审判运行机制，同时也考虑到了现实的司法情况。所以，这种折中的解决方案不失为一种不错的选择，但是改革的不彻底，也为晚清司法审判制度改革最终收效甚微埋下了伏笔。而在具体的司法机关建设方面，则采用近代化的司法机关设置：区分审判机关和检察机关以及司法行政机关，这些机关行使不同的司法权力；并针对不同的案件划分不同的审级，进行分级管理；在细节方面，具体规定了合议庭制、独任制等近代化的司法审判制度。由上文论证不难发现，晚清政府以引进日本的司法审判制度为契机，将中国的司法审判制度从传统的形式中分离出来，力图通过改革实现在司法审判制度建设层面的近代化。

① 参见何勤华、魏琼编：《董康法学文集》，中国政法大学出版社 2005 年版，第 643 页。

(二)司法制度改革中的日本因素

通过前文论述,在中国法律近代化初期,晚清政府初步建立了诉讼法律体系,与此相配合的司法诉讼法律制度也在这一阶段有了一定的发展。传统司法诉讼制度办案主体不区分刑事诉讼和民事诉讼,地方行政部门直接处理案件的侦办、控告和审判,可谓一个机关"一揽子"处理整个案件,更加无从谈起科学明确的分工。所以,参与案件的,除了来报官的受害人短暂参与外,只有行政机关和犯罪嫌疑人,此外其他的诉讼主体参与很少或者基本上不参与到案件当中。在中国法律近代化初期的诉讼制度改革中,参考了日本的相关诉讼制度改革,细分诉讼案件对应的各阶段,明确各个部门的职责,推动了我国诉讼制度近代化的初步实现。

1. 日本因素对我国刑事诉讼和民事诉讼分离的影响

日本通过明治维新对司法体系实现了刑事诉讼和民事诉讼的严格区分,中国法律近代化初期,晚清政府也参照日本模式将诉讼分为刑事诉讼和民事诉讼两种。例如,大理院在内部组织框架中设置各个审判庭,即刑事诉讼归属刑事审判庭负责,民事诉讼的审理归属民事庭负责。另外,《各级审判厅试办章程》从法律文本的角度确定了区分刑事案件和民事案件,并进行分别审理的原则。

2. 日本因素对我国司法审判权和检察权的分离的影响

传统中国社会的监察机关是御史台和都察院,主要负责监督官员以及审理一些疑难重大案件。中国法律近代化初期的司法改革对各个司法机关的职责权限和组织结构等也作出了调整,例如,《审判编制法》中规定了大理院及其下设的审判厅等内部机构都要设立检察官员的岗位。此处检察官员的主要职责是提起公诉、侦查案件、监督执行等,但是没有独立的地位和属性,是审判机关的附属机构,并非独立于审判机关的独立部门,与今天的检察机关不同。总体而言,通过借鉴日本司法改革的经验,中国法律近代化初期的司法改革确定了法律监督职能由监察部门负责,最高审判权由大理院负责,初步实现了审判权和检察权的分离。例如,晚清政府颁布的《法院编制法》等多部法律法规中明确规定了检察院的职责权限,即法律授权检察机关依据《大清刑事诉讼律》的相关规定对刑事诉讼案件提起公诉,并监察判决之执行等职责。

3. 日本因素对我国建立近代化律师辩护制度的影响

传统中国的司法领域中的刑事审判以纠问式进行审讯,没有近代化意义的辩护制度。此次通过学习日本的法律改革经验,中国法律近代化初期确定了具有近代化意义的律师辩护制度,例如,将辩护制度在《大清刑事民事诉讼法》中进行规定,但是这部草案由于守旧势力的反对而没能正式颁布实施。此后的《法院编制法》明确规定了犯罪嫌疑人、被告人可以通过律师出庭或非律师出庭的方式享有接受辩护的权利,这对此次司法制度的近代化具有重要意义。同时,在该法律文本中也对律师辩护职能进行了约束,例如,规定法官如果认为辩护律师的言行存在问题,有权制止其不当的言行。这也是中国法律近代化初期通过借鉴日本的律师辩护制度而引进中国的,是我国现代律师辩护制度的基础。

4. 日本因素对我国建立以自由心证为主要内容的新证据制度的影响

在晚清政府的主导下,通过学习日本的证据制度和规则,《大清刑事诉讼律》草案中规定了证据裁判规则,突出了近代化司法制度对证据、证人证言的重视,同时规定了法官的自由心证原则。通过设置具有近代化意义的证据制度,使得各种证据的效力有位阶区分,扭转了传统司法领域中犯罪嫌疑人的供述是唯一有效证据的局面,使得口供这种形式的证据的效力下降,同时提高了物证等其他形式的证据的效力，形成证据效力位阶，方便审理案件。从另外的角度来讲，拒不认罪的被告人在如山的铁证面前也是无法逃脱法律的制裁的。

5. 日本因素对我国引进近代化的司法理念的影响

在司法理念领域中，传统社会以定分止争、社会安定为指导原则处理案件。基于这种想法，注重社会的稳定以及定分止争成为司法机关审理案件的最终目标；然而，以这种司法理念为指导的司法工作人员在审理案件时很可能会忽视各方当事人的权利是否真正地受到保护的问题。值得我们关注的是，在中国法律近代化初期，这场由晚清政府主导推动的改革在重视人权方面往前迈进了一大步。例如，在刑事司法改革过程中，引入了当时近代化法律原则中最先进的司法理念——重视保障人权。具体体现为，刑事诉讼案件中审判公开原则的确立，这就是对被告人权利的一种保障；司法制度领域中确立了近代化的辩护原则，主要方式有律师辩护和自行辩护；证据制度方面引进了西方近代化司法的自由心证原则、直接言词原则等诉讼原则。通过学习日本改革引进的近代化司法理念重点突出了程序法的价值和对当事人的合法权益的保护意义，限于时代、社会环境，这些近代化的司法原则未来得及被实施。但是这并不影响通过引进日本的司法理念，在法律理念层面，中国的法律近代化又向前迈出了一步。

（三）监狱制度及相关法律修订中的日本因素

传统中国的监狱管理中存在罪犯入狱后，面临“苦辱”，导致囚犯尽管不受死于法律，但会死于监狱虐待的情况[①]。1906 年 12 月董康等人考察日本回国后，在其报告中对日本近代化的监狱制度、监

---

① 参见张晋藩主编：《中国法制史》，中国政法大学出版社 2007 年版，第 268 页。

狱管理模式、监狱管理体制和执行等制度进行总结。

董康提出,日本在关于监狱的管理理念中认为罪犯要对其所犯的罪行进行忏悔并且应该受到相应的处罚,但是罪犯的基本人权应当得到保证。为了保障罪犯基本人权的实现,日本在建造监狱时,十分注意监狱结构的合理规划。例如,对于如何建造监狱,日本会精密研究和计算修建的地理位置、内部建造结构、筑造外围围墙以及罪犯完成劳动作业的环境和条件。又如,为了实现保障基本人权的目的,监狱还配置了食堂、运动场、盥洗室、浴室、医护室等基本生活设施。

关于监狱管理的问题,日本认为监狱方应当做到宽严相济来管理囚犯,按照监狱法律的相关规定管理,并且严格执行审判机关的判决,但也应当在保证法律威严的情况下兼顾赏罚严明和教化囚犯①。这一部分日本对中国监狱法律制度近代化的影响也是十分明显的。例如,日本著名法学专家小河滋次郎曾经受邀来华协助晚清政府修律,制定《监狱律》草案,这是我国第一次以法典的形式明确规定监狱制度的规范。通过这次对监狱制度的近代化改革,近代化监狱管理制度中所提倡的重视和保障人权问题得到了初步贯彻,同时,学习日本,建立"习艺所",开始注重对服刑人员进行农业、手工业等职业训练。

从总体上来讲,在中国法律近代化初期,晚清政府学习日本,在中国初步建立了近代化的司法制度。通过外派考察人员去日本以及聘请日本专家来华指导的方式,推进了司法制度的近代化发展,确立了律师辩护、刑事诉讼民事诉讼分离、审判权和检察权分离、以

① 参见故宫博物院明清档案部编:《清末筹备立宪档案史料》(上册),中华书局 1979 年版,第 463 页。

自由心证为主要内容的新证据制度、四级三审制以及监狱制度改良等新的诉讼制度和机构管理制度，这些都彰显了司法对于程序性的重视，同时注意保障当事人的合法权益。这是中国法律近代化初期，在司法诉讼制度方面的巨大进步。

三、日本对中国法律近代化初期司法制度的影响

在中国法律近代化初期，司法制度近代化改革和近代化司法体系的建立不是一蹴而就的，在这一变革中，日本扮演了非常重要的角色，对改革的各个方面产生了巨大的影响，但并不是决定性的。从内部原因来看，日本的明治维新收效巨大，日本由此走上了国富民强的道路，还顺利收回了治外法权，甚至还开始进行对外扩张。而晚清政府之所以开始变法修律，其原因复杂，在此不再赘述，但由于清王朝的性质最终决定了这次改革无法从根本上改变国家的命运。但是在这一过程中，法律近代化的脚步已经迈出，通过借鉴日本的近代化立法实践，近代化的司法制度基本确立，晚清政府通过考察日本和聘请日本法学专家来华指导的方式，将日本式的近代化法律制度、司法体制、监狱制度移植到了中国，并且迅速地推动了中国法律的近代化。这是日本因素对中国司法制度近代化的积极影响。但是事物的影响总是具有两面性，既有积极影响又有消极影响，这主要表现在，由于晚清政府迫于内外压力急于推动修律改革，在移植日本司法制度的过程中出现严重的生搬硬套等情形，在严重缺乏理论的论证和试点试验的情况下就迅速着手改革，这就是造成移植来的司法制度本土化推进十分困难，朝野内外反对者众多的原因。

综上所述，在中国法律近代化初期，日本因素对我国近代化的司法制度改革影响颇深。无论是日本官方对中国赴日留学生在法

科培养方面的支持，还是给予赴日考察人员的配合，抑或日本法学专家来华直接参与起草修律，日本在这一过程中都起到了沟通中国传统法律与西方近代化法律的桥梁作用，积极推动了中国司法体系近代化发展。正是因为如此，中国司法制度体系近代化才可以开展得如此迅速。

本部分主要论述了日本对中国法律近代化初期法律体系和法律制度的影响，在内容上主要涉及宪法体系和制度、行政法体系和制度、刑事法律体系和制度、民事法律体系和制度、商事法律体系和制度、诉讼法律体系和司法制度等多个方面。从以上几个方面的近代化情况可以看出日本对于中国法律近代化中法律体系和法律制度建立与发展的直接影响。例如，在中国近代化的刑事法律体系和制度的建立与发展上，以 1907 年《日本刑法典》为蓝本，借鉴并吸收了缓刑制度、假释制度、时效制度、正当防卫制度以及紧急避险制度等具有近代化意义的法律规定。

第五章　中国近代化初期法学学术研究中的日本因素

第一节　日本近代法学学术的基础
——法学教育的发展

江户时代的日本,“法律”由政府(幕府和各个宗族)单方面制定,适用于“下层社会民众”,并且严格禁止“下层社会民众”对“政府”的判决提出异议,人们的行为受到严格的限制。因此,也没有法律和法学的独立学科的建立。明治时代的日本,这种情况发生了彻底的改变,通过改革实施了与西方近代化相接轨的法律和司法制度,以期与西方国家建立平等的关系。为此,明治政府迅速地建立了制定法律的研究体系,其研究的重点是欧洲近代化的法律体系,以及如何将其应用于日本的法律的近代化。1871年,明治政府在司法省设明法寮[①],促进法学教育的研究。司法省明法寮作为培养法律实务专家的机构,由司法省设立,其学生主要由江户幕府西洋学所大学选拔出的优秀学生组成,开始了对这些人才进行法国式的法律人才教育。1872年,明法寮开始聘请法国教授在日本用法语进行

① 司法省明法寮后来成为司法省的法学院,之后被东京大学法学院吸收。

正式的法学授课,并开始培养从事法律实务的法律人才。1877 年,东京大学法学部设立,主要研究法律和法学。在第一阶段,以法国学者博瓦索纳德为核心的法国法学学者作为老师教授法国法律;在第二阶段,则以英美教师教授英国法和美国法为主。与此同时,从德川时代末期至明治初期,许多日本人开始去美国和欧洲留学,直接学习西方的法律和制度。1876 年,日本建立了法律资格考试制度。因此,需要对律师等法律专业人士进行培训,近代化的法律院校就相继诞生。但是,在这一时期日本近代化的法律的制定工作尚未推进,许多私立学校的教育水平较低。直到 1880 年,日本第一部近代化的刑法典和《治罪法》产生,使得法律资格考试变得更加严格。政府兴办的司法省法学校和东京大学法学院的毕业生,主导了日本私立法学院的陆续建立。例如,1880 年 4 月成立的东京法学院(现为法政大学);同年 9 月成立的英美法律职业学校(现为专修大学);1881 年成立的教授法国法的明治法律学院(现为明治大学);1882 年 10 月成立的教授英美法的东京专门学院(现为早稻田大学);1885 年 7 月成立的教授英美法的英吉利法律学校(现为中央大学)。到 1880 年年中,日本已经创办了五所私立法学校。[①] 这些学校的特点之一就是帮助有志于通过法律资格考试的人,对其进行辅导,就是这些学校的全职讲师很少,而且大多数课程的教授都依赖于兼职讲师,如大学教授或者律师担任兼职讲师。

在此期间,明治政府官办的法律院校和私立法律院校也产生了一些冲突和矛盾,但是在社会现实层面,私立法律学校在法律人才的培养过程中的作用变得越来越难以忽视,明治政府也开始逐步转换对待私立法律院校的态度。也就是说,明治政府从促进私立法律

① [日]天野郁夫:《旧制专门学校论》,玉川大学出版部 1993 年版,第 17 页。

学校的发展,转向了加强对这些学校的制度建设的控制。1886 年,明治政府制定了《私立法律学校监督条规》,适用于东京府下设的法律学校(五大法律学校)。1887 年,随着文官考试录用制度的确立,上述“条规”改为“特别认可学校规则”,英美、明治、东京专门、东京法、英吉利等七所学校被指定为“特别认可学校”,限定这些学校的毕业生才可以参加高等文官考试。这也推动了日本近代化法律人才队伍的壮大。这些主要的私立法律学校,不久在法律专业以外也设置经济科、文科、商科等专业。1920 年以后,旧制中的专门学校通过大学令升格为大学,同时,为了满足日本产业化发展所带来的实业教育需求,法学系私立学校开始逐渐扩招,并增设了商科等专业,走向复合化、综合化的近代化大学道路。①

近代初期,日本的法律学校体系除上文中提到的五大法律学校外,还有六大法律学校和九大法律学校。所谓六大法律学校就是,在明治后期,在五大法律学校的基础上,加上帝国大学合称为六大法律学校。② 所谓九大法律学校就是,在六大法律学校的基础上,增加了三所法律学校,即帝国大学(帝国大学法科大学)、东京法学院、明治法律学院、东京法学校、东京专门学院、英美法律职业学校、日本法律学校、独逸学协会学校专修科以及 1890 年庆应义塾大学部设立的法科专业等九所法律学校。③ 由此,明治时期,日本的近代化法学教育体系基本建立了起来,同时法律学校的建立也推动了日本法律改革的发展。

① [日]天野郁夫:《大学的诞生:帝国大学时代》,中公新书 2009 年版,第 17 页。
② [日]天野郁夫:《大学的诞生:大学的挑战》,中公新书 2009 年版,第 17 页。
③ 文部省:《学制百年史》,帝国地方行政学会 1981 年版,第 25 页。

第二节　中国近代化初期法学学术发展中的日本因素

一、中国近代化初期法学研究的基本情况

中国近代化初期政治、经济、文化的巨大变化，牵动了整个中国各个组成部分改革。随着社会的变革，与社会经济密切相关的法律制度也发生了重大的变革，而作为法律制度变革的先锋法学理论在这一段特殊的历史时期也有了突破性的发展。中国近代化初期法学学术研究的飞速发展主要表现在法学理论传播载体的丰富、法学学科的持续发展以及与时俱进的法学学人的崛起。这些因素共同推动了中国近代化初期法学学术研究的不断发展，从而达到支持中国法律近代化初期法律制度改革的目的；而这种法律制度改革的需要也推进了中国法学学术共同体的形成和发展。从这个角度来讲，中国法学学术共同体又将中国近代化初期的法学学术研究进一步深化。所以，从总体上来讲，这三者相互作用、相互成就，共同推进了中国法律的近代化，从而为中国的近代化乃至现代化铺平道路。单就这一阶段的法学学术研究来讲，其突破性的发展也为日后中国法学学术研究水平的进一步提高，在各个方面打下了坚实的基础。

二、中国近代化初期法学学术研究中的日本因素

为了实现目标，先进的中国人不断地向外寻找出路，向世界提问，这些答案有的来自英国，有的来自法国，有的来自美国，有的来自德国，但对我们影响最大的答案来自日本。中国近代化初期取法

日本的诸多原因,在前文已经多次提及,在本部分,不再深论。在此,主要以日本因素对中国近代化初期法学学术研究方面的影响为中心,论证这种来自日本的影响具体体现在中国近代化初期法学学术研究的哪些方面。

(一)中国近代化初期法学学术研究中的日本因素之传播载体

古往今来,思想的传播为世人所接受都需要语言、文字等传播的载体。而语言、文字作为思想传播的符号也需要载体将记载思想、理论的文字传播出去。中国近代化初期,作为此时世界潮流思想的西方法学理论和观念想要传入中国也需要载体,主要包括政法类的期刊和杂志、法律著作、法律教材,教授高等法律知识的学堂、外国来华的法学专家,以及外派的学习法律的留学生等。其中,日本因素的影响就体现在多个方面。

1.期刊、杂志

在传播西方法学理论和观念方面,有1900年由中国留日学生戢翼翚、杨廷栋、杨荫杭、雷奋等所创办的政法刊物《译书汇编》。在同年12月出版的第一期上就对当时的西方主流的法律理论和思想以连载的形式进行了介绍,例如,《国法泛论》、《社会行政法论》、《万法精理》(《论法的精神》)、《民约论》(《社会契约论》)、《权利竞争论》(《为权利而斗争》)等著作的篇章。在此以后,该期刊又连续刊载了许多法学名著,主要来自西方和日本。3年以后,《译书汇编》将期刊名称更改为《政法学报》,继续连载近代化的法学著作。

1907年1月,留日学生又创办了将总部设立在日本东京的《法政交通社杂志》,同时在中国的27个城市设立了派生售点。例如,上海、南京、汉口、天津等。在该刊所发的内容多涉及近代化的法治观念等,如《最新各国政体考》《法律学小史》《比较国会论》

等作品。

1923 年,由朝阳学院创办的《法律评论》问世。该刊物的实际创办人是著名法学家江庸。该刊主要是在中国北部地区传播近代化法律知识和法学观念。《法律评论》将爱斯嘉拉、今井嘉幸、江庸等一大批中外法学专家的思想带入了人们的视野。例如,陈俊三的《法律思想之发达》、王风瀛的《各国法学思潮之变迁》,以及相田忠一的《日本宜率先撤废对华领事裁判权》。①

2. 著作

在中国近代化初期,传播近代化的法学理论和观念的载体,除了期刊和杂志,著作也是一个重要的载体。早在 1877 年,启蒙思想家黄遵宪先生以使馆参赞的身份跟随时任中国驻日本大使何如璋出访日本。在这期间,他所撰写的《日本国志》,为中国详细地介绍了日本的刑法和刑事诉讼法,同时宣传了近代化的法律理论和观念。其后日本法学专家的著作的译本也相继传入了中国。例如,日本法学专家矶谷幸次郎著、王国维译的《法学通论》;日本法学专家高柳贤三著、张舆公译的《法律哲学要论》等。

近代化法律理论和观念在中国的传播除了上述的期刊、杂志以及著作的形式,还包括前文论述过的大学法学教育的发展,聘请外国法学专家来中国指导编纂法典,以及中国法科专业留学生的派出等形式。

(二)中国近代化初期法学学术研究中的日本因素之法学学人

在来华专家中,日本法学专家冈田朝太郎、松冈义正、志田钾太郎和小河滋次郎等四位的法律理论和思想,在前文已经具体论证过了,此处不再赘述。

---

① 何勤华:《中国法学史》(第 3 卷),法律出版社 2006 年版,第 20～22 页。

岩谷孙藏(1867—1918),他曾经远赴德国学习法学。1902—1906年,在中国任顾问,后又任教于京师大学堂和朝阳大学,主要负责教授商法。1908年岩谷孙藏取得法学博士学位。[①]

日本著名国际法学家今井嘉幸(1878—1951),于1904年在东京帝国大学法科大学毕业,随后进入研究院学习国际法,曾经在地方的法院任职。1908年到中国,并且任教于北洋法政学堂。1914年,他返回日本,担任执业律师并取得法学博士学位。1916年,今井嘉幸成为日本的众议院议员。他的学生李大钊等人,于1915年,将他的国际法讲义翻译成中文并推广发行。在这部著作里,他提出国家间的国际地位是平等的,作为主权国家的治外法权应予以收回。此外,《治外法权问题》也是今井嘉幸的作品[②]。

日本著名法理学专家、行政法学专家织田万(1868—1945),于1883年以公费生的身份考入东京帝国大学预科班(原属于司法省的法律学校),五年后,进入东京帝国大学的法科大学学习法国法专业,三年后进入研究生院学习。两年后,到德国和法国学习,1899年归国。同年9月在京都大学教授行政法学。1910年,他开始来华任职,并且兼任教于京都大学。后来在他回到日本以后,1918年,被推荐为帝国学士院会员。自1921年到1930年的这几年时间里,开始在国际法院任职,并且担任法官一职(第一届)。退休后织田万成为京都大学名誉教授,兼任立命馆大学名誉校长。1930年,织田万成为贵族院议员。[③] 织田万的主要著作包括:《日本行政法论》《行政法讲义》《清国行政法》《改订法学通论》《日本行政法原理》等,有百余

---

① 周川主编:《中国近现代高等教育人物辞典》(增订本),福建教育出版社2018年版,第715页。

② 参见何勤华:《外国人与中国近代法学》,载《中外法学》2004年第4期,第441~453页。

③ 何勤华:《20世纪日本法学》,商务印书馆2003年版,第301页。

篇文章发表。[①] 在担任晚清政府法律顾问期间,织田万对近代中国法学的发展做出了突出的贡献,这主要表现在对中国近代法学教育事业的推进;同时织田万先生编撰了著作《清国行政法》,这部著作为中国近代行政法学的发展打下了基础;此外,在中国得到广泛传播的织田万的代表作《法学通论》的中文译本,为中国近代法理学的诞生和发展起到了推动作用。[②]

这一时期的中国学者里,受到日本因素影响较大的学者是江庸先生。[③] 江庸先生(1878—1960),生于四川璧山。江庸的祖父是晚清进士,其父亲曾担任蜀地官员并任职于京师大学堂。[④] 所以,江庸从小就有扎实的国学功底。1901 年,江庸去日本留学,从成城学校普通科,经过两年的努力学习进入早稻田大学师范部的法制经济专业继续深造。在此期间,江庸负责日本法政大学的中国学生速成班的学务工作,同时担任翻译和助教等工作,并且与秋瑾、蔡锷、梁启超等学伴相识。江庸于 1906 年回到中国,开始担任天津北洋法政学堂教习的工作。此后,应晚清修律大臣沈家本的邀请担任修订法律馆的专任纂修和法律学堂的教习。一年后,江庸先生调任详谳处推事。此后同时兼任京师法律学堂的监督。中华民国成立后,江庸先后担任过大理院推事、京师高等审判厅厅长、司法部次长等官职,后辞职。1918 年,江庸去日本担任中国留学生的总监督。1920 年回中国后,江庸历任修订法律馆总裁、故宫博物院古物馆馆长、东方文化

① [日]潮见俊隆、利谷信义编:《日本的法学者》,日本评论社 1975 年版,第 17 页。

② [日]织田万:《清国行政法》,李秀清、王沛点校,中国政法大学出版社 2003 年版,第 17 页。

③ 参见严如平、宗志文主编:《民国人物传》(第 5 卷),中华书局 1986 年版,第 107 ~ 112 页。

④ 参见江庸:《江庸诗选》,中央文献出版社 2001 年版,第 218 页。

事业总委员会委员等职务后辞职办律所，当律师。同时，创办了《法律评论》周刊，出任法律评论社社长的职务，后担任国立法政大学校长。1927 年，江庸与汪有龄等人创办朝阳大学，并出任校长。1936 年，江庸受聘担任法制委员会委员，这期间曾经代表中国律师协会出席国际会议。1949 年，中华人民共和国成立后，江庸担任了政务院政治法律委员会委员，第一、二届全国人民代表大会代表，上海文史馆副馆长、馆长等职务。1960 年 2 月 9 日在上海病逝。[①]

江庸先生是中国近代初期重要的法学专家，他对近代中国法学的产生和发展贡献颇大。例如，江庸先生曾经参加了近代化法典的制定；在法学学术研究上，他的代表作有《撤废领事裁判权的问题》《继母在现行民法上之地位》等。

此外，还有许多去日的留学生，详见表 5－1。[②]

表 5－1　20 世纪上半叶曾经有留日经历的知名法律人才

姓名	毕业时间	毕业学校
江庸	1903 年	日本早稻田大学
丁惟汾	1904 年	日本法政大学
张知本	1904 年	日本法政大学
章士钊	1905 年	日本法政大学
沈钧儒	1905 年	日本法政大学
程树德	1905 年	日本法政大学
白鹏飞	1905 年	日本帝国大学
张君劢	1906 年	日本早稻田大学

① 参见江庸：《江庸诗选》，中央文献出版社 2001 年版，第 218 页。

② 何勤华：《中国法学史》（第 3 卷），法律出版社 2006 年版，第 69～72 页。

续表

姓名	毕业时间	毕业学校
张耀曾	1905 年	日本帝国大学
戴修瓒	1906 年	日本中央大学
陈瑾昆	1908 年	日本帝国大学
董康	1911 年	日本帝国大学
李大钊	1913 年	日本早稻田大学
萨孟武	1913 年	日本东京帝国大学
潘大道	1914 年	日本早稻田大学
史尚宽	1915 年	日本东京帝国大学
曾琦	1916 年	日本中央大学
范扬	1916 年	日本东京帝国大学
何思敬	1916 年	日本东京帝国大学
蔡枢衡	1919 年	日本中央大学等
胡长清	1924 年	日本明治大学
裘千昌	1926 年	日本东京帝国大学
潘念之	1928 年	日本明治大学
王锡三	1931 年	日本明治大学
陈文彬	1932 年	日本明治大学
韩幽桐	1933 年	日本东京帝国大学
戴炎辉	1933 年	日本东京帝国大学
杨鸿烈	1934 年	日本东京帝国大学
潘世宪	1934 年	日本东京帝国大学
李景禧	1934 年	日本东京帝国大学
曾昭泉	1936 年	日本东京帝国大学

(三)中国近代化初期法学学术研究中的日本因素之学科建设

中国近代化的初期,近代意义的法律学科逐渐产生。其中,日本因素影响颇深。这些影响主要包括:从学术作品的数量上来看,翻译作品颇为丰富;从学术研究的应用上来讲,呈现出一种理论与实际相分离的状态;从学术研究的成果内容来看,还处于比较基础的研究阶段,并且带有鲜明的时代特色。

1. 日本因素对近代法理学的产生和发展的影响

近代化的法理学是西方国家的产物,中国近代化初期,近代化的法理学的产生和发展的步调基本和晚清政府的修律变法中西法东渐是同步的,所以,日本对近代中国法理学的产生和发展有重要的意义。1902 年,王国维翻译日本法学专家矶谷幸次郎先生的《法学通论》发行出版,这是中国近代以来第一部"法学通论"。此外影响力较大的还有织田万先生和大石定吉先生的著作《法学通论》。织田万的《法学通论》是中国近代法理学方面较早的学术专著。织田万是日本著名的法学专家,同时对中国近代化法学研究的发展有重要的推动作用,其主要事迹在前文已经论述,在此主要以织田万的著作为中心。这部著作主要分为两个部分:第一部分的内容主要是关于法理学的核心问题,即总论部分,主要涉及了法学的性质和分类、法学的流派、各国的法制变迁问题、法律的定义、汇类、渊源、效力、变更、解释、制裁、国家与政权、权利与义务等问题;第二部分主要涉及了各个部门法,是法理学与各个部门法的交叉问题。[①] 从内容体例上,我们不难看出,这部著作的"法学教材"实用性明显,学术研究性不是很充分,但从广义上来讲,它仍然属于法理学专著。如同织田万在文中所言,"夫学法学通论者何哉?日以欲网罗关于

① 参见朱采真编:《现代法学通论》,世界书局 1931 年版,"序言"。

法律一切之现象而得其原理之概念也”①。这部著作的体系,对中国后来的法理学专著在编纂结构上产生了深远的影响。在内容上,这部著作将西方的近代化法理学理论和观念带到中国,为日后中国本土法理学的发展打下了基础。大石定吉先生的著作《法学通论》出版于1908年,曾被指定为浙江法政学堂讲义录的第一册教材。所以,这部著作的教学实用性明显。在总论部分,该书与织田万的书有比较大的区别,主要涉及法学的性质、法学的位置、法学的类别、法学的各派等。特别说明了法学在整个科学和教育中的地位,这与冈田朝太郎的《法学通论》亦有相似之处。在分论部分则涉及了部门法和与部门法有关的问题等八个与法理学交叉的学科课题。② 在内容上,大石定吉先生比较详细地论述了“法学通论”的含义和意义。他认为:“法学通论者何?欲使通于法学全体得大原理、大原则之智识及于法学各分科,修得其大要者。换言之,即使于法律现象中迅速通观其存在之大原则也。”③“若研究法学,而未从法学通论,修得法学之大要,即从事于民法、刑法等各科之法学,是其研究顺序方法,不曾得当。虽不能谓其必不能达目的,而不便、不利,则在所不免也。故宜先得法学大体之观念,而后选其属于各分科者而研究之。……盖学回研究之顺序,须由粗入之观念,而后可至于详细研究。……且法律之中,有种种之术语,皆应于讲述通论时解释之,方为便宜。”④作为法理学教材性质明显的一部法学专著,它起到了带领学生入门以及进一步探讨研究各个部门法的基础性作用,并通过

① ［日］织田万:《法学通论》,刘崇佑译,商务印书馆1930年版,第1页。

② 参见［日］冈田朝太郎:《法学通论》,汪庚年编:《京师法律学堂讲义》,载《法学汇编》(第1册),北京顺天时报馆排印1911年版,第1页。

③ ［日］大石定吉:《法学通论》,贺学海译,浙江法政学堂1908年版,第1页。

④ ［日］大石定吉:《法学通论》,贺学海译,浙江法政学堂1908年版,第3页。

学校教育的手段,向更多有志于成为法律人才的人普及宣传什么是法理学。

2. 日本因素对近代宪法学的产生和发展的影响——以《国法学》为例

《国法学》这部著作是由熊元翰先生编辑整理的,其是由日本法学家岩井尊闻先生在京师法律学堂的教学讲义整理而成。该部《国法学》有上下两部。在内容上,由绪论和本论组成。其中,本论主要涉及宪法学上的基本问题:国家的根本观念、统治权的范围、统治权的执行机构以及统治的意义。

岩井尊闻先生认为,宪法和行政法是密切相关的。例如,对于公用征收法,就要将宪法和行政法的相关理论结合起来研究。又如,涉及行政官厅时,就是宪法和行政法相结合的问题。[①] 后来宪法学逐渐发展到 20 世纪 20 年代之后,才开始将宪法和行政法分开研究。在中国近代化初期,在宪法学术研究上,受到日本传统宪法理论的影响,出版了多部以“国法学”为研究对象的著作,如 1914 年的《国法学问答》等。但是中国的宪法学术界并不赞同日本的这种理论,中国本土的学者很早就意识到国法学和宪法学、行政法学是不同的。[②] 但是这并不妨碍中国法律近代化初期由日本传入中国的具有近代意义的宪法学理论对中国宪法学学术研究的影响。

3. 日本因素对近代行政法学的产生和发展的影响

中国行政法学的近代化也开始于这一时期,1902 年第一本中文版的行政法学作品《比较行政法》产生,其作者是美国法学专家

---

① 参见何勤华:《中国法学史》(第 3 卷),法律出版社 2006 年版,第 254 页。

② 参见何勤华:《中国法学史》(第 3 卷),法律出版社 2006 年版,第 259 页。

古德诺,负责翻译的是白作霖。1905 年,以曹履贞为核心的湖北政法编辑社编纂了《行政法》,其中,湖北政法编辑社的编写组成员主要来自曾经去日本东京留学过的法律人。1906 年,以日本法学专家织田万为核心的团队编纂了《清国行政法》(共 6 卷),这部著作的研究对象是晚清时期及以前的行政管理体制,从此,中国近代化行政法学产生。此后,中国的法学专家所写的近代化行政法律著作也相继问世。到 1907 年,已经有十多种行政法学译著诞生。

曹履贞主持编纂的《行政法》由 9 编组成,涵盖了近代化行政法律的基本概念、基本原则和规则等,如行政机关、行政行为。该书是以日本法学专家清水澄的教学讲义为蓝本,辅之以松本顺吉的讲义融合编辑而成。该部著作中主要是关于日本的行政法学的内容,辅之以教习笔记,有涉及范围广泛、内容通俗易懂的特点,同时结合行政制度的设计和运行问题,行政法学学理问题涉及较少,实用性强。

日本法学专家织田万主持编著的《清国行政法》是一部共 6 卷含 7 册有 2884 页,另附 1 册索引的巨著。在体例、结构上分为 5 编:第一编行政法大意(含有 7 章),第二编清国行政法的渊源(含有 3 章),第三编行政组织(含有 7 章),第四编官吏法(含有 7 章),以及第五编裁判制度(含有 4 章)。在内容上,这部著作涉及了清代行政制度的相关法律法规和制度设计的诸多问题。织田万的《清国行政法》有体系完整、结构清晰、逻辑严谨、文风质朴、内容翔实、资料充足等优点。《清国行政法》不仅成为织田万的代表作,使其的学术声誉享誉日本法学界,同时该部著作对中国行政法学的近代化也有突出的贡献。这首先表现在,《清国行政法》是亚洲学人以近代化的行政法学理论来研究传统中国的行政制度和行政法规问题的著作,全书以批判与同情相结合的复杂情感论述了清朝的统治制度。这为当时的先进中国人看清自身的问题以及寻找救国的出路提供了一个新的参考。其次还表现在,西方近代化的行政法学理论和行政法体系、制度由《清国行政法》传到了中国。最后则表现在,《清国行政法》的体系、结构与内容的融合。织田万依据近代化行政法学理论,对清朝行政法律事务进行归类、整理,将之编入近代化行政法学著作的编写体例,虽然并不是世界首创,但在当时让人耳目一新。随着《清国行政法》的出版,其所涉及的近代化行政法学理论和思想对中国行政法学近代化产生了深远影响。

4. 日本因素对近代刑法学的产生和发展的影响

刑法在中国是一个传统而古老的学科,传统的刑法有两千多年的历史,经历了从《法经》到《唐律疏议》再到《大清律例》的由产生到成熟再到集大成后走向衰落的过程。所以,刑法学与其他“无中生有”的近代法学学科不同,在刑法学近代化的过程中含有十分丰富的传统因素。中国近代意义的刑法学是在传统中国的律学基础上结合近代刑法学的基本原则和法律规则发展而来的。“刑法”一词也是由日本翻译西方的“criminal law”而传入中国的。作为近代刑法学基本原则的罪刑法定、法不溯及既往、罪刑相适应、刑罚面前人人平等、刑罚的人道主义等近代西方刑法理念也是由日本传入中国。早期的翻译类作品有王家襄翻译的日本刑法专家木尾虎之助的《刑法泛论》;陈承泽翻译的日本刑法专家牧野英一的《日本刑法通义》;何启澧翻译的日本专家山冈万之助先生的《刑事政策学》;胡长清翻译的冈田朝太郎的《刑法总论》。这些著作的问世,为后来中国近代刑法学学术研究的继续发展打下了坚实的基础。

5. 日本因素对近代民法学和商法学的产生和发展的影响

中国近代化初期,日本因素对民法学术研究的影响主要集中于晚清变法修律馆期间，大量通过翻译的方式引进了日本民法学方面的专著。例如，富井政章的《民法原论》、梅谦次郎的《民法讲义》等。

梅谦次郎先生的《民法总则》由严献章、匡一和王运震[①]编撰整理带入中国，这部著作是中国最早引进的外国民法学专著之一。严献章、匡一、王运震合作整理的《民法总则》以梅谦次郎先生的教习为蓝本，同时融合了梅谦次郎先生的《民法原理》和《民法要义》中的内容编撰而成，于1905年出版发行。在内容上，这部著作主要介绍了日本民法总则的相关问题，共三部分，分别为：私权利主体、私权利客体、私权利的得失。

在商法学方面，熊元楷编辑、整理了《商法总则》。这部《商法总则》的蓝本来自日本法学专家志田钾太郎的教学讲义，同时结合了志田钾太郎的商法学理论和观点加以编辑完成。在体例、结构上，有绪论，有正文，分别为：总则、公司、商行为、有价证券、船舶。在内容上，涉及商行为、商业、合名公司、合资公司、股份公司、股份、合资公司、外国公司、罚则、经纪、营业、代销营业、运送契约、寄托契约、保险契约等近代化的商品经济法律基本原则和规则的问题。

6. 日本因素对近代刑事诉讼法学的产生和发展的影响

中国刑事诉讼法学的近代化是中西方法律制度和文化结合的产物，是将近代西方的法律理论和思想与中国传统的司法体系、制度相结合发展而来的。日本刑事诉讼法学专家松室致于1871年出版了第一本中文版的《刑事诉讼法》。这部作品是由东京私立法政大学的留学生翻译而成，客观上推动了中国刑事诉讼法学的

① 严献章、匡一、王运震生平不详，估计系赴日本留学法律者。严献章除了翻译本书之外，还翻译了日本国际法学家有贺长雄的《战时国际公法》（东京清国留学生会馆1907年版）一书。参见何勤华：《中国法学史》（第3卷），法律出版社2006年版，第340页。

近代化进程。1903年,萧仲祁编译出版了《刑事诉讼法》。其后,日本刑事诉讼法学专家丰岛直通的《刑事诉讼法》也被译成中文出版。同一时期,邹麟书、王学铭、周仲曾共同合编翻译了他的《刑事诉讼法》,并且出版发行。此外,还有上海法学编译社1907年出版的日本刑事诉讼法学专家谷野格的《刑事诉讼法》。由此,近代意义的刑事诉讼法发展成为一门独立的法学分支学科,在法学发展中发挥作用。

7. 日本因素对近代民事诉讼法学的产生和发展的影响

近代意义的民事诉讼法学同刑事诉讼法学一样,都是诞生于20世纪初期,同样也受到日本因素的巨大影响。中国早期出版的近代意义的民事诉讼法学专著就主要是翻译日本民事诉讼法学相关作品而来。例如,1910年,陈与年翻译的日本民事诉讼法学专家高本丰三的《民事诉讼法论纲》。

此外,以日本法学专家松冈义正在京师法律学堂上课的笔记为蓝本的《民事诉讼法》也对中国近代意义的民事诉讼法学的产生、传播和发展起到了推动作用。这部《民事诉讼法》以熊元襄的课堂笔记为底稿,同时融合了松冈义正的其他著作编写而成。在体例、结构上,这部《民事诉讼法》由绪言和4编正文(总论、诉讼关系、诉讼手续、执行关系)组成。在内容上,主要涉及民事诉讼法律诉讼主体,诉讼要件,诉讼行为,执行主体、要件、行为、手续等近代意义上的民事诉讼法学基本问题。从理论性和实用性相结合的角度出发,来研究民事诉讼法学的问题,后世经过多次再版,成为民事诉讼法学史上的经典之作,对中国民事诉讼法学发展的早期意义深远。

8. 日本因素对近代国际法学的产生和发展的影响

中国近代的国际法作为中国法律近代化其中的一环,其从产生到发展的路径就是由移植到本土化的过程，日本因素的影响无疑仍然是这其中的重要一环。例如，1902 年，由章宗祥翻译，东京译书汇编社出版发行的国际法学专家岸琪昌等人的著作《国际法》；1903 年，今西恒太郎先生的《国际法学》；1906 年，绪方雄一郎的《平时国际公法》和《战时国际公法》；1907 年，有贺长雄的《战时国际公法》；1908 年，美浓部达吉的《战时国际公法》；同年还有高桥作卫的《最近战时国际公法论》；以及 1911 年，中村进午的《战时国际公法》等日本近代国际法学著作。这些作品的出版发行为中国近代国际法学的不断进步提供了丰富的理论基础和材料支撑。

20 世纪初叶日本著名国际法学专家中村进午先生的代表作《平时国际公法》《战时国际公法》，经由叶开琼和张福先分别编辑，再由设在日本东京神田区的湖北法政编辑社出版发行。

从两部著作的体例和结构上来讲，其编纂方式引领近代国际法学编写潮流，《平时国际公法》含有绪论和 3 编正文（国际公法的主体，外交官及领事和条约）。《战时国际公法》则分为 3 编正文（战争外的战争，战争和局外中立）。从两部著作的内容上来看，其所涉及的都是近代国际法学中兼具理论意义和实践意义的问题，例如，国家的要素、国家的种类、国家承认、国家权利、国家义务、有第三国介入的战争、有争议国家间相互采取的措施等问题。此外，中村进午先生将国际法学分为战争时期与和平时期的研究方法，较早地将这种分类方式引进中国，对后世国际法学的发展影响深远。[①] 同时这两部著作对于近代国际法学基本问题的研究和论述推动了中国近代化国际法学的继续发展。

---

① 参见何勤华：《中国法学史》（第 3 卷），法律出版社 2006 年版，第 556 页。

三、日本对中国法律近代化初期法学学术研究的影响

从前文的论述中,不难发现中国法律近代化初期法学学术研究呈现出外源性的特点。在传统中国的律学与近代化的西方法学中间起着媒介作用的就是日本。晚清时期,先进的中国人通过翻译日本学者的文章、著作将西方近代化的法学理论和思想带到了中国,通过期刊、报纸、杂志的形式将这些近代化法学思想向中国人传播。晚清政府主导的变法修律时期,晚清政府以官方的形式聘请了多位日本近代法学专家来中国指导、辅助中国近代化法典的编纂工作,这就在客观上推进了中国法学学科发展、学术研究的近代化。虽然通过学习、借鉴日本的近代化法学研究,中国人开眼看到了世界,但是瞬间的觉醒依然无法让有着五千年文化积淀的古老中国一下子适应近代化的变化。我们通过日本看世界,但是引进的“进口货物”——近代化法学却缺少相应人才令它在中国大地上生根发芽,这就导致法学近代化的起步阶段多以介绍性的文章和学术专著出现,缺乏实践应用性和对问题的探讨性,最终导致法学近代化初期学术研究略有僵化性的问题。但是总的来讲,日本对中国近代化初期法学学术研究的影响的积极意义远远大于消极的不利影响,日本近代化的法学学术研究迅速地使中国近代化的法学学术研究“从无到有”。

本部分主要论述日本对中国法律近代化初期法学研究的影响。在日本因素对近代化的法学学术研究中的影响这部分,则通过日本因素在法学学术研究的载体、学人和学科发展等角度,来看日本因素对中国法学学术研究的重要意义。

第六章　对中国法律近代化初期日本因素影响的再认识

本部分主要以前文研究日本因素在中国法律近代化初期各个方面的影响为基础，从法律近代化过程中中国和日本的差异入手，分析中国法律近代化初期吸收、借鉴日本因素的情况，同时总结分析法律近代化进一步发展中的问题，来反思和再认识中国法律近代化初期积极学习和借鉴日本的成就、经验以及局限等问题。

第一节　再认识法律近代化中中国和日本的差异

一、中国和日本两国分别孕育了不同的法律体系文化土壤

中国自古就是亚洲文明的中心，甚至曾经一度成为世界文明的中心。在几千年的历史长河中形成的文化体系，对周边国家产生了深远的影响。即使是在鸦片战争后，中国沦为半殖民地半封建社会，晚清政府也仍然不愿意接受这个事实，依然以“天朝上国”自居，在开始想要通过洋务运动实现国富兵强的目的的同时，也依然坚持“中学为体”的立场。这种坚持“中学为体”的想法，即使是到了晚清政府修律改革的时期，也没有完全改变，对于西方近代化的法律更

多的是借鉴和学习法律的模式，维系晚清政府的统治。在这一点上，与中国完全不同的日本始终处于亚洲文化的边缘地带，自古就受到中华文明的影响。自唐代以来，日本就学习了中国的法律，并且融合日本的民族特点，通过大化改新实现国家的强盛。日本快速地学习并且逐步认同西方近代化的法律内在价值，通过明治维新快速进入近代化时期。

二、中国和日本两国近代化法律改革目的的差异

在近代化改革的目的上，中国也与日本有所不同。从日本的角度来讲，明治维新在本质上是新兴的资产阶级的变革，但这也和西方资产阶级革命有很大的区别，这点表现在日本的《明治宪法》中保留了天皇制，但同时天皇的权力也受到了一定的限制。这就充分地体现了日本的民族特色，在保留民族特色的同时，日本想要通过改革实现国家富强和民族独立，争取跻身世界强国之列。而晚清政府作为近代化法律改革的主导者，其根本目的原本应是维护统治，实现国家富强和收回国家主权，但是晚清政府的根本目的却是挽救清政府岌岌可危的统治，这就导致了中国法律近代化初期的法律改革是手段、方式而非目的。所以，中国和日本两个国家在近代化法律改革中的不同目的导致了不同的结果。

三、中国和日本两国的近代化法律改革程度的差异

中国和日本两国的近代化法律改革的目的不尽相同，体现在改革的过程中，法律近代化改革的程度也就自然不同。从传播法律思想的深入性来讲，明治维新之前的日本，通过学习西方的科学技术了解到西方的近代化思想，也产生了一些代表人物积极宣传西方近代化的思想，如福泽谕吉等学者致力于在日本宣传启蒙思想，在一

定程度上促进了日本社会思想的开化。明治维新开始后，官方也开始通过引进和翻译具有启蒙思想的书籍、报刊，来传播西方近代化法律思想和法律制度，推动改革的发展。官方和民间的通力合作，使得西方近代化的法律思想在日本很快地传播开来，既有深度又有广度，惠及全国上下。例如，在《明治宪法》制定完成后颁布以前，政府组织社会各个阶级对宪法草案提出意见和建议，并且根据合理的意见进行适当的修改。这就从客观上推进了日本近代化法律改革的发展，使得日本社会各个阶层都可以参与到法律的近代化过程中，有力地加深了日本近代化法律改革深入程度。而在晚清政府这边，一方面，中国的近代化法律改革是上层阶级指导的改革，同时还存在保守派的阻挠力量，这就大大消减了法律改革的效果，尤其体现在社会底层民众对于近代化法律改革的接受程度上。另一方面，晚清政府主导的近代化法律改革的主要参与者是上层阶级的知识分子，具有一定的局限性。而且在制定成文法典的过程中，更多的是通过直接学习和借鉴间接经验的方式实现中国法律的近代化，这就导致了中国法律近代化初期，晚清政府主导的法律改革程度不够深入社会，缺乏本土性，民众的参与度低，也就影响了民众对于这些近代化成文法法典的认可度。

四、中国和日本两国接受近代化法律思想的差异

中日两国在接受近代化法律思想上也存在很大的差异，明治维新的思想基础是近代西方的启蒙思想和民族主义。这与日本社会的情况具有高度的相似性。虽然日本在《明治宪法》中对天皇的权力进行了保留，但是这并没有对明治维新的效果产生不好的影响，其原因就在于明治维新是一次资产阶级改革。一方面，明治维新时期内忧外患长期存在，日本的开明人士在学习西方的科学技术的同

时,也将西方近代化的法律思想带到了日本,所以,日本国内的思想也逐步受到了启迪,产生了变化。同时,经济力量的转变,科学技术的加持也推动了民众思想的变化,民众对西方近代化启蒙主义的思想的认可程度也在不断提升。所以,民众对近代化法律的认可程度就相对较高。因此,《明治宪法》在保留天皇至高无上权力的同时也突出了对公民权利和自由的保障。另一方面,日本近代化的法律还受到民族主义的影响。日本政府在处于内忧外患的情况下,想要实现国家富强和民族独立,改革是势在必行的。这也要求日本的近代化法律改革还要具有实践性和实际应用性。

晚清政府时期的中国在接受西方近代化法律思想时则可以说是被动逐步接受,并且,晚清政府很想将近代化的法律思想和中国传统的礼教相结合,如“中学为体,西学为用”的思想,由此还产生了礼法之争。以晚清修律大臣沈家本为代表的这一派更多的是基于近代化的法学理论,重视法的价值性以及法的内在逻辑性。但是,由于中国法律近代化初期法律改革的环境复杂,法理派和礼教派的斗争直接影响了近代化成文法法典最终呈现的效果,近代化的法律改革也体现出了矛盾性和融合性。中国近代化法律改革,一方面,在法律形式上体现了近代化性,规定了公民的基本权利和自由;另一方面,却最大限度地维护了皇权,保留了传统法律制度。这种折中的处理方式,充分体现了融合与矛盾的关系,虽然是近代化的法律改革,但是在效果上却不尽如人意。对日本法典的借鉴,也更多是形式上的。

五、中国和日本两国法律制度的差异

中国和日本两国在法律近代化的过程中,也存在很大的不同。日本建立近代化的法律制度经历了一个复杂的过程。明治维新时

期的日本，在经济和政治上，都具备了一定的基础。例如，在经济基础上，日本逐步由传统社会的小农经济为主要的经济形式改变为资本主义经济形式也占有一定的比例，作为传统社会经济基础的小农经济的地位有所下降，资本主义经济得到了进一步发展，经济基础的变化推动了政治制度的调整，为明治维新时期日本建立君主立宪制打下了坚实的经济基础。此外，通过西方近代化法律思想的传播，制定近代化的法典，在实践中，根据国情修改、完善，最终形成定制。

与日本不同，晚清政府时期的中国的经济基础依然是以小农经济为主体，资本主义经济有所发展，尤其是在洋务运动后，资本主义经济有了进一步发展，但是相对于中国传统社会的小农经济而言依然显得有所不足。在政治上，改革的提倡者主要是中国新兴的资产阶级改良派，但是囿于历史和社会环境，中国资产阶级的力量薄弱，在这种情况下，近代化的法律制度的变革道路自然就会比较艰难。虽然学习日本，晚清政府也开启了近代化法律改革的旅程，但是更多的是对于法典的学习，缺少法典的本土化和法典在现实社会中的实践。

六、中国和日本两国在法律近代化中法律实践上的差异

日本的法律近代化的实践过程中，是由变革法律制度开始的，而变革法律制度则要先制定近代化的成文法法典。日本近代化的法律实践主要借鉴了大陆法系的德国法和法国法，但是并不是完全意义上的拿来主义，而是进行了充分的本土化。日本近代化法律实践的成文法法典的制定者主要来自本土的知识分子和从外国聘请的法学专家，两者相互合作，既有对于日本本土传统法律文化的深入了解又有西方近代化法学理论的强大支撑，博二者之长，制定出适应日本现实情况的法律。这样一来，既保留了日本传统的天皇制

度,又赋予了公民的基本权利和自由,充分体现了近代化法律的民权意识,为日本近代化的发展打下了坚实的基础。

而中国法律近代化初期,晚清政府在法律改革实践中主导了国内的法律改革,此次法律改革相对而言缺少自主性,受到晚清政府最高统治者的影响较大,凸显了法律改革的目的意义,较少考虑法律改革的实践价值。而这一目的意义主要体现在挽救清政府风雨飘摇的统治,以及增加与西方近代化国家谈判的资本。所以,晚清政府的近代化法律改革所移植的法律不重视应用价值而重视功能意义。

七、中日两国法律思想、法律制度、法律实践三者在法律近代化进程中的平衡性

思想的传播为制度的建立奠定了基础,起到了舆论宣传作用。近代化法律制度建立的基础就在于近代化法律思想的广泛传播。近代化法律思想的传播和法律制度的建立也为近代化法律实践提供了方向;而近代化法律制度的建立则为法律思想传播和法律实践提供了保障,近代化法律实践则使得法律制度和法律思想更加的成熟和完善。所以,无论是近代化法律思想或者是法律制度抑或法律实践都是法律近代化过程中不可忽视的一部分。但是关于实现三者有机统一,协调发展的问题,似乎中国和日本都做得不是十分完美。尽管从结果上来讲,日本的迅速崛起有赖于日本的近代化法律改革,但是也推动了日本军国主义思想的发展,为日本未来近代化发展受到挫折埋下了伏笔;而中国法律近代化改革是晚清政府一手主导和推荐的,虽然取得了一定的效果,开启了中国法律近代化之路,但是改革进程也随着清王朝的覆灭而被阶段性搁置。这充分说明,近代化法律改革的成功不是单一的某一要素的成功,而是近代化法律思想、法律制度以及法律实践的协调、平衡发展,只有三者相

互促进、协调发展才能真正地推进法律近代化事业，并且为其找准正确的历史方向。

第二节　中国法律近代化初期借鉴日本的特点

中国法律近代化初期，通过晚清政府的变法修律全面学习日本法律，由此开启了中国法律近代化之路，日本因素对中国法律近代化初期的影响，从宏观方面来讲，主要涉及以下几个方面。

一、法律理念方面

（一）中国传统法律理念

对于中国传统法律理念，我们首先要明晰的概念就是理念的问题。德国哲学家伊曼努尔·康德认为，“理念是以人的理性为起点而产生的概念，是人类的理性所追求的目标，但是却没有能够实现的可能性”。[①] 德国哲学家黑格尔曾经在他的著作《法哲学原理》一书中对法律理念作了如下定义：“法的理念，即法的概念及其现实化，法的理念是自由。”[②]德国法学家鲁道夫·施塔姆勒则认为“法律理念乃是正义”[③]。我国学者史尚宽也认为，“法律理念是理性的原理”[④]。古

① ［美］詹姆斯·米勒：《思想者心灵简史：从苏格拉底到尼采》，李婷婷译，新华出版社2015年版，第238页。

② ［德］黑格尔：《法哲学原理》，范扬、张企泰译，商务印书馆1961年版，第1页。

③ ［美］E. 博登海默：《法理学——法哲学及其方法》，邓正来、姬敬武译，华夏出版社1987年版，第163页。

④ 史尚宽：《法律之理念与经验主义法学之综合》，载刁荣华主编：《中西法律思想论集》，汉林出版社1984年版，第260~262页。

今中外的众多学者都试图对法律理念进行解读，我们也可以从中窥见法律理念的一般意义。近现代以来西方的法律理念则体现为“告诉人们如何来运用缜密的思想，分析法律的理念，达到至美至善之境地。法律理念过去曾对人类文明有过不可磨灭的贡献”①。由此可知，理念是人们通过理性思维而产生的价值追求，而法律理念则是其中的一个重要环节。

对于中国而言，中国的法律理念是什么呢？或者说中国传统的原生法律理念是什么呢？针对这个问题，我们首先要明确什么是中国传统法律理念。曾有学者在文章中对这个概念给出了定义，即“天理·国法·人情三位一体的大法观念，包括意识、规则和习惯，表述为合理或者说具有正当性的秩序和规范体系。它的哲学是天、地、人、法一体的生命哲学，亦即万物有机的世界观”②。这正是我们中国传统的法律理念，而中国传统法律理念的中心问题又体现在中国传统法律的正义观上。“中国传统法律正义观是适宜、恰当、正当、应当、公平、合理之类，以及与此相通的纲常礼教，亦即道德、仁义、情理、礼法等，归结为合理；合理的原则是等者同等、不等者不等、等与不等辩证变动。可以说中国传统法律正义观实际上是一种类于有机生命体的有机正义观。”③

对法律理念的释义，中外在理解和表达上都有着很大的不同，从宏观角度来讲，这种法律理念的不同直接影响了中外法律文化的巨大差异；从微观角度来讲，这种理念上的不一致，使中国的法律文

---

① ［英］罗伊德：《法律的理念》，张茂振译，台北，联经出版事业公司 1984 年版，“中文版序言”，第 329 页。

② 张中秋：《中国传统法理学的精髓及其当代意义》，载《法律科学（西北政法大学学报）》2019 年第 1 期，第 15 页。

③ 张中秋：《中国传统法律正义观研究》，载《清华法学》2018 年第 3 期，第 41 页。

本、司法机关乃至司法活动都与近代西方的法律传统有着很大的不同。

(二)日本近代化的法律理念

西方的近代化开始于文艺复兴和宗教改革以后。表现在思想理念上就是西方近代思想开始广泛传播,逐步脱离宗教的控制,尊重人的价值,充分理解人的合理的欲望,积极鼓励人的理性的价值追求。同时以此为价值导向,建构起比较完善的规范和制度秩序,以达到人与人、人与社会、人与国家之间的微妙而复杂的平衡关系。对人的个性和独立的价值给予高度的肯定,尊重人格尊严,认为人是目的而不是方法、手段的近代化伦理精神和道德理念成为西方近代化思想、观念的主流。权利意识为人们广泛接受,这是人类文明进步的体现,标志着人类进入了一个全新的时代,即近代化时代。由此产生了近代化时代的法律,在近代化的法律理念和法律思想的推动下,近代化的法律秩序逐步建立。在近代化的法律体系和制度的推进下,近代化的法律思想和法律理念又进一步发展。作为亚洲中心的中国,最先受到西方文明的冲击,与我们同样经历着国家和民族危机的日本,通过明治维新积极学习和借鉴西方的近代文化,开启了近代化之路,法律的近代化就是其中之一。

在法律思想和法律理念的吸收上,日本秉承了自己一贯的风格,将近代西方的天赋人权、社会契约、人民主权等法律理念和思想引入日本,作为推动改革的思想武器。日本引进近代西方法律理念和法律思想的特点就在于,从国家、社会基本出发,强调道德规范的理念,创造性地将近代西方法律理念和法律思想与日本的传统相结合,保留了日本法律文化中最无法割舍的部分,通过改革的形式推动国家的近代化,并且在短时间内取得了十分可喜的成果。

二、法律体系和法律制度方面

(一)中国传统法律体系和法律制度

传统中国法律体系历史悠久,上下共有几千年的时间跨度,并且对中国的周边国家有深刻的影响,建立了以中国为地区中心的亚洲法律体系和制度圈,同时形成了"中华法系"。关于"中华法系"的概念,学界看法略有不同,但是主流观点认为,中华法系是指一个发源于夏,解体于清,以唐律为代表,以礼法结合为根本特征,其影响及于东亚诸国的法律体系。从时间上来讲,基本是从战国时期到晚清末期,但是也存在适当的提前或者延后;从空间上来讲,中国传统法律体系和法律制度影响的国家和地区及于朝鲜、日本、蒙古、越南等东亚和东南亚国家和地区;从特点上来讲,中国传统法律体系和法律制度的特点主要表现为:"第一,儒家学说核心原则,同时融合了道、释两家;第二,将礼法和刑法相结合,出礼即入刑;第三,宗室、家族的伦理道德地位十分重要;第四,国家的立法权、司法权归属于中央国家机关,并且实行行政兼顾司法的原则;第五,刑事法律和民事法律不进行区分,各种法律合体与刑事法律和民事法律有一定不同之处,各种法律皆可以适用;第六,汉族作为中华民族的主体,自然也是法律规范的主体,同时兼具并且融合了其他少数民族的法律规则。"①

所以,中国传统法律体系和法律制度,从法律和道德的关系的角度来讲,具有"德刑并用,礼法合一"的特点,存在法律化和道德化相互影响的情况。从法律和血亲的关系角度来讲,以家族本位为基

---

① 陈景良、张中秋主编:《求索集:张晋藩先生与中国法制史学四十年》,南京大学出版社1996年版,第200~251页。

础,维护伦理以及宗法血缘关系,形成了亲亲相隐、存留养亲等一系列具有东方感情色彩的法律制度。从法律规范体系角度来看,则表现为“诸法合体,民刑不分”。从指导思想的角度来看,是以儒家思想为主流,辅之以墨家、道家和法家的思想。具有这些特点的中国传统法律体系和法律制度经历了一个发在两汉、展在魏晋、成在北朝,最终确定在隋唐的儒家化历程。这种特点在法律制度中也有所体现,从立法的角度来讲,“法自君出”,国家的法律渊源来自皇帝诏令。从司法的角度来讲,千年不变的一贯特征就是司法和行政合一。此外,还有官方法律和民间习惯相结合适用的情况。

(二)日本近代化的法律体系和法律制度

西方近代化的法律体系和制度是以其法律理念和法律思想为基础建立起来的。从总体上来讲,日本法律近代化之路就是对西方近代化法律的整合和继受,即在移植接受外国法律的基础上,对近代化法律的鉴别、选择和采纳,从根本上讲就是根据本国的实际条件来选择法律的继受对象、内容和继受的方式,同时也包括建立符合新制度的本国社会条件,以适应新的法律,在引进法律制度后,建立继受法的适用机制。日本通过明治维新自上而下地推动了近代化的过程,对于日本社会近代发展的各要素对法律近代化的影响予以全面考虑。通过政府手段积极推进资本主义的社会关系,对近代法律体系的选择,建立近代法律设施,形成近代法律家集团,发展法律教育,促进法律近代化的继续发展。

三、近代化法律学科建立和发展以及法学学术发展方面

(一)中国传统的律学

传统中国是没有法学的,更加谈不上法律学科建立和发展以及法学学术发展。但传统中国存在律学,律学与传统中国的法学是存

在巨大差异的,自然其法学学术的发展也就无从谈起。中国传统的律学产生于秦汉,但是并无相关的文献资料记载。从严格的意义上来说,到魏晋南北朝时期才开始出现律学的学科和学术状态,其相关记载才日益丰富。其后经过几百年的时间,到隋唐时期,随着中国传统法律体系和法律制度的不断完善,律学也已经发展成熟,律学的学术研究也有了一定的发展。从内容上来说,传统的律学主要涉及对"律"和"令"的梳理,对律学中的内容、概念以及术语的解释;同时,了解、探析"律"和"令"的篇目和法律制度的历史沿革,并且对法学理论、法律的基本价值进行相关的探讨。"及至清朝时期,中国古代传统律学发展到了最后一个阶段,同时也是官私并举特别盛行的发展阶段,兴起于顺治朝代和康熙朝代,发展于雍正朝代、乾隆朝代、嘉庆朝代以及道光朝代,直至晚清政府时期引进西方近代化的法律相关内容,并且大规模地进行变法修律活动,中国传统的律学才逐步被取代"①。此时,中国近代化法律学科建立和发展以及法学学术发展才开始。通过法律理念和法律思想的引进,晚清政府自上而下地对法律体系和法律制度进行改革,推动近代化的法学教育和法律学术研究的发展。

(二)日本近代化的法律学科建立和发展以及法学学术发展

日本近代化的法律学科建立和发展以及法学学术发展也是开始于明治维新时期,受明治维新期间对西方近代化法律理念、思想,法律体系和制度改革的影响。日本近现代高等法律教育就是由这一时期建立的近代化的法律学校发展而来的。明治政府时期建立的许多法律学校都发展成为日本当代著名的大学。此外,还有国立大学的渊源也可以追溯到这一时期的官办法律学校。可以说法学

① 何勤华编:《律学考》,商务印书馆2004年版,第398~405页。

教育和法学学术研究的近代化与继受西方的近代化法律是相结合发展的,这种模式的法学教育的发展为日本法律的近代化培养了许多本土的法律人才。

日本法律近代化的发展推动了日本法学教育和法学学术研究的近代化发展,两者相辅相成、相互作用、共同发展。教育为体系和制度的建立发展源源不断地提供人才,法律人才的出现再推动教育的发展、创新。在对近代化法律的移植和学习中,教育的影响是最为深远的。明治维新开始以后,日本的近代化法律教育逐渐发展起来,并且不断壮大。特别是明治初年到20世纪初这一时期,正是日本的继受法体系形成时期,日本官僚法学与民间法学互相争鸣,从而影响和推进法律继受的进程,大体上说来,日本在这一时期发生了继受西欧法的现象,引入了西欧法学。可以说,在这一时期奠定了日本法学传统。

第三节　中国传统法律的没落与法律近代化进一步发展中的问题

一、中国传统法律的没落

中国的传统法,一般是指从春秋战国时期中国传统国家产生时起至19世纪中叶鸦片战争爆发时止全部法的总称,包括战国、秦、汉、魏晋南北朝、隋、唐、宋、元、明、清等各朝代的法律,历时之长,法制统一,相继延续,法律沿革明晰,并且形成中华法系,成为世界上最重要的法系之一。①

① 参见陈宣良:《中国文明的本质》(第4卷),上海人民出版社2016年版,第466～470页。

中国传统法的发展,经历了从战国到秦汉的初创,从魏晋南北朝到隋唐的巅峰发展期,以及从宋代到清代的发展缓慢直至没落等三个大的历史阶段。中国传统时代的法呈现出维护至高无上的君权,成文法出现较早、立法技术发达,法典思想儒家化,以法律手段维护传统社会秩序的特点。①

然而这样一个立法目的明确、体例结构完整、技术手段高超的法律体系却在1840年鸦片战争后遇到了前所未有的危机,在西方国家以武力打开中国大门的同时,西方先进的科学技术也逐步传入中国,在思想文化领域,西方近代化的法律理念和法律思想也源源不断地传到中国。在现实社会层面,民族危机不断加深,晚清政府的统治岌岌可危,于是晚清政府决定进行变法修律改革,建立一套近代化的法律体系和法律制度,最终导致中国两千多年来的传统法律体系和法律制度在内外的共同打击下以及严重与社会现实脱离的情况下,走向没落。

二、中国法律近代化过程中及进一步发展中的问题

中国法律近代化的初期,通过移植日本的近代化法律理念、思想以及法律体系和制度,中国也建立了一套自己的近代化法律体系和法律制度。但是近代化法律在中国落地生根的过程却不是一帆风顺的。例如,中国法律近代化立法过程中的“礼法之争”的出现。传统中国各个朝代的刑事法律从汉唐后,皆以礼教为其基本理念,“传统中国一向重视纲常伦理,所以,对于触犯纲常伦理的十恶大罪

① 参见陈宣良:《中国文明的本质》(第4卷),上海人民出版社2016年版,第466~470页。

的刑罚规定最为严重”[①]就是这一特点的集中体现。由此，以礼教存废、礼法关系为核心的问题就成为中国法律近代化初期争论的核心。在这一过程中，“礼教派”代表人物是张之洞和劳乃宣等人与以沈家本为首的“法理派”，在关于编纂、制定近代化的刑事法典的问题上产生了极大的冲突。对晚清的社会危机和西方近代化的法律体系和法律制度都有深刻认识的修律大臣沈家本，主张应该积极学习西方近现代的法律理论和观念，来改革中国传统的法律制度。与此相反的是坚持传统礼教的张之洞和劳乃宣等人，要求修订法典要“浑道德与法律与一体”，以“礼教民情”为核心底色。其中矛盾的核心就在于对近代化的刑事法典和近代化的民事刑事商事法典如何编纂、制定。对“干名犯义”“存留养亲”“无夫奸”“子孙违反教令”等的存废问题也不是泛泛之争，而是十分具有针对性的争论，以及对于修法的目的、立法原则、法律原理、罪名废立、罚则轻重、法律用途、法条用语，乃至变革宗旨、革新路径，都在讨论和批评的范围内。在具体层面上，则于草案制定、修改、审核及议决等过程中产生新的变化。所以，“礼教派”与“法理派”就这些问题展开了争论。这场旷日持久的争论以宣统元年(1909 年)晚清政府发布上谕：“凡我旧律义关伦常诸条，不可率行变革，庶以维天理民彝于不敝”[②]为终结。就此，“法理派”只能妥协，不过就历史的发展趋势来讲，“法理派”的主张代表着社会发展的趋势，并且最终为后来的社

① 梁治平：《礼教与法律：法律移植时代的文化冲突》，广西师范大学出版社 2015 年版，第 18 页。

② 《大清法规大令·法律部》，“卷首”第 1 页。转引自周少元：《中国近代刑法的肇端：钦定大清刑律》，商务印书馆 2012 年版，第 188 页。

会所接纳。[1]

这就是中国传统的法律文化在人们心中打下的深深的民族印记,无论多少代际的变迁都无法磨灭。这也提醒着我们反思,中国法律近代化初期通过日本对于西方近代化法律文化的引进是不是存在一些操之过急的问题。

第四节 影响及反思

一、日本对中国法律近代化的影响

日本对中国法律近代化的影响主要集中在晚清政府修律变法这段时间,这次变法修律活动是中国法律开始向近代化转型的标志。虽然晚清政府在决定法律改革的时候,是"被迫"的,导致修律变法存在很大的问题,但是从中国法律发展的历程来看,其进步性是有划时代意义的,同时此次日本对中国法律近代化的影响在中国近代法制发展史上也是非同凡响的。

第一,日本对中国法律近代化的影响导致传统古老的中华法系开始逐渐走向解体。随着日本因素影响下的《大清新刑律》《大清民律草案》《大清商律草案》《大清刑事诉讼律》《大清民事诉讼律》《法院组织法》等一系列近代化的法典法规的制定与颁布,改变了传统中华法系的格局。这种情况突出表现在"诸法合体,民刑不分"的立法体例已经被打破,并且传统中华法系的"依伦理而轻重其刑"的内容也受到了巨大的冲击。这就为日本影响下中国法律近代化的初

① 参见梁治平:《礼教与法律:法律移植时代的文化冲突》,广西师范大学出版社 2015 年版,第 18 页。

期形成近代化的法律体系和法律制度打下了基础。

第二，日本因素影响下中国法律近代化初期的变法修律活动进一步促进了当时中国人集体的法律意识的觉醒。晚清政府在此次修律的过程中，通过日本对西方近现代法律理念、法律思想、法律体系和法律制度的借鉴和学习，使“立宪”“平等”“罪刑法定”等法律基本原则作为西方近代化法律理念和法律思想的代表逐步走进中国人的心中。在中国历史上，其第一次全面、系统地在中国介绍和传播了西方近代化的法律理念、法律思想和相关法律制度，使近代化的法律知识在中国得到一定程度的普及，更令近代化的一些法治理念和法治价值逐步为中国人所熟悉和接受，其重要意义是深刻而且悠远的。

第三，日本因素影响下的中国法律近代化初期的变法修律通过模仿日本法律，参照大陆法系，按照西方近代化法律体系和法律制度建立起来一整套近代化的部门法律体系和司法制度体系，这一法律体系和制度的建立直接影响着中国法律近代化的发展方向，对后世法律制度的形成与发展有深刻的借鉴意义。

二、日本影响的中国法律近代化为中国法律的进一步发展提供了经验

日本因素影响下的中国法律近代化初期的变法修律活动，并没有阻止晚清政府的灭亡。辛亥革命最终结束了中国两千多年的封建统治，辛亥革命结束后，中华民国建立，但不久后革命的果实被袁世凯所窃取，北洋军阀开始统治中国。北洋军阀统治时期的中国，除了通过镇压人民的革命维持政权外，也制定了一些法律来装饰门面。这些立法活动主要集中在宪法法律部门和法律制度的相关领域。虽然从目的上来讲，北洋政府开展立宪活动是为了证

明自身政权的合法性,但是从客观现实的角度上来讲也推动了中国法律近代化的进程。此次活动以沿袭晚清政府的变法修律成果为主,责成司法部重新进行修订法律的活动,促进了中国法律近代化的进一步发展。

到了南京国民政府时期,南京国民政府在基本沿用晚清政府变法修律的法律成果和北洋政府的法律成果的基础上,建立了五种权力制衡的政治体制,在中国法律近代化上进一步发展。这一时期中国的法律体系包括成文法、判例和解释例。其中,《六法全书》成为这一时期法律的典型代表。《六法全书》沿袭了晚清政府变法修律以来所编纂的成文法典的传统,汲取了以往政府在法律建设上的成果和经验,逐步建立起六法体系。《六法全书》的编纂标志着中国法律在形式上实现了近代化。从规范上来说,六法体系包括三个层次,即基本法典、关系法规(条例、命令、细则、办法等),以及判例、解释例。这与日本的六法体系也存在一定的相似之处,由此证明,日本因素影响下的中国法律近代化有了进一步的发展和进步。

在当代的法律制度中,我们依然可以看见日本因素对中国法律近现代化的影响。例如,“法理学”名称的由来等问题。

三、日本影响下的中国法律近代化中的不足

日本因素影响下的中国法律近代化在具有划时代的历史意义的同时也存在一些局限性。第一,晚清修律变法是在清政府的推动下进行的,是在西方强国和人民的不断抗争中所作出的被迫决定,所以在整个变法修律的过程中都有传统因素的影响。第二,晚清政府意图通过近代化法律改革收回列强的领事裁判权,缓解国内外的矛盾。第三,晚清政府主导的自上而下的具有改良性质的修律变法活动无法代替自下而上的革命的彻底性。第四,晚清变

法修律在内容上新旧混搭,呈现保守性的倾向。日本因素对于中国法律近代化初期影响的局限在前面已经分章节论述,在此不再赘述。

四、对中国法律近代化初期日本因素影响的反思

日本对中国法律近代化初期的影响既有巨大的进步意义又存在一定的历史局限性,其中对于中国传统法律理论和法律思想的全面否定就存在过于激进的问题。然而,中国传统法律理念是中国传统法律的根本。鸦片战争后,日本因素影响下的中国近代化初期,中华文明与西方文明开始真正的交流、冲突与融合,这触及了中华文明和中国传统法律的根本之所在。由此,中国经历了从器物到制度再到思想、理念的现代化过程。笔者认为,实现中国传统法律和近现代法律的有机结合,将中国化的法律应用于我们现代法律条文的制定、法律制度的建设以及司法活动的运行中,才是适合中国的道路,也是实现中国传统法在制度上的现代化转型的必然要求。只有将属于我们民族自己的法律同近现代化的法律制度建设相结合,才能形成富有中华民族独特意义的法律,才能使经过现代化转型的法律在今天发挥它应有的意义。中国法律近现代化的道路一定要考虑到中国传统法律理念的合理性和现实性,对于天理·国法·人情三位一体的大法观念的追求是中华民族几千年文化传承中在法律理念层面的体现,学习西方近现代法律制度是为了推动中国法律事业的发展,而将近现代法律理念融汇于中国当下以及包括传统的法律理念中,以中西相结合的现代化的法律理念为指导来建立现代化的法律制度,形成适应时代发展和社会需要的法律体系,才能真正地实现中国法律的现代化。但是在中国法律近代化的初期,受当时具体历史情况的限制和日本因素的影响,忽视了这一关键点。

本章以全文的研究成果为基础，对中国和日本在法律近代化过程中的差异进行再认识，深入分析中国法律近代化初期借鉴日本的特点，进而研究法律近代化进一步发展中的问题，并且对其进行反思和再认识。将近代化的法律文化与中国传统法律文化相结合，才能从根本上实现中国法律的近代化乃至现代化的发展。

结　论

中国法律近代化的初期，日本的这些影响无疑在中国法律近代化的道路上起到了积极的推动作用，但是也存在一些具体的、历史的局限性。其中积极的推动作用主要表现在：第一，先进的中国人开始放眼世界，寻找答案，最终将学习的目标落在了日本身上。日本成为中国法律近代化的模范国家，为中国法律的近代化提供了一个具体的样本，以日本为蓝本的中国法律近代化道路就此开始。第二，日本法学家对中国法律近代化初期法律理论的提升以及对法律实践活动的推进作出了很大的努力。具体可以表现为：日本著名的法学专家亲自来到中国，参与到中国的近代化法律实践中，将具有近代化意义的法律理论、法律制度、法律体系等带到中国。例如，罪刑法定原则被引入中国的刑事法律制度和体系当中，这是刑事法律近代化的重要体现；人格权、所有权以及契约自由等近代化的民事法律原则和制度也是在这一阶段确立的；商事法律理论和制度中，出现了关于一些具有近代化法律意义的概念和原则，规定了股东的有限责任等问题；在司法制度方面，与传统的司法制度相比则更加人性化。虽然这些具有近代化意义的法律制度有些并不适合中国的基本国情，但无疑对推动中国法律的近代化发展有着不可替代的意义。第三，日本对中国法律近代化初期法律体系和法律制度的影响也很深刻。主要表现在宪法法律体系和制度、行政法律体系和制度、刑事法律体系和制度、民事法律体系和制度、商事法律体系和制度、诉讼法律体系和司法制度等多个方面。例如,中国近代化的刑事法律体系和制度对1907年《日本刑法典》的借鉴,建立中国近代化意义的缓刑制度、假释制度、时效制度、正当防卫制度,以及紧急避险制度等;民事法律体系和制度则主要学习《明治民法典》,建立中国近代化的民事法律体系,将物权的概念引入中国的民事法律中等。可以说,日本因素的加入为中国近代化的法律体系和法律制度的建立和发展打下了坚实的基础。第四,在中国近代化的法律教育和法学学术研究方面,在初期阶段,我们也很大程度地学习、借鉴了日本。例如,在中国近代化的法学教育的建立过程中,对日本近代化法学教育模式的吸收就尤为突出,这主要集中在办学理念、学院建立、学科建立、教材编写、法律词汇、教员和授课方式以及留学教育等各个方面;此外,这一时期的中国法学学术研究也深受日本因素的影响,从研究的载体到研究的学者再到整个学科的发展,都能见到日本因素。由此,我们不难发现,在中国法律近代化的初期,日本因素的影响是全面的,同时也是具体的,通过借鉴日本的法律近代化的历程,我们也开始了法律近代化的道路。

但是随着中国法律近代化的不断发展,日本因素也给我们带来了一些值得反思的问题。例如,如何将我们通过日本学习、借鉴来的西方近代化法律文化(涵盖近代化的法律理念、法律思想、法律体系和法律制度)与中国传统法律文化相结合,从而真正地实现中国从传统法律文化到近代法律文化的飞跃,是其中较为突出的问题。只有将属于我们民族自己的法律文化同近现代化的法律制度建设相结合,才能形成富有中华民族独特意义的法律,才能使经过近现代化转型的法律在今天发挥它应有的意义。只有将中国传统法律文化与近代化的法律文化有机结合起来,才能真正地实现法律的本土化,从而实现法律的近代化乃至现代化,更好地推进中国法律事业的不断向前发展。

参考文献

一、史料、汇编：

[1]孔丘:《论语》,岳麓书社 2000 年版。

[2]孟子:《孟子》,中国纺织出版社 2015 年版。

[3]范晔:《后汉书》,浙江古籍出版社 2000 年版。

[4]刘昫等撰:《旧唐书》,中华书局 1975 年版。

[5]郭庆藩撰:《新编诸子集成——庄子集释》(上),中华书局 1961 年版。

[6]吴永:《庚子西狩丛谈》(第 3 卷),载王树卿、徐彻主编:《史说慈禧》,辽沈书社 1994 年版。

[7]《清实录》(第 5、6 册)德宗实录(五),中华书局 1987 年版。

[8]朱寿朋编:《光绪朝东华录》(第 5 册),中华书局 1984 年版。

[9]《清实录光绪朝实录》卷五五九。

[10]《京师政界近信》,载《时报》一九零五年八月二十一日。

[11]《徐军机钦使出洋之故》,载《时报》一九零五年七月初六。

[12]《出洋大臣初议》,载《大公报》一九零五年六月二十日。

[13]《出洋大臣到美情形》,载《满洲日报》一九零六年二月二十三日。

[14]《泽公到比注意路政》,载《南方报》一九零六年闰四月十三日。

[15]《五月中外大事表》,载《时报》1906年7月21日。

[16]《中国大事月表·丙午五月》,载《新民从报》第83号。

[17]《泽尚李三大臣奏在东考察大略情形折》,载《时报》一九零六年三月十一日。

[18]《京师近信》,载《时报》1906年6月29日。

[19]天津图书馆、天津社科院历史研究所编:《袁世凯奏议》,天津古籍出版社1987年版。

[20]载泽等:《出使各国考察政治大臣载泽等奏在日本考察大概情形暨赴英日期折》,载故宫博物院明清档案部编:《清末筹备立宪档案史料》(上册),中华书局1979年版。

[21]《奏议覆修订法律办法折》,载故宫博物院明清档案部编:《清末筹备立宪档案史料》(下册),中华书局1979年版。

[22]《政治官报》,1907年10月目录。

[23]《官报》,第4326号《叙任及辞令》,1897年12月1日。

[24]《官报》,第8257号《叙任及辞令》,1910年12月28日。

[25]政艺通报,光绪二十九年(1903年),十六号,政书通辑,卷七。

[26]修订法律馆编:《大清商律草案》,修订法律馆。

[27]端方:《在美考查情形折》,载《端忠敏公奏稿》,文海出版社。

[28]端方、梁启超:《请改定官制以为立宪预备折》,载《端忠敏公奏稿》,文海出版社。

[29]梁启超:《过渡时代论》,载《清议报》,第82期。

[30]梁任公先生:《饮冰室文集》,上海大道书局1936年版。

[31]戴鸿慈:《出使九国日记》,清末民初文献丛刊。

[32]沈家本:《奏进呈刑律草案折》,上海商务印书馆编译所编

纂:《大清新法令(1901—1911):光绪新法令·谕旨 宪政 司法 法律草案》(第1卷),商务印书馆2010年版。

[33]沈家本:《寄簃文存》,商务印书馆2017年版。

[34]张之洞:《游学》,《劝学篇·外篇》,光绪二十四年(1898年)三月西湖书院刊本。

[35]王韬:《弢园文录外编》,上海书店出版社2002年版。

[36]江庸:《江庸诗选》,中央文献出版社2001年版。

[37]周东白:《暂行新刑律》,世界书局1924年版。

[38]舒新城编:《中国近代教育史资料》(上),人民教育出版社1962年版。

[39]钱大群撰:《唐律疏义新注》,南京师范大学出版社2007年版。

[40]王安节主编:《李鸿章全集:电稿(光绪二十一年二月十四日~光绪二十六年十一月初三日)》(第11册),时代文艺出版社1998年版。

[41]上海商务印书馆编译所编纂:《大清新法令(1901—1911):光绪新法令·谕旨 宪政 司法 法律草案》(第1卷),商务印书馆2010年版。

[42]中国第一历史档案馆编:《光绪宣统两朝上谕档》,广西师范大学出版社2005年版。

[43]钱其琛主编:《世界外交大辞典》(下),世界知识出版社2005年版。

[44]华东政法学院《简明法制史词典》编写组:《简明法制史词典》,河南人民出版社1988年版。

[45]中国社会科学院语言研究所词典编辑室编:《现代汉语词典》(汉英双语),外语教学与研究出版社2002年版。

[46]广东省社会科学院历史研究室、中国社会科学院近代史研究所中华民国史研究室、中山大学历史系孙中山研究室合编:《孙中山全集》(第6卷),中华书局1981年版。

[47]周川主编:《中国近现代高等教育人物辞典》(增订本),福建教育出版社2018年版。

[48]汪敬虞编,中国科学院经济研究所编辑:《中国近代工业史资料:1895—1914年》(第2辑),科学出版社1957年版。

[49]浙江工商大学日本文化研究所《日本思想文化研究》编委会编:《日本思想文化研究》,日本国际文化工房2007年版。

[50]顾云昌、刘洪玉主编,中国房地产业协会、清华大学房地产研究所编撰:《世界房地产业100年》,中国轻工业出版社2003年版。

[51]1907年《日本刑法典》(明治四十年法律第四十五号)。

[52]文部省:《学制百年史》,帝国地方行政学会1981年版。

[53]明治大学史资料,明治大学小史人物编,学文社2011年版。

[54]《马克思恩格斯选集》(第1卷),人民出版社1972年版。

[55]宫本欣主编:《法学家茶座》(第7辑),山东人民出版社2005年版。

[56][日]阿部照哉、佐藤幸治、宫田丰编:《宪法资料集》,有信堂1966年版。

[57][日]潮见俊隆、利谷信义编:《日本的法学者》,日本评论社1975年版。

[58][日]南里知樹:《中国政府雇用的日本人》,付属资料1、第8~10页。

[59]陈元晖主编,璩鑫圭、童富勇编:《中国近代教育史资料汇

编——教育思想》,上海教育出版社 2007 年版。

[60]刘引泉主编:《中国民主革命时期通史:1840—1919》(上卷),东方出版社 1990 年版。

[61]高汉成主编:《"大清新刑律"立法资料补编汇要》,中国社会科学出版社 2016 年版。

[62]张彩凤、郭苓、于泓编著:《外国法制史》,中国人民公安大学出版社 2012 年版。

[63]史洪智编:《日本法学博士与近代中国资料辑要:1898—1919》,上海人民出版社 2014 年版。

[64]沈云龙、王树枬编:《张文襄公全集·劝学篇》,文海出版社 1970 年版。

[65]严如平、宗志文主编:《民国人物传》(第 5 卷),中华书局 1986 年版。

[66]廖代茂、杨会国编著:《中华百年祭(1840 ~ 1945 图文档案)——军事》,重庆出版社 2006 年版。

[67]伊文成、马家骏主编:《明治维新史》,辽宁教育出版社 1987 年版。

[68]李昌道、徐静琳主编:《外国法律制度导论》,复旦大学出版社 2003 年版。

[69]张晋藩主编:《中国百年法制大事纵览》,法律出版社 2001 年版。

[70]张晋藩主编:《清朝法制史》,法律出版社 1994 年版。

[71]张晋藩主编:《中国民法通史》,福建人民出版社 2003 年版。

[72]陈景良、张中秋主编:《求索集:张晋藩先生与中国法制史学四十年》,南京大学出版社 1996 年版。

[73]陈泽宪主编:《刑事法前沿》(第4卷),中国人民公安大学出版社2008年版。

[74]张艳丽、彭海青、丛青茹:《诉讼程序与制度前沿专论》,中国法制出版社2012年版。

[75]李贵连主编:《二十世纪的中国法学》,北京大学出版社1998年版。

[76]何勤华:《中国法学史》(第3卷),法律出版社2006年版。

[77]何勤华:《20世纪日本法学》,商务印书馆2003年版。

[78]何勤华编:《律学考》,商务印书馆2004年版。

[79]何勤华、魏琼编:《董康法学文集》,中国政法大学出版社2005年版。

[80]何勤华主编:《法律文明史——大陆法系》(第9卷),商务印书馆2015年版。

二、学术专著:

[1][美]塞缪尔·亨廷顿等:《现代化——理论与历史经验的再探讨》,张景明译,上海译文出版社1993年版。

[2][美]英格尔斯:《人的现代化——心理·思想·态度·行为》,殷陆君编译,四川人民出版社1985年版。

[3][美]吉尔伯特·罗兹曼主编:《中国的现代化》(第2版),国家社会科学基金"比较现代化"课题组译,江苏人民出版社2010年版。

[4][美]约翰·马克·法拉格等:《合众存异——美国人的历史》,王晨等译,上海社会科学院出版社2018年版。

[5][美]詹姆斯·米勒:《思想者心灵简史——从苏格拉底到尼采》,李婷婷译,新华出版社2015年版。

[6][德]黑格尔:《法哲学原理》,范扬、张企泰译,商务印书馆1961年版。

[7][美]E.博登海默:《法理学——法哲学及其方法》,邓正来、姬敬武译,华夏出版社1987年版。

[8][英]罗伊德:《法律的理念》,张茂振译,台北,联经出版事业公司1984年版。

[9][英]威廉·G.比斯利:《明治维新》,张光、汤金旭译,江苏人民出版社2017年版。

[10][英]洛克:《政府论:论政府的真正起源、范围和目的》(下篇),叶启芳、瞿菊农译,商务印书馆1964年版。

[11][韩]金富轼:《三国史记》,韩国精神文化研究院1980年版。

[12][日]泉三郎:《岩仓使节团的冒险》,文艺春秋2004年版。

[13][日]源了円:《近世初期実学思想の研究》,創文社1980年版。

[14][日]大塚仁:《刑法概説総論》,有斐閣2008年版。

[15][日]福田平:《全訂刑法総論》,有斐閣2011年版。

[16][日]芦部信喜:《宪法》,岩波书店2016年版。

[17][日]天野郁夫:《旧制专门学校论》,玉川大学出版部1993年版。

[18][日]天野郁夫:《大学的诞生:大学的挑战》,中公新书2009年版。

[19][日]雄谷开作:《近代日本的法学与法律意识》,法律文化社1991年版。

[20][日]石井正敏:《东亚的变革和日本外交》,勉誠出版2011年版。

[21][日]島田正郎:《清末近代法典的编纂》,創文社 1980 年版。

[22][日]舍人亲王:《日本书记》,吉川弘文馆 1986 年版。

[23][日]有贺长雄:《国法学》(上),早稻田大学出版部。

[24][日]松冈义正口述,熊元楷、熊元襄编:《民法总则》(上),上海人民出版社 2013 年版。

[25][日]冈田朝太郎口述,熊元翰编:《刑法总则》,上海人民出版社 2013 年版。

[26][日]大久保泰甫:《日本近代法之父》,岩波书店 1977 年版。

[27][日]织田万:《法学通论》,刘崇佑译,商务印书馆 1930 年版。

[28][日]大石定吉:《法学通论》,贺学海译,浙江法政学堂 1908 年版。

[29][日]冈田朝太郎口述,熊元翰编:《法学通论》,上海人民出版社 2013 年版。

[30][日]织田万撰:《清国行政法》,李秀清、王沛点校,中国政法大学出版社 2003 年版。

[31][日]松本三之介:《国权与民权的变奏——日本明治精神结构》,李冬君译,东方出版社 2005 年版。

[32][日]高窪貞人、石川才顯、奈良俊夫、佐藤芳男:《刑法総論》,青林書院 1983 年版。

[33][日]松冈义正:《民法物权》,载熊元楷等编《京师法律学堂笔记》,安徽法学社 1911 年版。

[34][日]六本佳平:《日本法与日本社会》,刘银良译,中国政法大学出版社 2006 年版。

[35][日]冈田朝太郎:《法学通论》,汪庚年编:《京师法律学堂讲义》,载《法学汇编》(第1册),北京顺天时报馆排印,宣统三年(1911年)版。

[36][日]宫崎勇、田谷祯三:《世界经济图说》,谷文诗译,文化发展出版社2018年版。

[37]吴迪:《近代中国的立法发展与冈田朝太郎》,庆应义塾大学大学院法学研究科,法律与政治研究出版协会2017年版。

[38]沈宗灵:《比较法研究》,北京大学出版社1998年版。

[39]李喜所:《近代中国的留学生》,人民出版社1987年版。

[40]金满楼:《晚清原来是这样:1840—1912》,现代出版社2017年版。

[41]任满军:《晚清商事立法研究》,光明日报出版社2012年版。

[42]曹全来:《中国近代法制史教程:1901—1949》,商务印书馆2012年版。

[43]鞠方安:《中国近代中央官制改革研究》,商务印书馆2014年版。

[44]谢振民编著:《中华民国立法史》(下册),中国政法大学出版社2000年版。

[45]周少元:《中国近代刑法的肇端:〈钦定大清刑律〉》,商务印书馆2012年版。

[46]于连涛:《中国监狱的现代化研究》,中国政法大学出版社2017年版。

[47]吕思勉:《读史札记》(上),译林出版社2016年版。

[48]徐世虹主编:《沈家本全集》,中国政法大学出版社2010年版。

[49]张晋藩主编:《中国法制史》,中国政法大学出版社2007年版。

[50]李慧英主编:《证据法学》,西南交通大学出版社2013年版。

[51]舒新城:《近代中国留学史》,吉林出版集团股份有限公司2017年版。

[52]陈宣良:《中国文明的本质》(第4卷),上海人民出版社2016年版。

[53]朱采真编:《现代法学通论》,世界书局1931年版。

[54]马勇:《革命》,新星出版社2017年版。

[55]徐岱:《中国刑法近代化论纲》,人民法院出版社2003年版。

[56]孙明编:《中国刑法之最》,中国人民公安大学出版社1994年版。

[57]程元敏:《三经新义辑考汇评》,华东师范大学出版社2011年版。

[58]王健:《中国近代的法律教育》,中国政法大学出版社2001年版。

[59]侯强:《中国近代法律教育转型与社会变迁研究》,中国社会科学出版社2008年版。

[60]陈新宇、陈煜、江照信:《中国近代法律史讲义》,九州出版社2016年版。

[61]华友根:《薛允升的古律研究与改革:中国近代修订新律的先导》,上海社会科学院出版社1999年版。

[62]史尚宽:《法律之理念与经验主义法学之综合》,载刁荣华主编:《中西法律思想论集》,汉林出版社1984年版。

[63]梁治平:《礼教与法律:法律移植时代的文化冲突》,广西师范大学出版社2015年版。

[64]王志亮:《清末民初:中国监狱现代转型肇始研究》,中国法

制出版社 2011 年版。

[65]张中秋:《中日法律文化交流比较研究——以唐与清末中日文化的输出与输入为视点》,法律出版社 2009 年版。

[66]黄锦奎:《黄锦奎选集——经济学卷·下:系统推进理论与投资经济学》(第 3 卷),广东人民出版社 2009 年版。

[67]李延明、吴敏、王宜秋:《近代中国社会形态的演变》,安徽大学出版社 2010 年版。

[68]赵立新、毕连芳:《近代东亚的社会转型与法制变迁》,中国社会科学出版社 2006 年版。

[69]程亚文、王义桅:《天命:一个新领导型国家的诞生》,群言出版社 2016 年版。

[70]王建芹:《认识论、传统文化与法治理论》,载马怀德主编:《中国行政法的崛起:朱维究教授六秩华诞贺寿文集》,北京大学出版社 2005 年版。

[71]熊达云:《洋律徂东:中国近代法制的构建与日籍顾问》,社会科学文献出版社 2019 年版。

三、期刊论文:

[1]张晋藩:《中国法律的传统与近代化的开端》,载《政法论坛》1996 年第 5 期。

[2]张中秋:《对中西法律文化的认识》,载《民主与科学》2004 年第 2 期。

[3]张中秋:《中国传统法律正义观研究》,载《清华法学》2018 年第 3 期。

[4]张中秋:《中国传统法理学的精髓及其当代意义》,载《法律科学(西北政法大学学报)》2019 年第 1 期。

[5]于语和、郑晓辉：《〈大清民律草案〉——外来法与本土法混合的产物》，载《外国法制史研究》2000 年第 1 期。

[6]刘恒焕：《中国国际法学的开山者——林则徐》，载《中山大学学报(社会科学版)》1991 年第 1 期。

[7]陈宁英：《从〈大清民律草案〉“亲属”“继承”两编的界定看我国法律文化的近代转型》，载《中南民族大学学报(人文社会科学版)》2005 年第 6 期。

[8]杨本娟：《简论志田钾太郎与清末法制改革》，载《淮海工学院学报(人文社会科学版)》2012 年第 20 期。

[9]房绍坤、李晓安：《保险合同若干问题探讨》，载《烟台大学学报(社会科学版)》2002 年第 2 期。

[10]史洪智：《议案博弈：资政院常年会与〈改订大清商律草案〉》，载《河南大学学报(社会科学版)》2015 年第 1 期。

[11]韩大元：《论日本明治宪法对〈钦定宪法大纲〉的影响——为〈钦定宪法大纲〉颁布 100 周年而作》，载《政法论坛》2009 年第 3 期。

[12]何云鹏：《〈大清新刑律〉对日本刑法的继受及其反思》，载《延边大学学报(社会科学版)》2011 年第 2 期。

[13]周少元：《论〈大清新刑律〉的刑罚制度》，载《政法论坛》1995 年第 6 期。

[14]孙占元：《中国近代化问题研究述评》，载《史学理论研究》2000 年第 4 期。

[15]邱远猷：《洪仁玕与中国法律近代化》，载《中州学刊》1993 年第 6 期。

[16]孟祥沛：《〈大清民律草案〉法源辨析》，载《清史研究》2010 年第 4 期。

[17]丰华涛:《浅析中国清末行政法的形成过程》,载《兰台世界》2015 年第 24 期。

[18]李志茗:《论清末新政时期的行政改革》,载《史林》2009 年第 4 期。

[19]王立民:《清末中国从日本民法中吸取德国民法》,载《法学》1997 年第 1 期。

[20]李贵连:《〈大清新刑律〉与〈大清现行刑律〉辨正》,载《法学研究》1982 年第 2 期。

[21]李贵连:《二十世纪初期的中国法学(续)》,载《中外法学》1997 年第 5 期。

[22]赵玉环:《清末商事立法评析》,载《政法论丛》2009 年第 3 期。

[23]何勤华:《外国人与中国近代法学》,载《中外法学》2004 年第 4 期。

[24]王健:《输出与回归:法学名词在中日之间》,载《法学》2002 年第 4 期。

[25]陈煜:《清末新政中的修订法律馆》,中国政法大学 2007 年博士学位论文。

[26]汤璐:《清末法律改革与日本——以清政府聘请的四位法学家为中心》,东北师范大学 2014 年硕士学位论文。

[27]余兵:《我国保险法制建设的历史回顾及其思考》,西南财经大学 2000 年硕士学位论文。

[28]李艳鸿:《论清末公司立法》,安徽大学 2005 年硕士学位论文。

[29]戴秀河:《日本立宪史研究》,华东政法大学 2007 年硕士学位论文。

后　记

时光匆匆，我的博士研究生生活已经结束，三年以来所有的回忆都涌上脑海。想起这些年的点点滴滴，最想要去做的事情就是对所有的老师、家人和朋友说一声“谢谢”。我能够顺利取得博士学位正是因为有你们一直在我的身边陪伴我、支持我、鼓励我！

这些年的学习生活中，我要感谢的人有许多，其中我最想感谢的人就是我的导师张中秋教授。正是因为有导师的支持和帮助，我才能顺利地完成学业，同时也是在导师的指导下，我才能顺利完成毕业论文的撰写。这篇论文从开题到最后定稿的整个写作过程，无不凝结着张中秋教授的心血和努力。

此次我的博士论文可以顺利出版，还要感谢中国政法大学法律史研究院的陈煜教授。陈教授不仅在我的论文写作中给予我诸多帮助，值此出版之际，还在百忙之中为我的这本书作序。学生荣幸之至！

在此，我想通过这个机会再对我的导师张中秋教授和老师陈煜教授说声“谢谢”，以此来表达内心最真挚的谢意！

胡文宇

2022 年 9 月 1 日